KB252812

미당시의 현대성과 불멸성 시학

이 수 정

국학자료원

책머리에

보들레르는 '고뇌'를 인간의 이마에 놓일 수 있는 가장 빛나는 왕관이면서 동시에 가장 비참한 저주라고 했다. '고뇌의 축복'을 받지 않은 시인은 없겠지만 서정주만큼 처절한 몸부림으로 고뇌하고 또 그것을 시로 고스란히 담아낸 경우는 드물다. 서정주를 읽는 일은 매혹과 거부, 아름다운 화사이자 징그러운 능구렁이를 쫓으며 따르는 체험이다. 필자는 서정주를 읽으며 '시의 이슬'에 섞인 몇 방울의 피를 고통스럽게 맛보았고, 돌 속에 갇힌 석굴관세음이 들이쉬고 내쉬는 푸른 숨결에 숨통을 틔웠으며, 세상이 꽃향기의 강물임을 깨닫는 신비로운 경험을 하였다. 그러나 가장 놀라웠던 경험은 그가 한 시인이 시적 생애로서 누릴 수 있는 드라마를 몇 차례나 거듭하며 갱신하고 있다는 것을 깨달은 점이다.

서정주의 시는 '근대라는 허무'로 도벽(塗壁)된 단절 너머에 생생히 존재하는 '별'을 자신의 현실로 이끌어오려는 현대적 주체의 실험과 고투를 고스란히 담고 있다. '신라의 별'을 손에 잡을 듯 하면서도 잡지 못하는 과정, 그 과정에서 끊임없이 새로운 벽에 부딪칠 수밖에 없는 현대적 주체의 어려움이야말로 그의 시가 보여주는 긴장감과 창조력의 근원이다.

이 책은 『질마재신화』 이후의 시적 작업들을 논외로 하고 있는 기존의 연구사를 극복하고 최초로 서정주 시 전체를 대상으로 하여, 그의 시의 넓이와 깊이를 의미 있게 꿰뚫어내고 있다. 서정주 시 연구는 60년에 이르는 내력에 걸맞는 양과 질의 두께를 가지고 있지만 대개 초기시와 중기시에 그 연구가 집중되어 있는 실정이다. 후기시가 시적 긴장이 떨어지더라도 그것을 제외하기 보다는 그의 시적 생애에 복원하여 그 의미를 정당하게 평가할 필요가 있었다. 그리고 전체를 조감하는 시선에서 초기시와 중기시의 의미와 자리를 다시 찾아주는 것이 시급한 작업이었다. 이 책은 서정주 시의 핵심인 '영원성 추구의 시학'의 특수성을 구명함으로써 그가 궁극적으로 도달한 지점이 '불멸성의 시학'임을 밝히고 있다. 그것은 인간적인 한계를 초월하지 않으면서 '신라의 별'과의 단속(斷續)적인 관계를 극복하는 '초자연주의 없이 다시 마법에 걸리기(reenchantment without supernaturalism)'이다.

서정주 시가 도달한 지점은 끝이 아닌 '과정'이며, 그의 시적 생애 역시 끝없는 파지(prehension)와 합생(concrescence)의 과정이었다. 그는 때 묻음과 때 닦음의 세월이 쌓여 맑은 거울이 탄생하는 과정을 노래하는 시인이다. 세상에 파탄이나 끝은 없으며, 모든 것은 더 긴 과정의 단면일 뿐이라는 인식은 시와 학문의 길을 가는 필자에게 큰 힘이 되었다. 등단으로 시의 생명이 다하거나 학위논문으로 학문이 다하는 사람이 되어서는 안 된다는 강박에 초조히 지내온 세월이었다. 부끄럽고 부족하지만 계속 정진할 것이다.

부족한 글을 완성하고 책으로 묶어낼 수 있도록 힘이 되어주신 분들이 너무나 많다. 장점을 찾아 격려해주시고 단점을 보완하도록 지도해주신 신범순, 박성창, 권정우, 유문선선생님, 그리고 시에 대한 열정 이외에는 아무것도 알지 못했던 제자를 다독이며 이끌어주신 여러 선생님들의 은혜에 감사드린다. 특히 올해 정년을 맞으시는 오세영 선생님께 진심으로 감사드린다. 그분의 시와 학문의 빛이 쏟아져 들어오는 창가에 늘 역광인 그림자로 앉아있겠지만, 조심스레 감광(感光)하며 끊임없이 공부하고 사유하고 끄적일 것이다. 자식들 걱정에 늘 기도하시는 시부모님께 감사드리고, 학문과 문학의 길에 좋은 동료인 남편에게도 고마움을 전한다. 내 곁을 지켜주며 서로의 인력(引力)이 되어주는 친구들은 언제나 믿음직스럽고 감사하다. 마지막으로 공부하는 딸을 늘 자랑스럽게 생각하시고 용기를 북돋아주시는 부모님께 사랑한다고 말씀드리고 싶다. 이 책이 올해 정년을 맞으시는 아버지께 작은 기념이 되었으면 한다. 가장 기뻐하실 모습이 눈에 선하다.

어려운 여건에도 출판을 허락해주신 정찬용, 정진이 사장님과 정구형 이사님, 그리고 번거로운 일들을 도맡아 책을 만들어 내주신 편집부와 국학자료원 가족 여러분께 감사드린다.

2007년 5월 관악의 난곡에서

이 수 정

목 차

Ⅰ. 서론

1. 연구사 검토 및 문제제기

미당 서정주(1915. 5. 18~2000. 12. 24.)는 1936년 동아일보 신춘문예에 「벽」으로 등단하여 2000년 12월 생애를 마감하기까지, 약 65년간 1000편이 넘는 시를 15권의 시집으로 발표하였다. 우리 시사에서 장수한 시인이 더러 없는 것은 아니지만, 시인으로서 장수하며 생전에 수많은 찬사와 비판의 조명을 받은 경우는 아직까지 서정주만한 예가 없다. 그를 두고 '이 나라 시인부락의 족장'[1] 또는 '신화'[2]라고 치켜세우는 편이나 "서정주 시의 실패는 한국시 전체의 실패"[3]라고 판단하는 편 모두 서정주를 우리 문학사의 대단한 사건으로 본다는 점에서 일치하고 있음을 알 수 있다.

서정주 연구자들은 대체로 그의 시가 지속적인 갱신을 통해 길어 올리고 뻗어나간 깊이와 넓이 그리고 그 문학적 성취에 대해서 높은

---

1) 유종호, 「산문지향과 운문지향 : 미당 시의 일면」, 《작가세계》, 1994, 봄호.
2) 이남호, 「겨레의 말, 겨레의 마음」, 조연현 외, 『미당 연구』, 민음사, 1994, p. 416.
3) 김우창, 「한국시와 형이상」, 조연현 외, 『미당 연구』, p. 36.

평가를 내리는 한편, 그의 정치적 행적을 포함한 현실의식에 대해서
는 다른 평가들[4]을 내리고 있다. 이를 반영하듯 연구사 역시 미당 시
의 미학적 특성을 살피는 경향과 현실의식을 살피는 경향이 큰 흐름
을 차지한다. 그러나 서정주 연구사에서 가장 주목되는 부분은 서정
주가 신라정신, 풍류정신, 혹은 영원주의라고 이름붙인 그의 시정신에
대한 연구들이다. 이는 시인이 시를 통해 추구해간 정신을 탐구한다
는 점, 다시 말해 그의 삶과 문학이 교차하는 부분으로서의 '세계관'
을 탐구한다는 점에서 가장 긴장력 있는 부분일 수밖에 없다. 미당
시의 영원주의는 경험적 현실의 토대가 결여된 것으로 비판되기도 하
고, 근대성(주의)에 의해 가치 절하되고 파편화된 인간성에 대한 문제
의식에서 출발한 반근대주의[5]로 긍정되기도 한다. 이런 양극적인 평
가는 미당의 영원주의가 보수주의 진영의 전통주의 이데올로기로 전
화[6]되면서 더욱 부각된 측면이 있다. 이렇듯 서정주 시를 연구한다는

---

4) 후술하겠지만 미당 시의 '현실의식'에 대해서는 논자들마다 그 개념을 달리 사용하며 다
   양한 평가를 내리고 있다.
5) '반근대주의'라는 용어는 주로 근대성이 초래한 부정적 현실을 극복하기 위한 '항근대주
   의' 혹은 '근대의 대안' 정도의 의미로 사용되지만, 리얼리즘 논자들에 의해 진보주의에
   반대되는 의미로 사용되기도 한다. 대표적으로 최두석은 미당의 시를 '반근대주의'라고
   칭하는데, '반근대주의'를 근대를 넘어설 매개항으로서의 가능성으로 보는 일반적인 견해
   와 달리 그것을 '전근대로의 지향' 정도의 의미로 사용하고 있다(최두석, 「서정주론」,
   ≪선청어문≫, 서울대 사범대학, 1992. 2. 참조.). '반근대주의'의 개념에 대해서는 II장 1
   절에서 다시 논하겠다.
6) 서정주의 신라정신은 전후 모더니스트들로부터 공격받음으로써 '전통지향적 보수주의'의
   이데올로기를 대표하게 된다. 전후 전통주의와 모더니즘과의 대결양상에 대해서는 남기
   혁의 논문 참조(「1950년대 시의 전통지향성 연구」, 서울대 박사학위논문, 1998.).
   문학이 현실사회의 권력구조나 권력관계와 연관되는 방식에 대해서는 T. 이글턴의 책 참
   조(T. 이글턴, 『문학이론입문』, 김명환 외 역, 창작과비평사, 1968. pp. 7-71., 『비평과 이데
   올로기』, 윤희기 역, 열린책들, 1987).
   서정주의 신라정신, 즉 영원주의가 문학유기론의 일종이라고 보는 본고의 시각에 따라,
   문학유기론이 이데올로기화 되는 지점에 대한 고찰 역시 참조할 수 있다(구모룡, 「미학
   의 전통과 문학유기론」, 『한국문학과 열린체계의 비평담론』, 열음사, 1992. pp. 26-28.).
   T. 이글턴은 근대 문학유기론이 민족주의와 연결되어 있으며, 제국주의와 근대주의에 의

것은 한 작가에 대한 연구일 뿐 아니라 보수/진보, 반근대성/근대성, 전통주의/모더니즘 등과 같은 문학사의 논쟁적인 중대한 사건을 다루는 일이기도 하다.

그 중요성만큼이나 그간의 서정주 연구사는 상당한 질과 양의 성과물들로 집적되어 있다. 조연현의 「원죄와 형벌」[7]을 최초의 서정주론으로 볼 때, 서정주 연구사는 60년 가까이 축적되어 있다.[8] 1996년 미당의 문학인생 60년을 기념하고 정리하는 마당에서 그 간의 연구사에 대한 글[9]이 나왔을 정도인데, 이는 극히 드문 경우로 다른 예로는 겨우 李箱 정도를 들 수 있을 것이다. 그러나 두 시인에 대한 연구사의 풍성함은 질적인 차이를 보여준다. 李箱 연구의 경우 그 텍스트의 기호성과 난해성으로 인해 온갖 이론의 실험무대[10]가 되며 해석에 대

<hr>

해 파괴된 전통사회에 대한 향수어린 이론이라고 지적한다(T. 이글턴, 『문학이론입문』, p. 41.).

7) 조연현, 「원죄와 형벌」, ≪문학과사상≫, 세계문화사, 1949. 12.

8) 김동리의 『귀촉도』(1948) 발문을 최초의 서정주론으로 보는 견해도 있다(윤재웅, 「서정주 시 연구」, 동국대 박사학위논문, 1995, p. 203.).

9) 윤재웅은, 1994년 간행된 『미당 연구』(민음사)에 수록된 연구 논저 목록을 보면 그 수가 250 편에 이르고 있지만 각종 문학사나 개인 연구서에 조금씩 언급된 것을 합하면 3백 편이 넘을 것으로 추산하며, 그 간의 박사학위논문이 모두 5편이라고 소개하고 있다(윤재웅, 「미당 연구사 개관」, ≪시와시학≫, 1996. 가을. pp. 201-212.). 그러나 96년을 기준으로 두 편, 95년을 기준으로 한 편의 박사학위논문이 빠져있는 것으로 보아 이 글의 통계 수치가 정확하다고 할 수 없고, 글의 취지처럼 다만 개관으로 보아야 한다. 그 이후 10년 간 많은 연구가 이루어져 2006년 현재, 서정주에 대한 박사학위논문은 22편에 이르렀다(국회도서관 데이터베이스 기준). 그러나 이 역시 서정주만을 다룬 경우이고, 다양한 테마를 통해 다른 시인들과 비교하며 검토된 경우를 포함한다면 서정주에 대한 박사학위논문의 수는 훨씬 늘어날 것이다(테마론의 경우 필자가 확인한 것만 30편에 이른다). 지난 10년간 서정주에 대한 박사학위 논문만 4배, 테마론을 합하여 계산할 경우, 10배 가까이 늘어난 것이다. 박사논문의 수를 가지고 단순 비교를 할 수는 없겠으나, 참고적으로 그 증가추세를 비교하여 볼 때, 그간 상당한 연구들이 새로 축적되었음을 알 수 있다. 서정주 연구사를 좀 더 상세히 조사하고 분석한 연구논문이 나올 필요성이 있다.

10) 김주현, 「1990년대 이상 연구의 현황 및 전망」, ≪이상리뷰≫창간호, 2001. 9., pp. 186-203.
김주현은 이 글에서 2001년을 기준으로 이상에 대한 연구가 1000편에 이르고 있다고

해서도 열린 담론의 장이 되고 있는 반면, 서정주 연구는 상당히 폐쇄적인 형태를 띤다는 특징이 있다. 그간 무수한 이론을 통해 서정주 시의 다양한 면모들이 밝혀져 왔지만, 그것들은 대체로 초기연구가 그려놓은 지도 안에서 각 부분들을 조명하는 역할[11]을 하고 있기 때문이다. 서정주 연구자들에게 지워진 짐은, 기존 논의가 충분히 이루어졌고 동어반복 이상의 새로운 것이 나오기 힘들다는 데에 동의하고 있는 기존 연구사의 벽을 넘는 일이다.

그간의 서정주 연구사는 전체성을 획득하지 못하고 있다는 문제점을 안고 있으며 그것은 두 가지 양상으로 나타난다. 하나는 서정주 시 전체를 대상으로 한 본격적인 논문이 아직 나오지 않았다는 것이고, 다른 하나는 서정주 시를 총체적으로 분석할 수 있는 틀이 마련되지 않았다는 것이다.

전자에서 파생된 문제로는 아직 서정주 시의 시기구분조차 정립되지 않았다는 점이 있다. 기존의 논의들은 대개 서정주 시의 핵심을 『화사집』(1941)이후 추구된 '영원주의'로 보고 그것이 『질마재 신화』(1975)에서 완성되었다고 보는데 동의한다. 그러나 이런 논의들은 『화사집』을 지나치게 이질적인 것으로 강조하고[12], 『질마재 신화』이후 20년간 쓰인 9권에 달하는 작품들을 한 작가의 작품세계의 연속성이라는 측면에서 바라볼 시각을 상실함으로써, 그것들을 연구에서 소외시키고 있다. 최근 『질마재 신화』 이후의 시집들을 포함하여 서정주

파악하고 있다.

11) 서정주 연구의 중요한 논문들의 상당부분이 소논문이다. 이것은 서정주가 타개한 지 얼마 되지 않았고, 또 생전에 간행된 시집들이 당대에 주목을 받았기 때문으로 판단된다.

12) 『화사집』을 서구지향으로 보고 그것이 『귀촉도』이후 지양된다고 보는 관점들이 대표적이다. 조연현의 「원죄의 형벌」, 송욱의 「서정주론」(≪문예≫18호, 1953. 11.), 김우창의 「한국시와 형이상」 등등이 있으며, 근래의 논의로는 최현식의 「서정주와 영원성의 시학」(연세대 박사학위논문, 2003)이 대표적이다.

의 시를 전체적인 시각에서 바라보려 한 논문들이 나오고 있지만[13] 이 역시 시집 모두를 대상으로 하지 않고 있으며, 그 중 일부만을 포함하고 있다. 서정주의 문학이 완료된 지금, 서정주 연구는 그 시야를 조감하는 위치에 둘 필요가 있다. 그리고 시기구분부터 재정립하는 작업을 시작으로 그의 시 전체를 꿰뚫어야 할 것이다.

한 작가에 대한 연구는 초기에 큰 외곽선이 그리는 거시적 관점을 갖는다면, 그 이후에는 그 내부의 다양한 면모들을 치밀하게 밝히는 미시적 관점의 연구들이 이루어진다고 볼 수 있다. 이런 연구사는 한 작가의 시세계라는 전체의 내부에 그것을 구성하는 부분들이 존재하는 것과 같다. 각 부분의 면모들이 상당부분 분석되고 밝혀진 지금, 그 여러 부분들이 어떻게 다시 전체를 유기적으로 구성하고 있는지를 밝힐 시점이 되었다. 서정주 시를 전체적으로 바라보려는 학위논문들 특히 박사학위논문들의 경우, 대개 '서정주 시 연구'라는 제목 아래 각 시기의 특징들을 나열하는 경향이 있다[14]. 이는 무엇보다도 서정주 시의 형식·내용상의 다양함을 꿰뚫을 수 있는 시각을 찾기 힘들다는 데에 그 원인이 있는 것으로 판단된다. 유례없이 오랜 세월동안 서정주가 감행한 시적 모험이 보여주는 다양한 내용과 형식들을 꿰뚫

---

13) 김수이, 「서정주 시의 변천과정 연구-욕망의 변화양상을 중심으로」, 경희대 박사학위논문, 1997.
　　박순희, 「미당 서정주 시 연구」, 성신여대 박사학위논문, 2005.
　　오세영, 「영원과 현실-서정주론」, 『한국현대시인연구』, 월인, 2003.
　　허윤회, 「서정주 시 연구-후기시를 중심으로」, 성균관대, 박사학위논문, 2000.
14) 김선영, 「서정주 시 연구」, 성신여대 박사학위논문, 1998.
　　박순희, 위의 논문.
　　양금섭, 「미당 서정주 시 연구」, 고려대 박사학위논문, 1996.
　　연은순, 「서정주 시 연구」, 청주대 박사학위논문, 2000.
　　윤재웅, 「서정주 시 연구」, 동국대 박사학위논문, 1996.
　　장창영, 「서정주 시 연구」, 전북대 박사학위논문, 2002.
　　정형근, 「서정주 시 연구」, 서강대 박사학위논문, 2005.
　　허윤회, 위의 논문 등.

는 원리를 구명해야 한다는 점에서, 서정주 연구는 오히려 이제부터 시작이라고 하겠다.

서정주에 대한 기존의 연구사는 크게 다섯 가지 범주로 나누어 볼 수 있다. 첫째, 시의 변모과정을 추적하는 연구로 시 세계의 변화에 조응하는 시인의 의식의 변모과정을 탐색하는 경향이다. 둘째, 시의 미적특성에 대한 연구로 이미지, 상상력, 설화 수용, 비유, 상징, 토속어, 산문성과 운문성, 역설, 시간성, 공간성 등등의 다양한 시각으로 텍스트 내재적 접근을 하고 있는 경향이다. 셋째, 시에 나타난 현실대응과 역사의식에 대한 연구이다. 넷째, 미당의 시정신에 대한 연구로 신라정신, 영원성, 불교, 무속, 민속, 전통과 근대, 반근대주의 등을 탐구하는 경향이다. 다섯째, 그 외의 연구들로 비교문학적 연구, 신화, 원형, 정신분석적 연구 등이다.

(1) 시의 변모과정 연구

최초의 서정주 연구라 할 조연현의 「원죄와 형벌」은 『화사집』의 특징을 인류적 원죄의식과 그것에 대한 형벌로 보고 있으며, 『귀촉도』에는 그것에서 벗어나 재생하려는 의지를 통해 주체를 형성해가는 과정이 나타난다고 평가한다. 이 글은 비평적 안목에 의지하고 있는 짧은 글이지만, 극적인 시적 변모의 원리를 추적함으로써 이후 서정주 시의 변모과정에 대한 연구들을 촉발하는 계기가 되었다.

천이두[15]는 『화사집』에서 『동천』까지의 변모과정을, 『화사집』에 나타난 '피'를 맑혀감으로써 '물'에 이르는 과정, 즉 저주받은 숙명에서 열반에 이르는 듯한 구도자적 여정과 같다고 평가한다. 이 글은 서정주 시의 변모양상을 갈등에서 화해로 나아가는 과정으로 일관성

---

15) 천이두, 「지옥과 열반-서정주론」, ≪시문학≫, 1972. 6-9.

있게 설명해내면서도, 구체적인 작품분석을 통해 단순화의 함정을 피하고 있다. 그러나 『동천』을 서정주 시의 절정이자 완성으로 결론 냄으로써, 이후의 시세계에 대해 닫힌 시각을 보여준다는 문제가 있다.

한편 김우창[16]은 『화사집』에 나타난 존재의 모순과 분열을 미당 시의 정점으로 파악하고, 그것을 해소하기 위한 노력이 추구되는 이후 시들은 일원론적 감상주의로의 후퇴를 보여준다고 부정적인 평가를 내린다. 이 글은 서구 이성주의적, 이분법적 사유에 기반하여 일면적인 평가를 내리고 있다는 점에서, 그리고 존재의 모순과 갈등을 곧 시적 긴장과 동일시하고 있다는 점에서 문제가 있다.

살펴본 대로 이 분야의 초기 연구들은 갈등에서 조화, 혼돈에서 질서, 육체성에서 정신, 서양에서 동양으로의 회귀 등의 도식을 보여주며 서정주 연구의 중요한 틀을 세웠다. 이후 70-80년대에는 이 분야의 연구가 거의 이루어지지 않다가 1990년대 중반 이후, 즉 미당이 80세가 되고, 그의 문학적 인생이 60년에 이르면서 실질적으로 완료 상태에 치닫고 있을 때에야 재개되는 양상을 보인다.

김수이[17]는 서정주의 시집 거의 전부를[18] 대상으로 하여 '욕망의 변화'라는 키워드로 꿰뚫어 내고 있다. 그러나 일관된 논리를 위해 『학이 울고 간 날들의 시』(1982)를 『신라초』(1961)와 같은 단계로 본다던지, 『질마재 신화』(1975)와 『늙은 떠돌이의 시』(1993)를 같은 단계로 보는 것은 문제가 있다. 그것은 첫째, 이 논문이 취하고 있는 변천과정 연구라는 제목에 내재된 연대기적 순서의 개념을 무시하고, 그것으로부터 각 시집들을 찢어내고 있다는 점에서 모순이다. 둘째,

---

16) 김우창, 「한국시와 형이상-하나의 관점, 최남선에서 서정주까지」, ≪세대≫, 1986. 6.
17) 김수이, 「서정주 시의 변천과정 연구-욕망의 변화양상을 중심으로」, 경희대 박사학위논문, 1997.
18) 『80소년 떠돌이의 시』를 제외한 모든 시집을 포함하고 있다. 즉, 이 논문이 쓰인 시기까지 간행된 모든 시집을 대상으로 하고 있다.

각 단계를 재구성한 원리가 시세계의 내적 논리보다는 연구자의 시각에 의해 이루어지고 있으며, 그 근거가 소재적인 것에 치우쳐 있다는 문제가 있다.

허윤회[19]는 서정주의 시가 『동천』 혹은 『질마재 신화』를 통해 일단락된다고 보고 이를 기준으로 서정주의 시를 전기시와 후기시로 나눈다. 이 논문은 후기 시집들[20] 각각의 특징을 살피면서 그것에 나타난 전기시와의 동일성과 차이성을 간간히 비교하는 부분이 의미 있다. 그러나 전기시에 대해 초기 연구의 성과를 답습하고 있으며, 후기시에 대해서도 그것을 꿰뚫어 낼 시각을 보여주지 못한 채 다만 각각의 특징들을 나열하고 있다는 점에서 한계가 있다.

최현식[21]은 그간 이루어진 미학적 특징과 현실의식에 관한 수많은 논의들의 핵심을 '영원성'의 문제로 보고 그것을 전면적으로 내세워 미당 시의 변모과정을 고찰한다. 그러나 이 논문은 미당의 시가 이미 완료된 시점이었음에도 『질마재 신화』이후의 시들을 연구에서 제외하는 한계를 보인다.

박순희[22]의 논문은 미당의 자서전, 산문, 시론 등의 2차 텍스트를 충실히 읽고 있다는 미덕이 있지만 미당의 시를 전체적 시각에서 분석해낼 틀이 부재한 채 "시작품이 저절로 말해지도록"하는 "개방성"을 바탕으로 그의 사유과정을 밝히겠다는 것은 문제가 있다. 미당 시 전체를 4단계로 나누고 있으나, 『질마재 신화』까지를 3단계로 나누어 정리하고, 이후 간행된 9권의 시집들 중 '떠돌이 의식'이라는 키워드에 맞는 4권의 시집만을 골라 마지막 단계로 다루고 있다는 점도 한

---

19) 허윤회, 앞의 논문.
20) 『늙은 떠돌이의 시』와 『80소년 떠돌이의 시』는 어떤 이유에서인지 연구대상에서 빠져 있다.
21) 최현식, 「서정주 시와 영원성의 시학」, 연세대 박사학위논문, 2003.
22) 박순희, 앞의 논문.

계이다.

지금까지 서정주의 시적 변모과정에 대한 연구들을 살펴보았다. 이 분야의 연구는 『동천』까지를 대상으로 하는 초기 연구 이후 한동안 뜸한 양상을 보이는데, 이를 두고 미당의 정치적인 행보가 영향을 주었을 것[23]이라고 보는 견해도 일리가 있어 보인다. 그러나 연구가 지속적으로 진행되지 못한 근본적인 원인은 미당의 문학이 완료되는 시점을 전후하여 재개된 근래의 연구 성과들을 통해 유추할 수 있다. 근래의 연구들은 『질마재 신화』 이후의 시적 작업들을 연구 대상에서 제외하거나, 시간적 순서로부터 찢어내어 소재적으로 재구성하거나, 아예 시간적 순서와 내적 원리를 삭제한 채 다양한 특징들을 나열하거나, 이전 시기와의 연관성을 찾을 수 있는 것들만을 선택적으로 다루고 있다. 이는 『질마재 신화』 이후의 시세계가 보여주는 다양한 '변모의 내적 원리'를 찾기 힘들다는 것을 반증한다. 즉 미당 시의 변모과정을 다루기가 어려워졌다는 것이 이 분야 연구가 한동안 정체되었던 진정한 원인일 것이다.

『질마재 신화』 이전의 것에 대해서는 동어반복적이기 쉽고, 그 이후에 대해서는 변모의 내적 원리를 찾기 힘들다는 점에서 이 분야는 서정주 연구의 가장 난해한 부분으로 남아 있다. 한 시인의 시세계가 단절적일 수 없다는 점에서, 『질마재 신화』 이후에 나타나는 다양한 시적 특성들을 작동시키는 내적 원리를 찾기 위한 구체적인 분석의 틀이 필요하다. 그리고 비록 작품의 시적 긴장이 느슨해졌다 할지라도 그것을 간과하기보다는 그 양상과 정도를 밝히고 정당한 평가를 내려야 할 것이다. 서정주의 시세계가 완료된 지금 그의 시 전체를 조감하면서 그것을 꿰뚫을 수 있는 시각이 절실히 요청된다. 뿐만 아

---

23) 박순희, 위의 논문, p. 5.

니라 이 분야의 연구는 미당의 시세계 전체를 조감하는 위치에서 시기 구분을 재정립해야 한나는 임무도 맡고 있다.

(2) 미적특성과 미학적 원리에 관한 연구

서정주 시는 '한국 현대시의 미학을 구축한 한 전범으로 인정'[24]된다는 평가처럼 이 분야의 연구는 한국현대시사에서 다루어 질 수 있는 거의 모든 미적특성을 다루고 있는 듯하다. 서정주 시의 다양한 이미지와 그 작동 원리로서의 상상력에 관한 연구로는 김재홍[25]과 하재봉[26], 유혜숙[27] 등의 논의가 있다. 이들은 바슐라르의 상상력 이론에 근거하여 서정주 시의 이미지와 그 변화과정을 추적하고 있다. 한편 김화영[28]은 미당 시의 중요 이미지들을 분석하면서 그것들이 가진 공간적 속성을 밝힌다. 미당 시는 '벽', '문', '꽃'과 '하늘' 등의 이미지를 통해 갇힌 공간으로부터 상승하여 역동적 공간을 구축하고 있다는 것이다.

또한 서정주 시의 시간성에 대한 연구들[29] 역시 많이 이루어지고

---

24) 김수이, 앞의 논문, p. 13.
25) 김재홍, 「하늘과 땅의 변증법」, 《월간문학》, 1971. 5.
_____, 「대지적 상상력과 우주적 조응」, 《현대문학》, 1975. 5.
26) 하재봉, 「서정주 시에 나타난 물질적 상상력 연구」, 중앙대 석사논문, 1981.
27) 유혜숙, 『서정주 시의 이미지 연구』, 시문학사, 1996.
28) 김화영, 「한국인의 미의식-서정주의 시의 공간」, 조연현 외, 『미당 연구』, 민음사, 1994.
이 외에도 서정주 시에 나타난 공간의식에 대한 연구들로는 다음과 같은 것들이 있다.
정유화, 「서정주 시의 기호론적 연구」, 중앙대 박사학위논문, 1997.
유지현, 「서정주 시의 공간 상상력 연구」, 고려대 박사학위논문, 1998.
엄경회, 「서정주 시의 자아와 공간·시간 연구」, 이화여대 박사학위논문, 1999.
29) 이광호, 「영원의 시간, 봉인된 시간 : 서정주 중기시의 '영원성' 문제」, 《작가세계》, 1994, 봄.
손진은, 「서정주 시의 시간성 연구」, 경북대 박사학위논문, 1995.
심재휘, 「1930년대 후반기 시 연구 : 백석·이용악·유치환·서정주 시의 시간의식을 중심으로」, 고려대 박사학위논문, 1997.

있다. 특히 송기한[30]은 피상적으로 논의되던 '영원성'의 문제를 근대적 시간의식과 대립하는 반근대적 시간의식이라는 측면에서 명쾌히 밝히고 있다. 그것은 죽음을 생산하는 근대적 시간의식이 파편화된 곳에서 탄생한 '근대의 순환적 시간의식'이라는 것이다. 이 논문은 시간의식을 통해 미당 시의 자아가 추구하는 세계관으로서의 영원성을 탐구하고 있다는 점에서 의의가 있다.

서정주 시에 나타난 설화 수용 양상에 관한 논의들[31]은 주로 '춘향' 모티프 혹은 『신라초』, 『질마재 신화』 등에 수용된 『삼국유사』를 대상으로, 설화와 신화의 의미를 밝히고 그것을 설화 수용의 의미로 바로 연결시키는 경향이 있다. 그러나 오세영[32]은 설화 수용이 미당의 시세계가 동양적 인생탐구로 전환되는 여러 단계 중의 하나임을 지적하며 설화 수용 연구를 미당의 초기시에까지 끌어올린다.

한편 서정주 시의 미학적 원리를 밝힌 논의들[33]도 있다. 황현산은 미당의 시가 전통적 농경적 세계와 서구적 근대시의 개념이 서로 내장(內藏)되어 새로운 미의식의 표현을 얻고 있다고 본다. 김준오는 서정주 초기시가 지닌 강렬함을 '원시주의적 세계관'과 '자학'이라는 두 요소로 설명한다. 김윤식은 '피'로 상징되는 육체성(생리적 측면)과

---

30) 송기한, 「신화적 시간 구축과 질서의식 : 서정주의 경우」, 『한국 전후시와 시간의식』, 태학사, 1996.
31) 박철희, 「질마재 신화 考」, ≪현대문학≫, 1972, 4.
　　김종길, 「추천사의 형태」, ≪사상계≫, 1975, 5.
　　조병무, 「영원성과 현실성」, ≪현대문학≫, 1975, 5.
　　김선학, 「설화의 시적 수용」, 『한국문학 연구』, 1981.
　　주　옥, 「서정주시의 설화 수용 양상」, 서강대 석사논문, 1982.
　　황동규, 「탈의 완성과 해체」, ≪현대문학≫, 1981, 9.
32) 오세영, 「설화의 시적 변용」, 『미당연구』, 민음사, 1994.
33) 황현산, 「서정주, 농경 사회의 모더니즘」, 『미당연구』, 민음사, 1994.
　　김준오, 「원시주의와 자학」, 박철희 편, 『서정주』, 서강대출판부, 1995.
　　김윤식, 「무(無) 속에서 전개되는 변증법-≪시인부락≫의 어떤 생리와 논리」, ≪시와시학≫, 1996. 가을.

‘이슬’로 상징되는 근대문학 제도로서의 표현을 미당 시의 요체로 본다. 미당 시는 이 갈등하는 두 세계를 싸잡아 하나의 역동적 전체로 통일하는 ‘無 속에 전개되는 변증법’이라고 설명한다.

미당 시의 미적 특성을 그의 언어 사용과 수사학의 측면에서 접근한 논의들은 한 시인에 대한 연구로서는 무척 다양한 스펙트럼을 보여주고 있다. 유종호[34]는 미당의 시를 소리지향과 산문지향으로 나누어 그 미적 특성을 논한다. 신범순[35]은 미당의 시론을 검토하는 글에서 미당 시의 말법이 ‘풍류정신’과 상통함을 밝히고 있다. 한편 이남호[36]는 서정주의 시세계 속에는 우리 겨레의 마음씨들이 아름답게 표현되어 있으며, 삶의 원초적 생명력과 활물적인 역동성을 아울러 보여주고 있다고 본다. 이승훈[37]은 서정주 초기시의 구조가 아이러니의 미학을 지향한다면, 후기시는 동일성의 미학, 곧 은유의 미학을 지향한다고 정리한다. 이 외에도 최현식[38]은 ‘낭만적 아이러니’의 원리로, 강우식[39]은 상징의 미학, 김시태[40]는 역설의 미학으로 각각 서정주 시의 미적 특성을 정의하고 있다. 최근의 논의로 김옥성[41]은 서정주 시의 수사적 특성이 ‘윤회론적 세계관에 기반한 은유’임을 밝히고 있다. 기존 논의가 주로 ‘세계와 자아’의 동일성을 원리로 하는 은유를 언급하고 있다면 이 논문은 은유를 “시간적 격절을 관통하는 유사성의 원리”로 설명함으로써 그것을 ‘영원주의’와 직결시키고 있다는 점이 주목된다.

34) 유종호, 「소리 지향과 산문 지향-미당 시의 일면」, ≪작가세계≫, 1994. 봄.
35) 신범순, 「침묵과 풍류의 시학」, 『한국현대시의 퇴폐와 작은주체』, 신구문화사, 1998.
36) 이남호, 「겨레의 말, 겨레의 마음」, 조연현 외, 『미당연구』, 민음사, 1994.
37) 이승훈, 「서정주의 초기시에 나타난 미적 특성」, 조연현 외, 『미당연구』, 민음사, 1994.
38) 최현식, 「서정주 초기시의 미적 특성 연구」, 연세대 석사학위논문, 1995.
39) 강우식, 「서정주 시의 상징 연구」, 『한국상징주의시연구』, 문화생활사, 1987.
40) 김시태, 「서정주의 역설적 의미」, ≪현대문학≫, 1975, 4.
41) 김옥성, 「한국 현대시의 불교적 시학 연구」, 서울대 박사학위논문, 2005.

이 분야의 연구들은 텍스트 내재적 접근을 통해 서정주 시의 미적 특성과 미학적 원리를 규명하고 있다. 그리고 나아가 그것이 서구미학에 속하는 것이냐, 동양적 전통미학에 속하는 것이냐, 두 미학의 길항관계에서 생겨나는 것이냐 등을 고찰하고 있으며, 미학적 원리에 조응하는 시인의 세계관을 탐색하고 있다. 때문에 이 분야의 연구들은 근대성과 반근대성, 영원성 등을 문제 삼는 미당의 시정신에 대한 연구와 겹쳐지는 부분이 있다.

(3) 현실의식과 역사의식에 대한 연구

이 분야의 연구들은 서정주의 초기시에 나타난 현실성을 논하는 것과 중기시 이후 나타난 '영원성'과 관련하여 '현실성' 또는 '역사의식'을 논하는 것, 그리고 서정주의 정치적 행적을 그의 시와 연결하여 논하는 것으로 나누어 볼 수 있다. 주목되는 점은 논자에 따라 '현실성'의 개념을 달리 사용하면서 상반된 평가를 내리고 있다는 점이다.

먼저, 서정주의 초기시에 나타난 현실의식에 대한 것으로는 김춘수, 김우창, 김용직 등의 논의가 있다. 김춘수는 미당을 '한 시대의 처절한 생의 참모습에 육박한 시인'[42]으로 높이 평가한다. 김우창[43]은 미당의 『화사집』이 경험의 몰입에 의한 '진정성'을 획득하고 있다고 하였다. 김용직[44]은 「자화상」의 생생한 토박이 심상은 일찍이 우리 시가에 등장하지 않았던 것이며, 서정주의 작품에 현실과 역사가 배제되어 있다는 생각은 크게 잘못된 것이라고 지적한다. 이들은 모두 '현실의식'을 '모방' 또는 '시늉'과 대립적인 의미인 '경험에서 체득한

---

42) 김춘수, 「『귀촉도』기타」, 조연현 외, 『서정주 연구』, 동화출판공사, 1975, p. 31.
43) 그러나 김우창은 『화사집』이후 미당 시가 그 진정성을 잃고 일원적 감상주의로 후퇴하였다고 부정적으로 평가한다(김우창, 「한국시와 형이상」, 『미당 연구』.).
44) 김용직, 「초인의 역정, 또는 마그마 시학」, ≪시와시학≫, 1996. 가을.

진정성'의 의미로 사용하고 있으며, 미당 시의 현실의식에 대해 긍정적인 평가를 하고 있다.

미당의 중기시 이후 나타난 '영원성'의 문제와 관련하여 '현실의식'을 언급하는 논의들은 다양한 개념의 '현실성'을 기준으로 자신들의 견해를 피력하고 있다. 김종길은 미당의 시가 "무당이나 점쟁이가 된 듯한 말투로 일관하기 때문에서 시에서 이탈할 위험성"이 있다[45]면서 미당과 논쟁[46]을 벌인 바 있다. 김윤식[47]은 미당 시가 『삼국유사』처럼 시와 역사가 미분리된 세계를 지향한다면서 이를 한 '동양병'으로 비판하고 있다. 김윤식의 논의의 연장선상에서 남기혁[48]은 미당이 메타포의 차원에 머물렀어야 할 그의 '신라정신'을 경험적 현실과 동일시하려는 점은 '시대착오'라고 비판한다. 이들은 모두 미당 시가 '근대문학 제도의 범주'를 벗어나고 있다는 차원에서 '현실감각=근대적 감각'이 결여되었음을 비판한다는 특징이 있다. 구중서[49] 역시 미당의 정신세계는 '동양적 접신술가'에 가깝다고 비판하면서, 「신라의 상품」에 고려 말에야 수입된 목화라는 소재를 사용하고 있다는 오류를 지적한다. 그는 상식적인 수준의 역사지식도 없다는 지적을 통해 미당의 역사의식과 현실감각을 혹평하고 있다.

한편 김화영, 김현 등은 미당 시를 '삶의 현장'이라는 의미로서의 '현실성'이 결여되어 있다고 비판한다. 김화영[50]은 "격동의 현실을 두

---

45) 김종길, 「실험과 재능 : 우리시의 현황과 그 문제점」, 《문학춘추》, 1964. 6.
46) 김종길과 미당 사이에 벌어진 논쟁에 대해서는 박현수의 글 참조. 박현수는 이 논쟁의 전개과정을 상세히 고찰하면서 "비록 논쟁자들이 그 중요성을 인식하지 못하고 있었다고 할지라도, 마법성을 현대문학의 핵심개념으로 제기하여 새로운 시학에 대한 논의의 단초를 제공했다는 사실 하나만으로도 이 논쟁은 주목할 만한 가치를 갖는다"고 평가한다(박현수, 「현대시와 마법성의 수사학-서정주와 김종길의 논쟁을 중심으로」, 『현대시와 전통주의의 수사학』, 서울대학교출판부, 2004.).
47) 김윤식, 「역사의 예술화」, 《현대문학》, 1963. 10.
48) 남기혁, 「1950년대 시의 전통지향성 연구」, 서울대 박사학위논문, 1998, pp. 43-44.
49) 구중서, 「서정주와 현실도피 : 역사시의 본령과 서씨의 경우」, 《청맥》, 1965. 6.

고 고대 신라로 잠적해 버린" 것은 "시정의 사람들인 우리들과는 아무 관계가 없는 것"이라며 그의 시를 '현실도피'로 평가하고 있다. 김현[51]은 "서정주는 삶의 현장에서 비켜서는 모습"을 보여준다면서 비판한다.

한편, '현실성'을 '실리주의' 또는 '현실을 바탕으로 생각하거나 행동하는 주의'의 개념으로 파악하고 미당 시에 '현실주의'가 잘 드러나 있다고 평가하는 논의들도 있다. 김우창[52]은 미당 시에는 "권력에 눌린 자들"의 현실주의인 "굽음의 이존책(以存策)"이 잘 드러나 있다고 평가한다. 그는 다만 70년대를 지나며 "굽음의 이존책"만을 현실주의로 택할 수 없게 된 것 같다는 의견을 덧붙이고 있다. 유종호[53]는 "현실주의란 이상을 거부하는 것이 아니라 현실을 있는 대로 직시하면서 이상의 실현을 기다리는 태도"라면서 미당 시의 현실주의를 긍정적으로 평가하고 있다. 그는 나아가『질마재 신화』에 전통사회 기층민의 가난문화의 세목이 잘 드러나고 있다면서 그것을 성공적인 민중문학의 사례로 꼽는다.

마지막으로 '현실의식' 또는 '역사의식'을 '사회현실에 대한 대응을 요구하는 시정신' 혹은 '리얼리즘의 시정신'의 개념으로 파악하고, 서정주의 시와 그의 정치적 행보를 연결시켜 그것이 결여되어 있음을 비판하는 논의들이 있다.[54] 최두석[55]은 미당 시에 나타나는 '시적 달

---

50) 김화영,『미당 서정주 시에 대하여』, 민음사, 1984.
51) 김현은 미당 시의 비현실성에 대해서는 비판하고 있지만 시의 미적가치에 대해서는 긍정적인 평가를 내리고 있다(김현,「서정주 혹은 불교적 인생관의 천착」,『한국문학사』, 민음사, 1973.).
52) 김우창,「구부러짐의 형이상-서정주,『떠돌이의 시』」, 박철희 편,『서정주』, 서강대출판부, 1995.
53) 유종호,「소리지향과 산문지향」,『미당 연구』.
54) 임우기,「미당 시에 대하여」,『그늘에 대하여』, 강, 1996.
     황현산,「시적 허용과 정치적 허용」, ≪포에지≫, 2000, 가을.
55) 최두석,「서정주론」, 앞의 책.

관’은 “운명에의 굴복”에 지나지 않는 것이라면서 이를 ‘순응주의’라고 명명한다. 그는 미당의 친일시를 분석하며 ‘순응주의’가 역사의식을 마비시킨다고 비판하고 있다. 그는 또한 미당의 ‘신라정신’을 ‘반근대주의’라고 명명하고 있는데 그는 반근대주의를 ‘반진보주의’, ‘전근대지향’ 정도의 의미로 사용하면서 미당 시가 퇴행적 양상을 보인다고 비판하고 있다.

한편 미당의 문학과 삶에 있어서의 현실의식에 대한 평가는 그의 타계 이후 언론 논쟁의 양상을 띠기도 했다.[56] 이 논쟁은 미당의 제자로서 미당 시를 ‘언어의 정부’[57]라고까지 칭했던 고은이 미당과 그의 시에 대해 원색적인 비난을 담은 글[58]을 발표하면서 시작되었다. 이 논쟁을 통해 새로이 밝혀진 사실이나 새로이 내려진 평가는 없었지만, 다시 한번 미당의 ‘현실의식-영원성’[59]의 문제가 쟁점임을 드러낸 것만은 분명하다. 시인의 삶과 문학은 그의 ‘세계관’이라는 교집합을 갖는다. 그러므로 미당의 정치적 행보에 대한 평가를 시에 직결시키거나, 그것을 시와 분리시키는 태도는 모두 지양되어야 한다. 이미 몇몇 연구들이 접근하고 있는 방식처럼 미당의 삶과 문학은 그의 ‘세계관’을 통해서 연결되고 평가되어야 한다.

살펴보았듯이 현실의식에 대한 개념은 다양하게 나타나고 있지만 그것이 결국 미당의 영원성을 평가하는 데에서 제기된 문제들이라는 점에서, 현실의식에 대한 연구는 영원성에 대한 연구의 뒷면이라는 점을 알 수 있다.

---

56) 미당 타계 이후에 벌어진 미당의 문학과 삶에 대한 재평가를 둘러싼 논쟁의 자세한 진행과정과 양상에 대해서는 박순희 앞의 논문을 참조(박순희, 앞의 논문, pp. 1-2.).
57) 고　은, 「서정주 시대의 報告」, 조연현 외, 『서정주 연구』.
58) 고　은, 「미당 담론-자화상과 함께」, ≪창작과비평≫, 2001, 여름호.
59) 미당의 ‘영원성’은 곧 그의 ‘현실의식’이라는 의미에서 ‘현실의식-영원성’이라는 결합이 가능하다.

(4) 영원주의에 대한 연구

상술한 연구사 검토를 통해, 서정주 시의 미적 특성과 원리가 그의 시정신과 긴밀한 관계를 가지고 있으며, 현실의식에 대한 논의들 역시 영원주의 연구에서 파생된 것임을 알 수 있었다. 필연적으로 위의 연구들과 맞물려 있다는 점에서 그리고 가장 논쟁적인 분야라는 점에서 영원주의에 대한 연구는 서정주 연구의 핵심이다. 이 분야의 연구는 현실의식과의 관계를 통해 영원주의의 특성을 밝히려는 경향과 영원주의의 기능이라고 할 수 있는 반근대성에 대한 논의로 나누어진다.

영원주의의 특성을 탐색하는 논의들 대부분이 논자들 나름의 '현실성'을 기준으로 '영원주의'의 특징을 규정하고 있다면, 오세영[60]은 텍스트 내재적 접근을 통해 영원주의의 성격이 변화하고 있음을 간파하고 있다는 점에서 중요하다. 이 논문은 중기 이후 추구된 영원주의의 성격이 변화하고 있음을 지적하고, 그것을 '신화에의 침몰'과 '신화의 세속화' 개념을 통해 탁월하게 설명하고 있다. 본고는 미당 시의 핵심인 영원주의의 성격이 변화하고 있다는 오세영의 논의에 착안하여 미당 시의 영원주의의 개념과 성격을 새로이 규명하고 추적하고자 한다.

한편 영원주의의 반근대주의적 성격을 부각시킨 논의는 김종길, 김윤식, 남기혁 등의 것이 있다. 김종길[61]은 「한국성사략」 등의 시를 예로 들며 "이성적 구조가 결여"되어 있다고 지적하였는데 이는 '신비적 합일'을 지향하는 시의 내용을 겨냥하고 있다. 김종길은 서정주 시의 영원성이 신비적 합일에 접근한다는 이유로 그것이 "시(근대문학 제도로서의 시-인용자)에서 이탈"할 수 있다고 경계하고 있다. 문학에서 마술적 상상력이 각광받고 있는 현재의 관점에서 볼 때, 김종

---

60) 오세영, 「영원과 현실-서정주론」, 앞의 책.
61) 김종길, 「시와 이성 : 서정주 사백의 「내 시정신의 현황」을 읽고」, 앞의 책.

길의 논의는 계몽적 근대 이성에 기반한 평가이지만, 역설적으로 미당 시의 반근대성, 신비성 등의 성격을 부각시키는 역할을 하였다고 평가할 수 있다.

김윤식[62]은 역사와 예술이 미분화된 시대의 산물로서 『삼국유사』를 언급하며, 역사와 예술은 시간이 지남에 따라 분리되는 길을 걷게 되었음을 지적한다. 그는 "신라정신이란 없으며, 그것은 역사의 예술화에 지나지 않는다"고 쓰고 있다. 여기서 분명히 해야 할 점은 김윤식이 비판하고 있는 '역사의 예술화'란 역사를 소재로 작품을 창작하는 것을 지칭하는 것은 분명히 아니라는 점이다. 역사소설을 고대문학이라고 하지 않기 때문이다. '역사의 예술화'란 고대인들의 역사기술 방법인 '신화'를 지칭하는 것이라 보아야 타당하다. 즉, 김윤식은 미당 시가 추구하는 신라정신이 근대문학을 벗어나 '신화'의 상태를 지향하고 있다고 보고 그것을 비판한 것이다.

한편 남기혁[63]은 전후 시단에서 미당의 신라정신이 모더니즘 계열 시인들의 비판을 받으며 전통주의의 이데올로기로 변화되는 양상을 고찰하면서, 당대 모더니스트들이 신라정신이 가진 근대 극복의 가능성을 간과하였다고 비판한다. 이 논문은 신라정신을 추구하고 있는 미당 시의 미적 가치보다는, 근대 계몽주의가 초래한 인간 소외와 같은 근대의 위기를 극복할 수 있는 한 방편으로서 그것의 이데올로기적 가치를 인정하고 있다. 그러나 시인이 문학적 상상력에서 그쳤어야할 신라정신을 두고 그것이 역사적으로 실재했으며 현실에도 실재하고 있다고 말한 점은 시대착오[64]라고 비판한다. 이는 미당 시가 추구하는 신라정신이 근대의 부정성을 극복할 수 있는 가능성을 가지고

---

62) 김윤식, 「역사의 예술화-신라정신이라는 괴물을 폭로한다」, 앞의 책.
63) 남기혁, 앞의 논문.
64) 남기혁, 앞의 논문, pp. 43-44.

있다고 보면서도, 그것이 실재한다고 말하는 시인의 사유는 전근대적
이며 시대착오라고 보는 이중적인 평가라 하겠다. 이상의 논의들은
각각 다른 지점에 서 있지만, 미당이 신라정신을 실재화하려 한다는
것을 비판하고 있다는 점에서 일치한다. 그러나 본고는 이들 논의와
달리 '신라정신의 실재화'가 의미 있는 작업이며, 그것이 미당 시의
영원주의의 가장 중요한 특성임을 밝힐 것이다.

위에서 살펴본 논의들이 직·간접적으로 '영원주의'의 특성을 밝히
고 있다면, '영원주의'를 근대 초극이라는 기능적 측면에서 다룬 논의
들도 있다. 이는 먼저 미학적인 측면에서 서정주의 시가 모더니즘을
내면화하는 데에서 출발하고 있음을 밝히는 작업을 통해 부각된다.
황동규[65]는 미당 시가 유럽 모더니즘과 토속적 삶의 융합에서 출발하
고 있으며, 신라정신을 본격화한 『신라초』에서 '탈'의 기법이 완성된
다고 본다. 이는 미적 관점에서 서정주 시의 신라정신을 근대성의 범
주에 포섭시킨 것이다. 황현산[66] 역시 같은 맥락에서 미당 시의 신라
정신이 근대의 시세계를 내장한 방식으로 뛰어난 표현양식을 획득하
고 있다고 평가한다. 이 논의들은 서정주의 '영원주의'를 근대성을 내
면화한 시적 주체가 그것의 극복을 모색하기 위해 나아간 지점으로
조명하고 있다.

반면 신범순[67]은 서정주가 초기부터 모더니즘에 대한 대결의식을
가지고 있었다고 본다. 특히 초기시에 나타난 니체나 보들레르의 영
향 역시 근대적인 것과 상관없는, 오히려 고대적인 측면의 것이었다
고 보고, 서정주가 영원주의를 통해 추구한 근대주의와의 대결의식을
초기시에까지 끌어올려 적극적으로 해석하고 있다는 점에서 기존 논

---

65) 황동규, 「탈의 완성과 해체-서정주의 정신과 시」, 조연현 외, 『미당연구』, 민음사, 1994.
66) 황현산, 「서정주, 농경 사회의 모더니즘」, 위의 책.
67) 신범순, 「반근대주의적 혼의 시학에 대한 고찰」, ≪한국시학연구≫4, 2001. 5.

의와 차별성이 있다. 그리고 이 논문은 기존에 피상적이고 습관적으로 사용되던 미당 시의 '영원성'이라는 용어를 "공동체의 삶을 이끌어 가는 것"[68]이라고 개념 정의하고 있다는 점에서 주목된다.

많은 연구들이 미당 시가 추구한 영원주의의 다양한 특성을 밝혔음에도 막상 미당 시의 영원주의란 무엇인가, 그것이 보편적 영원성과는 어떻게 변별되는가 하는 문제에 대한 명쾌한 답을 찾기 힘들다는 것은 문제적이다. 본격적으로 미당 시의 영원성을 천착한 최현식[69]의 논문 역시 그것의 분명한 개념을 밝히지 못한 채, 시대적 맥락 속에서 영원성을 추구한 시들이 어떻게 형상화되는가를 밝히는 데 주력하고 있다. 그러나 본고는 선행연구사 검토를 통해 미당의 영원주의의 개념을 밝히는 중요한 단서들을 찾을 수 있었다. '영원성의 실재화'에 대한 논의, 미당 시의 변모과정에서 그것의 성질이 변하고 있다는 논의, 그리고 그것은 '공동체의 삶을 이끌어 가는 것'이라는 논의 등이 그것이다.

(5) 그 외의 연구들

비교문학적 연구는 주로 서정주 초기시에 미친 보들레르 혹은 니체와의 영향 관계를 탐색한다. 송욱[70]은, 보들레르가 지성과 윤리, 그리고 미학으로써 강렬한 육체를 제어하고 있는 반면 서정주에게는 그런 지성이나 윤리, 미학이 결여되어 있다고 비판한다. 김학동[71]은 「국화

---

68) 신범순은 다른 글에서 이것을 '긴긴 마음의 연결사'라는 미당의 말로 대신하기도 한다 (신범순, 「질기고 부드럽게 걸러진 '영원'」, 『한국 현대시의 퇴폐와 작은 주체』, 신구문화사, 1998.
69) 최현식, 「서정주와 영원성의 시학」.
70) 송 욱, 「서정주론」, ≪문예≫, 1952. 11.
71) 김학동, 「서정주 시에 미친 보들레르의 영향」, 박철희 편, 『서정주』, 서강대출판부, 1995.

옆에서」를 보들레르의 시 「원수」와 비교하며 미당이 보들레르와 달리 시적 내면화의 깊이를 얻지 못한 채 그 외양만을 본받았다고 평가한다. 한편 황현산[72]은 「자화상」과 보들레르의 「축복」을 비교하면서 서정주 시를 이해하는 단서로 농경사회와 모더니즘 두 가지를 추출한다. 그는 서정주가 그 정서의 뿌리를 농경사회에 두고 있으면서도 근대적인 시의 개념을 깊이 이해하고 있었다고 평가하며 앞의 논의들과 의견을 달리 한다.

김춘수[73]는 서정주 시에 나타난 니체의 생체험을 최초로 부각시켰지만 단순한 지적으로 그친 감이 있다. 오세영[74]은 미당 스스로 여러 차례 언급한 니체의 영향을 검토한다. 그는 「문둥이」를 분석하면서, 미당의 시에 나타난 생의 의지는 니체의 '권력의지'와는 상관없는 것이며, 오히려 쇼펜하우어의 '맹목의지'에 가까운 것이라고 지적한 바 있다.

이 외에 서정주의 시에 나타난 신화와 원형을 탐구하거나 정신분석적으로 접근한 연구들도 있다. 김열규[75]는 미당 시가 신화·속신과 강한 유대를 보이고 있다면서 미당 시의 '아니마 문디(세계혼-인용자)'적 세계관과 '범유론(汎有論)' 혹은 '범물론(汎物論)'의 성격을 분석한다. 박철희[76]는 서정주의 시가 민간전승의 형식을 기층에 깔게 됨으로써 과거와 현재, 이쪽과 저쪽을 하나의 전통(동일성) 속에 포착하고 있다고 본다. 그리고 그 동일성은 소재사적 동일성을 넘어 구조적 동일성까지를 포착하고 있다고 지적하며 그것이 서정주 시가 지닌 영

---

72) 황현산, 「서정주, 농경사회의 모더니즘」, 《한국문학연구》17집, 동국대 한국문학연구소, 1995. 3.
73) 김춘수, 「시인론을 위한 각서」, 『한국 현대시 형태론』, 해동문화사, 1958.
74) 오세영, 「생명파와 그 시세계」, 『20세기한국시연구』, 새문사, 1998, pp. 217-220.
75) 김열규, 「속신과 신화의 서정주론」, 《서강어문》, 1982.
76) 박철희, 「서정주와 민간전승」, 박철희 편, 『서정주』.

원성이라고 평가한다. 최정숙[77]은 서정주의 시에 실제 어떤 풍속이
수용되어 있는가를 충실히 검토하고 있는데 그것의 의미를 밝히지 못
하고 있는 것은 한계이다.

　육근웅[78]은 융의 '개성화 과정'의 개념을 중심으로 미당의 9번째
시집인 『학이 울고 간 날들의 시』까지의 변모과정을, <대립과 갈등-
안정과 균형-통합적 성숙과 자기실현>이라는 자기완성의 구조로 설
명한다. 이 논문은 서정주 시에 대한 최초의 본격적인 정신분석적 연
구라는 점에서 의미가 있지만 텍스트보다는 시인의 정신분석에 치우
친 감이 있다.

　지금까지 서정주 연구사를 다섯 가지 범주로 나누어 살펴보았다.
이를 통해 지적될 수 있는 문제점은 다음과 같다.

　첫째, 서정주의 시작(詩作)이 완료된 지금, 그의 시 전체를 대상으
　　로 하는 본격적인 연구가 필요하며, 전체를 조감하는 시선에서
　　시기구분을 재정립할 필요가 있다.

　둘째, 서정주 시의 특징들을 나열하는 것이 아니라 그것 전체를 꿰
　　뚫어 낼 시각이 필요하다.

　셋째, 서정주의 영원주의(신라정신, 풍류정신)의 여러 특성만으로는
　　그것이 무엇인지 설명되지 않는다. 작품분석을 통해 서정주 시의
　　영원주의의 개념을 분명히 밝힐 필요가 있다.

　넷째, 서정주의 영원주의의 특성으로 주목되며, 논자마다 달리 사용
　　하고 있는 반근대주의의 개념을 명확히 하고 그 의의를 재조명
　　할 필요가 있다.

　본고는 이러한 문제의식에서 출발한다. 본격적인 논의에 앞서 서정

---

77) 최정숙, 「한국 현대시의 민속 수용양상 연구」, 경희대 박사학위논문, 2003.
78) 육근웅, 「서정주시연구」, 한양대 박사학위논문, 1990.

주 시의 시기구분의 문제가 제기되는데, 본고가 파악하는 시기구분을 기존 논의와 비교하여 살펴보면 다음과 같다.

첫째, 초기시의 범주에 대해서는 『화사집』과 『귀촉도』 이후를 대립적인 세계로 파악하고 『화사집』을 초기시로 보는 경향이 있다. 『화사집』이 서구지향이라면 『귀촉도』 이후는 동양적 세계로의 귀환이라고 보는 이런 논의는 김동리가 쓴 『귀촉도』의 발문을 시작으로 이후 거의 모든 논자들이 동의하고 있는 편이다. 그러나 최근에는 『화사집』을 서구지향으로만 보는 시각에 조금씩 균열이 생기고 있는데, 『화사집』에 서양적인 세계와 동양적인 세계가 융합되어 있다[79]거나, 나아가 그 뒤섞임은 단순한 융합이 아니라 서구적인 것에 대한 대결의식을 보여주는 것[80]이라는 등의 의견이 그것이다. 이런 논의들은 『화사집』을 이후 추구된 동양적 세계와 단절적이고 이질적인 것으로 파악하는 태도에서 벗어나 그 연속성과 차이성을 탐색하게 한다. 본고는 미당의 초기시를 그가 등단한 1936년에서 『화사집』, 『귀촉도』, 『서정주 시선』(1956)까지로 파악한다. 이 시기 안에서 미당 시가 다양하고 역동적인 모습을 보여주고 있다는 기존 논의에 동의하지만, 새로운 시적 주체와 새로운 시세계를 본격적으로 탐구해 들어간 것은 『신라초』(1961) 이후로 보아야 하기 때문이다. 또한 『서정주 시선』은 『화사집』과 『귀촉도』의 시들을 모두 수록하고, 이후 쓰인 시들을 덧붙임으로써, 초기시를 정리하는 의미가 있다는 점도 이런 구분의 근거가 될 수 있다.

둘째, 중기시의 범주는 서정주 시의 핵심을 '영원주의'로 보고 그 시작과 완성을 찾는 작업에 의해 결정된 경향이 있다. 논자들은 중기

---

79) 황현산, 앞의 글.
80) 신범순, 「반근대주의적 혼의 시학에 대한 고찰」, 앞의 책.

시의 시작을 『귀촉도』, 『서정주 시선』, 『신라초』로 제각각 파악하고 있지만, 대체로 『질마재 신화』까지를 중기시로 파악하는 데에는 일치하고 있다. 이는 『질마재 신화』까지의 시세계가 그 이후의 시들과 달리 일관된 진행방향을 보여주기 때문이라고 판단된다. 그러나 오세영[81]은 중기시가 신화 세계의 탐색을 보여주는 반면, 『안 잊히는 일들』부터는 개인적 일상의 탐구라는 확연한 차이를 보여준다면서, 중기시를 『학이 울고 간 날들의 시』까지로 확장하고 있다. 오세영의 논의는 겉으로 드러난 시세계의 차이성 속에 깊이 내장된 원리를 꿰뚫어 보고 그것에 의해 시기구분을 하고 있다는 점에서 주목된다. 본고는 이러한 시각을 수용하되, 본고가 파악한 '영원주의'의 개념에 따라 중기시의 범주를 『신라초』, 『동천』, 『질마재 신화』, 『떠돌이의 시』까지로 파악한다. 그리고 이 시기에 시인이 '신라정신의 현실화'를 추구하고 있다는 공통점이 있으며, 이후의 시적 작업은 그것을 '다음 세대'에게 전하는 데에 주력하고 있음을 밝힐 것이다.

마지막으로 본고는 『서으로 가는 달처럼…』, 『학이 울고 간 날들의 시』, 『안 잊히는 일들』, 『노래』, 『팔할이 바람』, 『산시』, 『늙은 떠돌이의 시』, 『80소년 떠돌이의 시』를 후기시로 파악한다. 본고는 시인이 이 시기에 '신라정신의 현실화'를 이룬 뒤, 그것을 다음 세대에게 전하기 위한 작업을 보편적 차원과 개체적 차원에서 전개하였음을 밝힐 것이다.

정리하면 본고는 서정주가 등단한 1936년부터 『화사집』(1941), 『귀촉도』(1948), 『서정주시선』이 간행된 1956년까지를 초기로, 이후 『신라초』(1961), 『동천』(1968), 『질마재 신화』(1975), 『떠돌이의 시』가 간행된 1976년까지를 중기로, 그리고 『서으로 가는 달처럼』(1980), 『학

---

81) 오세영, 「영원과 현실-서정주론」, 앞의 책.

이 울고 간 날들의 시』(1982), 『안 잊히는 일들』(1983), 『노래』(1984), 『팔할이 바람』(1988), 『산시』(1991), 『늙은 떠돌이의 시』(1993), 『80 소년 떠돌이의 시』(1997) 이후 작고하기까지의 시기를 후기로 구분하여 접근할 것이다. 본고는 서정주 시 전체를 대상으로 그것을 꿰뚫어 낼 시각으로서 그의 '영원주의'에 주목하고, 구체적인 작품분석을 통해 그것의 개념과 변모양상을 밝히며, 변모의 내적 원리와 의의를 구명함으로써 서정주의 시세계를 파악하는 것을 목표로 한다.

2. 연구의 이론적 근거

기존의 논의는 '영원성'과 '영원주의'라는 용어를 구분 없이 사용하고 있는데, 막상 서정주 자신은 '영원성'이라는 말을 거의 사용하지 않았다. 그는 '신라정신' '풍류정신' '풍류도'라는 용어를 사용하였으며, 그것을 설명하는 글에서는 '영원주의', '우주주의', '자연주의'라고 명명[82]한 바 있다. 서정주 시가 추구한 '신라정신-영원주의'를 '영원성'과 구분하지 않고 사용하는 것은 첫째, '영원성'의 내포에 대한 미성찰을 드러내고 있으며 둘째, 서정주의 '영원주의'의 특수성을 간과하고 있다는 점에서 문제가 있다.

'영원성(eternity)'이라는 용어는 다양한 의미를 포괄하고 있는데 크게 네 가지 개념으로 나누어 살펴볼 수 있다. 첫째, 끝이 없이 계속된다는 의미인 지속성(everlasting)이다. 둘째, 어떤 시대, 혹은 어떤 때에도 항상 존재한다는 의미인 항상성(sempiternity)이다. 이는 범시간적(omnitemporal) 의미를 가지고 있으며, 연속성을 강조하는 지속성과

---

82) 서정주, 「韓國 詩精神의 傳統」, 『서정주 문학전집』2, 일지사, 1972, pp. 116-117.

달리 '어느 때나 있음'을 강조한다. 셋째, 플라톤의 개념으로 명료한 존재, 고정 불변의 실체인 이데아를 의미하는 실체성(eternal being)이다. 플라톤은 실체성의 개념에 대립하는 것으로 시간적(temporal)인 것을 꼽으며, 그것은 존재(being)가 아닌 그저 되어가는 상태(becoming)[83]일 뿐이라면서 후자를 열등한 것으로 평가한다. 마지막으로 넷째는 "지금 한꺼번에 존재하는, 하나의 총체(it is now all at once, a single whole)"를 의미하는 총체성(wholeness)이다.[84]

유한한 인간이 '영원성'을 '추구'할 때 생겨나는 개념들은 다음의 네 가지로 나누어 볼 수 있다. 첫째, 시간의 흐름 속에서 육체적 생명력의 지속을 추구하는 불사성(不死性 deathlessness)이다. 그러나 영원한 생명을 갈망하는 신화들에서 불사(不死)가 아니라 회춘(回春)이 이상으로 나타난다. 세속인들은 '젊음'을 원했으며, 현인이나 신비론자들은 존재가 계속되기 보다는 해탈을 열망했기에 결국 불사성은 크게 매력적이지 않았다고 볼 수 있다.[85] 둘째, 쇠약해지거나 쇄신하지 않는 불변성(immutability)이다. 그러나 모든 살아있는 것은 시간의 흐름 속에서 변하기 마련이기에 불변하는 실체, 진리, 신에 대한 추구는 '단절'과 '초월'의 개념을 동반한다. 셋째, 죽음 뒤에 지속하는 영혼에 대한 사유인 불멸성(immortality)이다. 넷째, 총체성에의 합일을 추구하는 것이다.

서정주 초기시의 시적 주체는 부정적 근대성에 의해 자아의 존재론적인 안정감이 위협받는 상황에서 탈출하기 위하여 '영원성을 추구'

---

83) 뒤에 상술하겠지만 과정적 유기체론에서는 고정불변의 실체인 being의 개념을 인정하고 있지 않으며, 끊임없이 유동하고 상호 영향을 주고받으며 되어가는 과정(becoming) 그 자체를 존재로 본다(being is becoming).

84) *The Encyclopedia of Philosophy*, vol. three, "ETERNITY", Ed. Paul Edward, et al, N. Y. : The Macmillan Company & The Press, 1972, pp. 63-66.

85) M. 엘리아데, 『종교형태론』, 한길사, 1997, pp. 390-392.

하는 방향으로 나아간다. 그는 우주·자연·세계로부터 분리되고 파편화된 개체성을 초월하여 '총체성에의 합일'을 추구한다. 이는 초기에 낭만적 유기체론적 자연관[86]을 통해 추구되지만 중기 이후에는 '영통(靈通)하는 주체'에 의해 추구된다. 기존 논의들은 낭만적 유기체론을 통한 영원성 추구를 보여주는 초기시에 대해서는 긍정하면서도, 중기 이후의 '신라정신-영원주의'에 대해서는 '전근대적'이라거나 '접신술가'가 되어버렸다는 등의 부정적 평가를 내리고 있다.[87] 그러나 본고는 서정주가 중기시 이후 탐구해 들어간 '영통하는 주체'의 '영원주의'를 '과정적 유기체론'의 시학으로 파악하고 있으며, 이는 근대성이 결여된 것이 아니라 근대의 대안으로 논의되는 '현대성의 사유'가 반영된 것임에 주목한다.

유기체론적 자연관은 프랑크포르트(H. and H. A. Frankfort)[88]가 제시한 고대인의 사유방식과 닮아 있다. 그것은 첫째, 나와 그것(I-It)의 관계가 아니라 '나와 너의 세계(I-Thou World)'라는 관점에서 세계를 살아 있는 것으로 생각하는 방식이다. 둘째, 부분(pars)은 전체(toto)를 나타낼 수 있다(pro)고 생각하는 '파르스 프로 토토의 사유(pars pro toto thinking)'이다. 즉, 만물은 하나의 소우주(microcosm)로 대우주(macrocosm)를 구성하는 부분이고, 개별적인 소우주는 대우주를 나타낼 수 있다는 것이다. 만물이 살아있으며 영혼이 깃들어 있다고 보는

---

86) 이는 근대의 계몽주의에 반하는 항근대적 기획으로서 제시된 낭만주의의 유기체론을 동양의 전통적인 유기체론적 사유와 구별하기 위하여 이미순이 사용한 용어다. 본고 역시 편의상 이 용어를 사용하겠다(이미순, 「1920년대 한국 낭만적 자연시 연구」, 서울대학교 박사학위논문, 1995.). 화이트헤드는 영국 낭만주의 부흥기의 자연시를 분석하면서 그것들이 유기적 자연관을 위한 항변이었음을 주장하고 있다(화이트헤드, 『과학과 근대 세계』, 서광사, 2003, pp. 120-149 참조.).

87) 본고 Ⅰ장 1절의 (4)항 '영원주의'에 대한 연구사 참조.

88) H. and H. A. Frankfort, John A. Wilson and Thorkild Jacobsen, 이성기 역, 『고대 인간의 지적 모험』, 대원사, pp. 10-38.

마이크로코즘(microcosm)적 사유[89]는 인간과 세계가 상호 작용을 통해 연결되게 한다. 또한 파르스 프로 토토의 사유는 부분 즉, 개체가 전체이며 전체는 개체라는 사유로, 우주의 모든 부분들이 유기적으로 연결되어 있음을 의미한다. 프랑크포르트가 제시한 두 가지 고대적 사유는 모든 존재를 살아있는 유기체로 보고 그것들이 또한 하나의 거대한 유기체의 부분들로 서로 연결되어 있다고 보는 유기체적 세계관의 근본원리이다. 이런 유기체론적 사유는 자아를 총체성과 합일하게 한다.

동양의 전통적 유기체론은 '나'와 '너'라고 하는 개별적인 '실체'를 딱딱하고 굳어진 존재로서 생명력이 없는 것으로 보고 그것을 부정한다. 존재는 '잇달아 일어남' 즉 '이루어지며 되어감'을 말한다.[90] 동양적 유기체론에서 자연과의 합일은 관념적인 것이 아니며 경험세계 내에 실재하는 것이다. 동양적 유기체론은 '세계'와 '나'의 분리를 경험하기 이전의 사유이기 때문이다.

근대의 계몽적 이성은 세계와 자아가 유기체적으로 연결되어 있다고 보는 유기체적 세계 속의 자아(eternal man)를 부정하고 세계로부터 개인을 분리해냈다. 그러나 개인은 이성의 도구화와 과학주의의

---

89) 애니미즘(animism)과 범심론(panpsychism)도 세계를 살아있는 것으로 파악하고 있지만, 마이크로코즘은 세계의 모든 생명체와 사유들이 상호 연합된 친족관계임을 강조한다는 점에서 구분된다. 마이크로코즘은 우주 전체를 지배하는 호흡, 예를 들어 인간과 다른 모든 것들을 연합시키는 영혼과 같은 것이 존재한다는 사유이다(*The Encyclopedia of Philosophy*, vol. five, "MACROCOSM AND MICROCOSM", Ed. Paul Edward, et al, N. Y. : The Macmillan Company & The Press, 1972, pp. 121-122.).

90) 김상일은 '한철학'의 존재론으로 '잇달아 일어나는' '이'돌림의 존재론을 주장하며, 이것이 화이트헤드의 존재론과 같다고 보고 있다.(김상일, 『화이트헤드와 동양철학』, 서광사, 1993, pp. 19-25.). 김상일은 불교와 주역, 한국불교와 한국의 정역, 단군사상, 이율곡의 이기이원론적 일원론 등등의 동양철학에 대한 광범위하고 깊이 있는 지식을 토대로 그것에 나타난 유기체론을 탐구하고 비교함으로써 그의 독특한 '한철학'을 세우고 있다. 본고는 동양의 철학의 유기체론과 화이트헤드의 과정적 유기체론을 비교하며 명쾌히 설명하고 있는 김상일의 논의에 큰 도움을 받았지만, 화이트헤드의 과정적 유기체론을 현대성을 반영한 유기체론으로 본다는 점에서 김상일의 논의와 의견을 달리한다,

물신화로 인해 주체성을 확보하지 못한 채 소외감과 분열감 속에 던져지게 된다. 근대주의의 부정적 측면을 극복하기 위해, 즉 계몽의 계몽을 위해 등장한 좁은 의미의 낭만주의[91]는 그 한 흐름으로 낭만적 유기체론을 포함하고 있다. 낭만적 유기체론은 동양의 유기체론의 영향을 받아 데카르트적-뉴튼적 방법론과 자연관을 토대로 한 근대 과학에 대타의식을 가지고 그것을 수정하면서 등장한 것이다.[92] 이 둘은 우주를 만상을 포괄하는 생명의 약동으로 본다는 점에서 동일하지만 실체(substance)의 개념[93]을 인정하느냐의 아니냐에 따라 결정적인 차이를 가지고 있다.[94]

낭만적 유기체론은 근대 이후 타자화된 자연, 신화, 신 등에 대한 '동경'을 가지고 있으며, 천재적 개인의 '상상력'에 의해 그것과의 합일을 이루고자 한다. 그러나 이런 합일은 상상력을 통해서만 가능할 뿐 경험세계에서는 불가능하다는 점에서 필연적으로 '낭만적 아이러니'[95]를 배태한다. 이는 낭만주의가 이원론을 극복하려고 했음에도

---

91) 오세영은 '낭만주의'라는 용어를 문학사에서 고전주의와 대결하며 반복되는 넓은 의미의 낭만주의와 근대주의의 부정성에 대한 반발로 나타난 좁은 의미의 그것으로 구분하고 있다(「낭만주의란 무엇인가」, 『문학과 그 이해』, 국학자료원, 2003, pp. 95-152.)

92) 화이트헤드는 낭만적 유기체론의 시초를 라이프니츠로 보고 있으며(화이트헤드, 『과학과 근대세계』, pp. 229-230.) 니담은 낭만적 유기체론에 영향을 준 라이프니츠의 모나드(monade, 單子)이론이 중국의 『주역』과 같은 유기체 철학의 영향을 직접적으로 받은 것이었음을 밝히고 있다(J. 니담, 『중국의 과학과 문명Ⅱ : 사상적 배경』, 까치, 2003, pp. 219-243.). 모나드는 다른 것들과 접속되고 연결될 수 있는 열린 개체라는 점에서 원소와 다르다.

93) 근대 철학에서 실체는 다른 어떤 존재와도 필연적 관련이 없는 것으로, 존재하기 위해서 자기 자신 이외의 아무 것도 필요로 하지 않는 존재자로 간주된다. 실체에 대한 이러한 정의는 아리스토텔레스의 정의, 즉 제1실체는 "어떠한 주체에 대해서도 술어가 되지 않으며, 다른 어떤 주체 속에도 들어가지 않는다"에서 파생된 것이다(화이트헤드, 『과정과 실재』, 민음사, 2003, p. 84, pp. 102-103.).

94) 이미순은 유기체론을 동양의 유기체론과 낭만적 유기체론으로 구분하였다는 점에서 본고에 시사점을 주었지만 화이트헤드의 과정적 유기체론을 동양적 유기체론과 동일시하고 있는 점에서 본고와 시각이 다르다(이미순, 앞의 논문, pp. 20-27.).

불구하고 이데아와 비슷한 초월적 '실체'를 인정하고 있기 때문이다. 초월적 실체는 개인과 '분리'되어 존재하는 것으로, 분리된 것에 대한 '동경'은 외로움과 소외감을 불러일으킨다.[96] 낭만적 아이러니가 허무나 페이소스로 귀결되는 것은[97] 낭만적 유기체론이 상상력을 통해 극복한 '소외감'을 경험적 현실적 내에서 극복할 수 없다는 근대적 주체의 사유 때문이다.

서정주 초기시의 시적 주체는 세계·우주와 자아가 연결되는 총체성을 회복하기 위해 낭만적 유기체론을 추구한다. 그는 세계와 '교감(correspondance)'[98]함으로써 총체성에 합일하고자 한다. 그러나 교감은 '지금은 없는 것과의 신비주의적 합일(unio mystica)'[99]이라는 점에

---

95) 낭만주의자들은 근본적으로 그들의 세계관에 모순-이율배반을 지니고 있었다. 그들은 신을 주관화 시켜 낭만적 주관이 그 스스로 이 세계를 생성 변혁시킨다고 믿는다. 그러나 현실에서 개인이란 신이 될 수 없는 것이며 그 스스로 이 세계를 생성 변형시킬 수도 없다. 경험적 자아의 입자에서 볼 때 낭만적 주관이란 하나의 환상이며 꿈이라 할 수 있다. 낭만주의자들이 세계 인식에 있어서 세계를 이렇게 주관과 객관, 관념과 현실, 유한성과 무한성의 모순으로 인식하는 것을 낭만적 아이러니라고 한다(오세영, 『문학과 그 이해』, pp. 144-146.).

96) '동경'은 '분리'의 개념을 전제로 한다(Hartog, J., Audy, J. R. & Cohen, Y. A., *The Anatomy of Loneliness*, New York : International University Press, 1981, pp. 2-3.).

97) 김준오는 유한한 인간이 결코 현실세계로부터 이상세계로 초월·승화되지 않는다는 점에서 낭만적 아이러니는 필연적으로 페이소스의 어조를 띠며, 사실상 언제나 동경은 환멸로 귀결된다고 본다(김준오, 『시론』, 삼지원, 2004, pp. 312-313.).

98) 벤야민은 보들레르의 시를 분석하면서 '교감'의 개념을 말한 바 있다. 그는 '지나간 것은 교감 속에서 함께 속삭이고 있다'고 쓰고 있다(발터 벤야민, 반성완 편역, 『발터 벤야민의 문예이론』, 민음사, 1996, pp. 149-155.).

99) 신비주의적 합일은 신비주의의 핵심 개념으로, 자아와 세계, 내면과 외면, 주체와 객체의 동일성에 대한 규정이다. 슈타이거는 '회감(Erinnerung)'이라는 개념으로 신비주의적 합일과 서정시의 본질을 연결될 수 있음을 지적한다. 회감은 서정시의 핵심개념으로 '주체와 객체의 간격 부재', '서정적인 상호 융화'를 의미하기 때문이다. 이는 자아와 세계, 내면과 외면, 주체와 객체의 동일성을 의미하는 신비주의의 '신비적 합일'과 비슷하지만, 회감이 무상한 것과의 합일인 반면, 신비적 합일이 신(神)적인 것과의 합일, 즉 무한과 영원에의 합일이라는 점에서 다르다고 구분하고 있다. 슈타이거의 '회감'은 간접적으로 총체성에의 합일의 불가능함을 전제하고 있는, 근대적 주체의 낭만적 유기체론적 개념임을 시사한다. (E. 슈타이거, 오현일·이유영 역, 『시학의 근본개념』, 삼중당,

서 '낭만적 아이러니'를 불러일으킨다. 반면 중기시 이후, 시적 주체
가 추구하는 '영통'의 개념은 영혼으로 상징되는 '자료'들을 존재의
일부로 사유화하여 자신의 '현실'로 삼는다는 점에서 화이트헤드(A. N.
Whitehead)의 '파지'(prehension)[100]와 '합생(concrescence)'[101] 개념을 적
용하여 설명될 수 있다. 화이트헤드의 과정적 유기체론[102]은 고정된 실
체로서 절대공간을 차지하고 있는 것을 단순정위(simple location)[103]라
고 명명하고 이를 부정한다. 그는 이데아 혹은 고정된 주체 같은 '실
체'의 개념을 부정하고, 다른 여러 존재에 대한 상대적인 관계를 통
해 '잇달아 일어나며 되어가는 과정(becoming)'으로 실재하는 존재인
'과정화로서의 존재'의 개념을 세웠다[104]. 과정화로서의 존재는 다른
존재들을 붙잡아 사유화(私有化)하는 활동인 파지를 통해 다른 존재
들과 더불어 성장해 나간다. 그리고 파지한 다른 많은 요소들이 새로
운 구조 속에 종속되어 하나의 개체로 통합되는 것을 합생이라 한다.
과정화로서의 존재는 합생을 통해 자기초월체(superject)가 되려는 목적
을 가진 목적적 존재다. 과정적 유기체론은 '동경'의 개념과 비슷한

 1978, pp. 96-98.). 신비주의의 개념에 대해서는 김옥성의 앞의 논문 참조할 수 있다.
 김옥성은 주술성, 아우라, 교감, 아날로지 등을 신비주의적 서정성에 포함시키고 있다.
100) '파악'라고 번역되기도 하는 '파지'는 다수의 여건들(data)을 하나의 통일된 존재 속
 으로 사유화하는(appropriate) 과정으로서, 이것을 통해 과정적 존재는 개체적인 것으
 로서의 자신을 향유하게 된다(화이트헤드, 『사고의 양태』, 다산글방, 2003, p. 206.).
101) 화이트헤드, 『과정과 실재』, pp. 423-424 참조.
102) 화이트헤드의 철학사상 가운데 유기체철학(과정철학)은 하나의 세계관이면서 그
 전체가 동시에 미학사상이기도 하다(윤자정, 「A. N. Whitehead의 유기체철학 내
 에서의 미적 경험에 대한 연구」, 서울대학교 박사학위논문, 1996, pp. 1-7.).
103) 화이트헤드, 오영환 역, 『과학과 근대세계』, p. 81.
104) 화이트헤드는 과정이 실재이며 실재는 과정이라는 논리로 "actual entity"라는 개
 념을 제시한다(화이트헤드, 『과정과 실재』, pp. 78-80.). 이는 일반적으로 현실적
 존재, 사실적 존재로 번역되지만, 그 의미가 드러나도록 과정적 존재로 의역되
 기도 한다. 본고는 '과정(process)이 실재(reality)'라는 화이트헤드의 핵심적인 개념
 이 잘 드러나는 '과정화로서의 존재'라는 용어를 사용하거나, 경우에 따라 '과정
 적 존재'라는 용어를 사용하고자 한다.

'존재의 목적'을 가지고 있다는 점에서 낭만적 유기체론에 접근한다. 그러나 과정적 유기체론은 낭만적 유기체론이 필연적으로 배태하는 낭만적 아이러니를 '파지'와 '합생'의 개념을 통해 극복하고 있다. 이는 경험적 현실 내에서 '초자연주의 없이 다시 마법에 걸리기(reenchantment without supernaturalism)'의 성취라고 볼 수 있다.[105]

서정주 중·후기시에서 시적 주체는 영혼적인 것 사상적인 것 정서적인 것 등등 비물질적인 요소를 파지하고 그것을 '자아의 현실'에 합생할 때, '비물질적인 요소-영혼'이 현실에서 '재생(rebirth)'된다고 해석하고 있다. 이는 시적 주체의 목적이 파지와 합생의 과정을 통해 자기초월체가 되려는 것 외에, 선행존재(predecessor)의 재생과 후속존재(successor)로의 이행(transition)[106]이라는 더 큰 '과정'에 참여함으로써 '불멸성'을 획득하는 데에 있음을 의미한다. '이행'의 개념은 서정주가 '영통하는 주체'의 '끝없는 이어짐'을 통해 그의 '신라정신-영원주의'를 '불멸성의 시학'으로 완성하려는 후기의 시적 작업들을 분석하는 데에 적용할 수 있다.

사후 지속하는 영혼의 '재생'은 불멸성 추구의 핵심적인 개념이다.[107] 융(C. G. Jung)은 '재생'이라는 용어가 포괄하는 의미를 분류하면서 육체의 죽음이 전제되지 않은 갱신(renovatio)과 변형 과정에의 참여(participation in the process of transformation)를 포함시킨다.[108]

---

105) 화이트헤드의 과정적 유기체론을 근대성이 반영된 낭만적 유기체론의 한계를 극복하는 현대성을 반영한 유기체론으로 설정하는데 있어, 본고는 데이빗 그리핀의 글에서 크게 시사받았다. 그는 '초자연주의 없이 다시 마법에 걸리기 (reenchantment without supernaturalism)'라는 개념으로 화이트헤드의 유기체 철학을 해석하고 있다(David R. Griffin, 「종교, 과학, 그리고 자연주의」, 『화이트헤드 철학과 자연주의적 종교론』, 동과서, pp. 53-101. 참조).
106) 이행을 통해 과정적 존재들은 주체적으로 소멸하지만 객체적으로 불멸하게 된다.
107) *The Encyclopedia of Philosophy*, vol. three, "IMMORTALITY", Ed. Paul Edward, et al, N. Y. : The Macmillan Company & The Press, 1972, pp. 139-150.

이런 분류는 재생을 상징적 죽음과 의례를 통한 자아의 거듭남으로
바라보는 시각을 담고 있다. 근대인들은 영혼의 재육화로서의 '재생'
개념은 배척하는 반면, 자아의 거듭남이라는 개념은 상대적으로 받아
들이는 경향이 있다. 후자는 '상징적 해석'에 감싸여 있어 근대인들이
받아들일 수 있는 차원으로 변형되기 때문이다. 서정주의 '영원주의-
신라정신'이 핵심 개념으로 삼고 있는 '영통' 역시 상징적 '재생'의
개념이다.

한편 융은 윤회를, 여러 육체를 지나면서 삶이 연장된다는 의미이
지만 그 과정에서 자아[109]가 지속되는지는 확실치 않으며 다만 업
(karma)이라고 불리는 인과응보의 인연, 혹은 관계의 지속만 있는 것
같다고 설명한다. 이는 자아를 부정하는 무아(anātman)[110]론적 사유로

---

108) 갱신은 육체적 죽음을 전제로 하지 않으며, 새롭게 하기, 마술적 방법에 의해
이뤄진 발전 등을 의미한다. 갱신되더라도 자아는 변하지 않으며, 다만 치유, 강
화, 발전 등을 위해 그 일부 혹은 기능만이 변한다. 변형과정에의 참여는 간접
적인 '다시 태어남'이다. 개별적인 삶의 기간 내에 이루어진다는 점에서 갱신과
비슷하지만, 갱신이 '자아'의 상징적인 죽음과 거듭남을 통해 이루어진다면, '변
형과정에의 참여'는 자아의 외부에서 일어나는 변형의례를 목격하거나 그것에
참여함으로써 이뤄진다(C. G. Jung, "Concerning Rebirth", *Jung on Death and
Immortality*, selected and introduced by Jenny Yates, Princeton University Press, 1999,
pp. 36-38.).

109) 융은 personality라는 용어를 사용하고 있지만, 이는 개성이나 성격보다는 '자아
(ātman)'의 의미에 더 가깝다고 판단된다. personality를 자아라는 용어로 대치하
는 것의 타당성은 다음과 같은 언급에서 뒷받침될 수 있다. 융의 『『티벳사자의
서』에 대한 심리학적 해설』을 토론하고 번역을 거들기도 한 그의 제자인 키르
쉬(J. Kirsch)는 융이 사용한 개념과 그 번역에 대해 다음과 같은 말은 한 바 있
다. 그는 "서양의 독자에게 소개하기 위해……중요한 동양적 체험과 개념을 서
양의 언어로 표현하려고 시도하고 있다. 그것은 실로 어려운 작업"이라면서 "그
러므로 어떤 경우에는 동양인들의 관점에서 보면 잘못된 것일지라도 서양인들
의 의식에 익숙한 용어를 선택할 수밖에 없었다"고 한 바 있다(『티벳사자의 서』,
정신세계사, 2005, pp. 184-185.).

110) 무아론적 불교에서는 윤회를 위해서 한 생에서 다른 생으로 영혼과 같은 어떤
것이 반드시 옮겨 가야 할 이유는 없다고 본다. 윤회란 고정불변하는 어떤 주체
가 한 생에서 다른 생으로 '옮아가는 것'이 아니라 존재 그 자체가 변화하면서
'계속'하는 것이다. 그것을 붓다는 "업과 과보는 있지만 그것을 짓는 존재는 없

진정한 자아인 영혼의 지속과 재생을 의미하는 '불멸성'의 개념과는 대치되는 것이다. 그렇다면 재생의 개념들 가운데 육체의 재생에서 영혼이 지속된다고 여겨지는 환생과 소생[111]만이 불멸성의 개념에 부합한다고 할 수 있다. 그러나 환생과 소생이 근대인들에게 배척받는 반면 무아론적 윤회는 존재가 계속 변화하며 지속된다[112]는 점에서 과학적·유기체론적 사유와 상통하며 받아들여지는 경향이 있다.

본고는 서정주가 동양의 전통적 유기체론의 사유인 무아론적 윤회의 개념에 상징적 '재생'을 통한 자아의 지속성을 결합하고 있음에 주목한다. 그리고 그는 '불멸성'을 '영혼'의 문제에서 '영혼으로 상징되는 것을 재생해내는 자아의 의지'의 문제로 재해석하고 있다. '영통'은 '과정화로서의 존재'의 자기-창조 활동이며, 자아의 존재조건을 스스로 결정하려는 의지를 핵심으로 삼고 있다는 점에서 니체의 '힘에의 의지'의 가치창조 활동과도 상통한다.[113] 니체는 영원회귀라는 순환론을 통해 유한한 에너지가 무한한 시간 속에서 가능한 결합의 형태를 무한히 반복하고 있으며, 거기에는 생성(生成)도 파괴도 없는 생성(生性)만이 있다고 주장하였다. 근대의 과학적 사유의 영향을 받

다. 이 존재(죽는 존재)가 사라지고 다른 존재(태어나는 존재)가 서로 계속된다.” 라고 설명하고 있다(동국대학교 불교문화대학 불교교재 편찬위원회, 『불교사상의 이해』, 불교시대사, 2004, pp. 120-121. 참조).
111) 환생은 자아가 지속될 뿐만 아니라, 자신이 전생들을 거쳐 살고 있음을 기억하거나 적어도 잠재적으로 기억할 수 있다고 여겨지는 화신(化身)이다. 소생은 자아가 지속된다는 점에서는 환생과 같지만 전생과 현생이 같은 자아형식을 갖는 환생과 달리, 존재 형식의 변형, 변화, 변이 등의 새로운 개념요소를 포함한다.(C. G. Jung, 위의 책, pp. 37.)
112) 무아(anātman)를 주장하는 불교에 의하면 인간 존재란 비실체적(非實體的)인 몇 개의 요소들(五蘊)이 어떤 조건에 의해서 임시적으로 모여 있는 하나의 집합체에 불과하다(동국대학교 불교문화대학 불교교재 편찬위원회, 「오온(五蘊)-무아(無我)」, 『불교사상의 이해』, pp. 95-101.).
113) 힘에의 의지란 의지가 자신의 존립을 위해서 힘을 얻기를 의지하는 것이다. 니체는 존재의 본질을 힘에의 의지로 보았다(마틴, 하이데거, 박찬국 옮김, 『니체와 니힐리즘』, 철학과 현실사, 2000, pp. 51-61.).

았다고 볼 수 있는 니체의 영원회귀는 무아론적 불교의 '윤회' 개념에도 접근하고 있다. 그러나 무아론적 불교가 추구하는 '나라는 것은 없다는 깨달음'과 '나와 너의 구분이 없다'는 데에서 나온 '자비'의 정신 대신에, 니체는 '가치'를 창조해 가는 '초인'을 통해 영원회귀가 가져오는 허무의 중압감에서 벗어나고자 한다.

'힘에의 의지'가 추구하는 초인이 신의 개념을 대치한 것인 반면, '과정화로서의 존재'가 추구하는 '자기초월체'는 주체에 고착되지 않고 '다음 세대'에서 허무를 극복하고 단생(單生)을 초월하는 '영원성 추구'의 '통로'를 발견한다는 점에서 결정적으로 구분된다. 영혼으로 상징되는 것들과 결합을 욕망하고 그것을 자신의 현실로 받아들이는 주체, 즉 '영통하는 주체'들이 존재할 때 획득되는 '신라정신-영원주의'는 '불멸성'을 현대적으로 재해석하고 변주시킨 서정주의 독특한 '영원주의'이다. 서정주는 '영통(靈通)' 혹은 '혼교(魂交)'를 '天地全體를 不治의 等級 따로 없는 한 有機的 聯關體의 현실로서 살던 宇宙觀'[114]인 '風流道'를 실현시킬 수 있는 '영원주의'라고 누차 강조한다. 그리고 이것의 이어짐을 통해 '단생'을 초월하여 '영원히 사는' 것을 추구하고 있다. 그에게 어떤 대상의 '불멸성'은 그것을 실감하고 자신의 현실에 수용·반영하는 '주체의 끝없는 이어짐'에 의해 획득되는 상대적인 개념이다.

살펴보았듯이 유기체론적 세계관들은 철학적·미학적 범주에 걸쳐 있다. 이외에도 문학작품의 구조와 수사학적 측면에 유기체론을 적용하는 경우도 있다. 먼저 문학작품을 작가의 창조적 상상력에 의해 잉태되어 자발적으로 자라나는 하나의 생명체로 보는 관점이다. 아리스토텔레스는 문학작품은 유기적 통일성을 지닌 생물과 같다[115]고 보았

---

114) 서정주, 「新羅文化의 根本精神」, 『서정주 문학전집』2, p. 303.

으며, 호라티우스 역시 문학작품을 살아있는 생물체에 비유하여 유기적인 통일체여야 함을 역설하였다.[116] 이들은 문학작품을 하나의 생물체로 보고 그것을 이루는 각 부분들은 필요한 위치에 배열되어 필요한 역할을 담당한다고 보았다. 각 부분은 서로 연관되어 기능함으로써만 완전한 전체가 되며 불필요한 부분이 있거나 어느 부분이 전체에서 떨어지면 본래의 성격과 기능을 잃는다고 보았다. 이런 관점은 독일과 영국의 낭만주의자들에 의해 다시 주목 받았는데 콜리지(S. Coleridge)는 문학의 형식을 기계적 형식과 유기적 형식으로 구분하였다. 그는 기계론적 미학을 비판하며 창작심리의 역동성을 강조하였다. 유기적 형식의 문학은 내적인 것이 발전하면서 내부로부터 스스로 형상화한다는 것이다. 서정주 시의 출발점이 모더니즘의 기계론적 미학을 비판한 '시인부락'이었음을 볼 때, 서정주의 창작심리나 문학은 유기적 형식에 속한다고 볼 수 있다. 또한 서정주의 작품 전체를 대상으로 그것의 시적 생애를 그리고자 하는 본고의 시각 역시 문학유기론의 입장에 서 있다고 하겠다.

본고는 지금까지 영원성이라는 용어가 내포하는 여러 개념들과 근대를 전후로 제기된 유기체론들의 개념들을 살펴보았다. 본고는 이를 근거로 충실한 작품분석을 통해 서정주의 시적 생애가 현대적 주체의 영원성 추구와 그 회복 과정임을 밝힐 것이다. 또한 본고는 시적 주체의 영원성 추구의 방식과 그 추구하는 영원성의 개념이 변화하고 있음을 밝히고 그 내적 요인을 설명해 냄으로써, 기존 논의와 달리 서정주의 시 전체를 의미 있게 재구성하며 꿰뚫어 낼 수 있으리라 기대한다.

---

115) 아리스토텔레스, 천병희 역, 『시학』, 문예출판사, 1998, p. 127.
116) 호라티우스, 「시학」, 『시학』, 위의 책, pp. 163-167.

II. 현대적 주체의 자아인식과 극복의 모색

초기시에 대한 연구에서 논쟁적인 부분은 『화사집』은 서구지향적이며, 『귀촉도』에 와서 동양으로의 회귀를 통해 반근대주의로 나아갔다는 기존 논의의 시각이다. 이런 논의들은 서구지향=근대, 동양회귀=반근대라는 틀을 전제하고 있다. 최근에는 『화사집』의 세계를 서구지향적으로 보는 시각에서 벗어나, 『화사집』에 서양적인 세계와 동양적인 세계가 융합되어 있다[1]거나, 나아가 그 뒤섞임은 단순한 융합이 아니라 서구적인 것에 대한 대결의식을 보여주는 것[2]이라는 논의들이 전개되었다. 이렇듯 최근의 초기시 연구사는 『화사집』을 이후 추구된 동양적 세계와 단절적이고 이질적인 것으로 파악하는 태도에서 벗어나, 그것과의 차이성과 연속성을 탐색하면서 연속성을 강조하는 방향으로 나아가고 있다. 본고는 기존 논의를 수용하면서, 구체적인 작품

---

1) 황현산, 「서정주, 농경 사회의 모더니즘」, 조연현 외, 『미당연구』, 민음사, 1994.
2) 신범순, 「반근대주의적 혼의 시학에 대한 고찰」, ≪한국시학연구≫4, 2001. 5.

분석을 통해 서정주 초기시의 시적 주체가 현대성을 반영한 반근대주의적인 주체임을 밝히고자 한다. 그리고 『화사집』의 현대적 주체가 『귀촉도』와 『서정주 시선』에 이르며 '총체성' 추구를 통해 개체성의 초월을 지향하고 있음을 구명하고자 한다.

본고는 미당의 초기시를 그가 등단한 1936년에서 『화사집』, 『귀촉도』, 『서정주 시선』(1956)까지로 파악한다. 이 시기 안에서 미당 시가 다양하고 역동적인 모습을 보여주고 있다는 기존 논의에 동의하지만, 새로운 질서 아래 새로운 시적 주체를 본격적으로 탐구해 들어간 것은 『신라초』(1961) 이후로 보아야 하기 때문이다. 또한 『서정주 시선』은 『화사집』과 『귀촉도』의 시들을 모두 수록하고, 이후 쓰인 시들을 덧붙임으로써, 초기시를 정리하는 의미가 있다는 점도 고려하였다.

1. 분열적 주체의 에로티시즘

서정주는 『화사집』 시기의 시를 '정지용류'와 '경향파'에 대한 대결 의식으로 자리매김한 바 있다.[3] 이 선언은 이후 『화사집』을 당대 사조인 모더니즘·리얼리즘과 변별되는 특이한 것으로 파악하는 논의들

---

3) 서정주는 현대시인 40인을 선정하고 그들의 대표작을 가려 『현대조선명시선』을 편성하였는데, 이 책의 부록으로 「현대조선시약사」를 써서 수록하고 있다. 이 글에서 그는 『시인부락』의 문학사적 위치에 대해 언급하고 있는데, 이를 자신의 『화사집』 시기의 시에 대한 평가라고 볼 수 있을 것이다.
"1936년 12월에 간행된 『시인부락』지는 필자의 창간한 바로서 우리들의 중심과제는 늘 '생명'의 탐구와 이것의 집중적 표현에 있었다. '인간성'-그것은 늘 우리들의 뇌리(腦裏)와 심중에서 떠날 수 없는 것이었다. 오장환의 저 모든 육성의 통곡이나, 부족한 대로 필자의 고열한 생명상태의 표백 등은, 모두 상실되어 가는 인간원형을 도리킬려는 의욕에서였든 것이다. 회고컨대, 이것은 정지용시류의 감각적 기교와 경향파의 이데올로기의-어느 쪽에도 안착할 수 없는 심정의 필요한 발현이었든 듯이 기억된다. 하여간 우리가 잠복(潛伏)한 세계는 자연도 아니오, 언어기교도 아니오, 다만 '사람' 그것 속이었다."(서정주, 「현대조선시약사」, 『現代朝鮮名詩選』, 溫文舍, 1950, p. 266.)

에 지대한 영향을 미쳤다. 그러나 깊이 내면화되어 있기는 하지만
『화사집』에 수록된 많은 시들은 모더니즘의 세계관을 내함하고 있다.
『화사집』의 일부 시들은 근대성에 대한 '분열'의 감정을 육화(肉化)된
주체의 분열로 보여준다는 점에서 모더니즘 시와의 연계성과 차별성
을 모두 내포하고 있다.[4]

최근의 논의들은 『화사집』에서 서구지향적 세계와 동양적 세계의
뿌리를 찾아내는 작업을 통해, 『화사집』이 가진 동시대적 경향과의
연계성과 『귀촉도』로 이어지는 자신의 시세계 내에서의 통시적 연계
성을 강조하고 있다. 즉 서구지향적 세계나 소재는 당대의 모더니즘
적 경향을 내함하는 증거로, 동양적 세계나 소재는 시인의 이후 시세
계와 연속성의 차원에서 전통주의의 시초로 평가하고 있는 것이다. 이
런 평가들은 서구=근대, 동양=반근대의 이분법적 도식을 전제하고
있다. 그러나 이러한 소재적·이분법적 도식은 '근대', '반근대'라는 용
어의 불명확함에서 기인하는 여러 가지 문제를 끌어안고 있다. 그러므
로 본격적인 논의에 앞서 '반근대주의'의 개념을 정의할 필요가 있다.

'반근대주의'는 근대주의에 반한다는 상대적 개념에 불과하기에, 근
대와 근대주의의 개념이 다양하게 해석되는 상황에서 제자리를 찾지
못하고 있는 정체불명의 용어이다. 그것은 논자에 따라 '전근대주의',
'탈근대주의' 등의 의미로 제각각 사용되며 혼란을 초래하고 있다. 이
는 우리말 '근대'로 번역되는 영어의 'modern'이라는 용어가 14, 15
세기 이후부터 현재까지를 무차별적으로 지칭하는 광범위한 용어이기
때문이다. 오세영[5]은 근대를 14, 15세기 이후를 가리키는 넓은 의미

---

4) 그것은 거칠게 말해 세계관(내용)의 연계성과 기교에 대한 입장(형식)의 차이라고 정의할
   수 있다.
5) 근대성은 정치적으로 민주주의·민족주의의, 경제적으로 시장경제 자본주의를 바탕으로
   하며, 계몽주의와 과학주의의 이성과 확고한 개인의 주체를 그 본질로 삼는다. 이에 비

의 근대와 19세기 이후를 지칭하는 좁은 의미의 근대로 나눈다. 그리고 그는 좁은 의미의 근대를 다시 근대와 현대, 그리고 탈현대로 나누어 지칭할 것을 제안한다. 이때 근대, 현대, 탈현대는 사회의 정치·경제의 형태, 세계관과 윤리관 그리고 개인의 삶의 양식의 변화에 따른 근대성, 현대성 및 탈현대성을 기준으로 나누어진 것이다.

계몽적 이성을 통해 탄생한 개인이 이성의 도구화와 과학주의의 물신화로 인해 주체성을 확보하지 못한 채, 소외감과 분열감 속에 던져진 것은 근대성의 부정적 측면이다. 그렇다면 근대의 부정적 성격을 내면화한 주체가 그것에 대해 대타의식을 발현한 '반근대주의'는 현대성과 탈현대성의 역학 안에서 고찰해야 할 대상이다. 반근대주의는 그 대응방식에 따라 크게 두 흐름으로 구분할 수 있다. 하나는 도구화된 이성을 지양하고 건전한 이성의 회복을 주장한 모더니즘이며, 다른 하나는 이성을 신뢰하지 않는 아방가르드이다. 우리 시사(詩史)에서 이 두 경향은 1926년을 전후로 본격적으로 등장하여 근대성을 반영한 리얼리즘 문학과 대결하는 양상을 보인다. 즉, 리얼리즘 문학과 대결하는 모더니즘, 아방가르드 등은 '반근대주의'로 통칭될 수 있지만, 그것은 각각 현대성과 탈현대성을 반영한 문학사조로 구분하여 지칭하는 것이 타당하다.6) 그러나 이런 구분은 편의를 위해 세계사적인 안목으로 접근하고 있는 것이다. 한국 현대시사에서 1926년을 전후로 등장한 모더니즘과 아방가르드적 경향은 나름의 특수성을 가지고 있으며, 그것들을 위에서 논한 현대성과 탈현대성이 그대로 반영

해 현대성은 민주주의·제국주의(국가 사회주의, 인민민주주의) 등의 정치형태와 제국주의 경제를 토대로, 물신화되고 도구화된 이성과 그로 인한 분열된 주체를 본질로 삼고 있다. 탈현대성은 민주주의·세계주의를 표방하고, 다국적 자본주의를 토대로 하며, 반계몽주의, 반과학주의, 반이성주의와 주체의 소멸을 특징으로 한다(오세영, 「근대와 현대 그리고 탈현대」, 『문학과 그 이해』, 국학자료원, 2003, pp. 9-20.).

6) 오세영, 「모더니즘, 아방가르드, 포스트 모더니즘」, 위의 책, pp. 21-60.

된 것이라고 말할 수는 없다. 그러므로 본고는 당대의 사조들을 논할 경우, 현대성과 탈현대성의 어떤 본질적인 특성을 가지고 있다는 점에서 각각 '모더니즘적'이라거나 '아방가르드적'이라고 평가하는 접근 방식을 취하고자 한다.

서정주의 초기시를 논함에 있어 기존 논의들은 '서구-근대-모더니즘', '동양-반근대(혹은 전근대)-전통주의'의 애매모호한 이분법적 틀을 가지고 있다. 그러나 본고는 오세영의 논의에 기대어 오랫동안 고착되고 강화된 이 틀이 갖는 문제점을 지적하고자 한다. 그것은 첫째, 모더니즘과 전통주의는 모두 근대주의의 부정성에 반대하는 '반근대주의'이기에 이분법이 성립되지 않는다는 점이다. 모더니즘은 근대주의에 의해 초래된 주체의 분열이라는 현대성을 반영한 사조이기 때문이다. 모더니즘은 서구 근대주의의 종말에 이르러 그것에 반대하며 나타난 사조로 반근대주의에 포함된다. 또한 서정주 시의 전통주의[7]는 현대적 주체가 분열을 극복하기 위한 모색으로 찾아 들어간 지점이라는 점에서 현대성을 반영한 사조이다. 둘째, 서정주 시에서 모더니즘과 전통주의는 각각 서구와 동양에 대응시킬 수 없다는 점이다. 뒤에 다시 논하겠지만 『화사집』의 모더니즘적 세계관을 반영한 시에는 서양적 소재와 동양적 소재가 융합되어 있기에 서정주 시의 모더니즘을 서구와 연결시키는 틀은 깨져야 한다. 또한 이후 전통주의를 추구했다고 평가되는 『귀촉도』, 『서정주 시선』, 『신라초』 등에도 서

---

7) 물론 30년대에 등장한 전통주의는 다양한 배경을 반영하고 있다. 본고는 다만 서정주의 초기시에 나타난 전통주의적 경향이 근대주의에 의해 분열된 현대적 주체가 그것을 극복하기 위해 탐구해 들어간 지점임을 밝히고자 한다. 김윤식은 30년대의 고전론을 당대의 국학운동과 한글운동의 영향과 일본에서 불고 있었던 근대초극론의 동양주의의 영향과 그리고 네오클래식의 영향이 맞물려 있는 것으로 파악한다. 고전론이 대두된 배경과 그리고 고전론과 동양문화론의 관계에 대해서는 김윤식의 글 참조(김윤식, 「고전론과 동양문화론」, 『한국근대문예비평사연구』, 일지사, 1997, pp. 320-342.).

구적 소재와 니체적 세계관의 영향 등이 지속적으로 나타나기 때문에, 서정주 시의 전통주의를 동양에 직결시키는 틀 역시 깨질 필요가 있다. 그러므로 본고는 서정주 초기시가 보여주는 모더니즘적 경향과 전통주의적 경향이 모두 현대성을 반영한 것이며, 그것을 서구/동양과의 이분법적 결합으로부터 끊어낼 필요가 있다고 판단한다.

본고는 기존의 틀을 넘어 구체적인 작품분석을 통해 『화사집』의 모더니즘적 경향이, 서구지향 혹은 서구적 소재의 차원이 아니라, 세계관의 차원에서 수용되어 있음을 밝힐 것이다. 이를 통해 시인이 부정적 근대성에 의해 분열된 주체 즉, 현대적 주체로서의 자아 인식을 보여주며, 그 극복을 위해 전통주의적 세계로 나아가는 '문'을 찾고 있음을 밝히고자 한다.[8]

서정주는 「벽」(동아일보, 1936. 1. 3.)으로 등단하였지만, 그 전에도 여러 편의 시와 산문들을 지면에 발표했다.[9] 서정주는 스스로 이런 사실을 언급하면서 자신의 등단이 의도하지 않게 이루어진 뜻밖의 일이었음을 강조하고, 자신의 처녀작으로 「화사」를 꼽았다.[10] 그는 『화

---

8) 『화사집』에서 가장 먼저 주목되는 점은 시집의 구성이다. 이 시집은 <자화상>, <화사>, <노래>, <지귀도시>, <문>의 다섯 개의 소제목 아래 총 24편의 시가 수록되어 있다(민음사판 『미당 시전집』은 소제목의 분류를 없애고 24편의 시를 차례로 수록하고 있으며, 일지사판 『서정주 문학 전집』의 경우, <자화상>, <지귀도시>, <문>으로만 분류가 되어 있다. 서정주 시집의 서지적 국면에 대해서는 2005년에 간행된 『서정주 연구』(김학동 편, 새문사)의 4부를 참조할 수 있다). 서정주가 시에서 가장 중요한 요소로 '구성'과 '배치'를 누누이 강조했거니와, 『서정주 시선』과 『서정주 문학전집』을 간행할 때 역연대기순으로 편집하는 등 구성에 특별히 신경 쓴 것 등을 미루어 볼 때, <자화상>으로 시작하여 <문>으로 종결되는 『화사집』의 구성 역시 '탈출의지와 그 모색'이라는 시인의 의도가 반영된 것이라고 하겠다.

9) 「그 어머니의 부탁」(동아일보, 1933. 12. 14.), 「서울 가는 純이에게」(동아일보, 1934. 5. 8.), 「冬栢」(학등, 1934. 6.), 「漁村의 등불」(학등, 1934. 9.), 「님」(학등, 1934. 8.), 「西쪽 하늘을 맡겨두고 왔건만」(학등, 1934. 9.), 「가을」(동아일보, 1934. 3.), 「비내리는 밤」(동아일보, 1934. 11. 23.), 「생각이여」(학등, 1935. 1.), 「새벽 頌祝」(동아일보, 1935. 3. 30) 등의 시와 「竹房雜草」(동아일보, 1935. 8. 30~9. 3.), 「畢波羅樹抄」(동아일보, 1935. 10. 30~11. 3.) 등의 산문을 발표한 바 있다.

사집』(1941, 南蠻書庫)의 처음에 「자화상」을 놓고 있지만 이는 시집의 자서(自序)와 같은 역할을 하고 있으며,[11] 본격적인 시집의 시작은 그 다음에 수록된 「화사」라고 볼 수 있다. 이런 시집의 배치 역시 자신의 시적 출발을 「화사」로 옮겨놓으려는 시인의 의도를 반영하고 있다. 이는 「벽」이 소품이고 시적 완성도가 떨어진다는 점에 대한 시인의 자의식 때문이라 판단된다. 그러나 이전에 발표된 시들이 동시대 시인들의 영향관계[12] 속에서 시인으로서 자신의 입지를 모색하는 과정이었음을 볼 때, 시인은 신춘문예에 당선된 「벽」이 자리하고 있는 세계를 자신의 시의 출발로 삼은 것임에 틀림없다. 「벽」을 살펴보는 일은 서정주시의 출발점을 점검하는 의미가 있다.

> 덧없이 바래보든 壁에 지치어
> 불과 時計를 나란히 죽이고
> 어제도 내일도 오늘도 아닌
> 여긔도 저긔도 거긔도 아닌
> 꺼저드는 어둠속 반딧불처럼 까물거려
> 靜止한 <나>의
> <나>의 서름은 벙어리처럼……

---

10) 그러므로, 나는 詩作家로서의 나의 初期 정신과 그 예술의 한 모습을 보이는 마당에 놓여서, 「벽」이라는 것이 東亞日報의 當選作였다는 것만으로 그것을 꼭 「處女作」으로 自認해 내세울 의무까지는 안 가져도 될 줄 안다. 그래, 나는 내 처녀작으로서 拙作「花蛇」를 택했다(서정주, 「古代 그리이스的 肉體性-나의 處女作을 말한다」, 『서정주 문학전집』5, 일지사, 1972, p. 264.).

11) 『화사집』에는 <自序> 같은 것은 없고 다만 ≪시인부락≫동인이자 『화사집』의 간행경비를 전부 부담해준 김상원이 쓴 발문이 있을 뿐이다. 첫시집을 내는 마당에 시인으로서의 자의식을 드러내고 있는 「자화상」을 시집 첫머리에 수록하고 있다는 점, 게다가 <자화상>이란 소제목을 따로 뽑아 「자화상」단 한 편만을 수록하고 있다는 점에서 시인이 이를 <自序>의 의미로 사용하고 있다고 판단된다.

12) 「벽」이전에 발표된 서정주의 시와 정지용, 혹은 카프계열의 시인들의 시와의 영향관계에 대해서는 최현식의 글을 참조할 수 있다(최현식, 「숨겨진 목소리의 진상-영향의 불안과 낭만적 격정」, 『서정주 시의 근대와 반근대』, 소명출판, 2003.).

이제 진달래꽃 벼랑 햇볓에 붉게 타오르는 봄날이 오면
壁차고 나가 목매어 울리라! 벙어리처럼,
오-壁아.

– 「壁」전문

　이 시는 제3연까지의 유폐의식과 제4연에서 돌발적으로 전환되는 탈출의식으로 구성되어 있다. '덧없이 바래보든 벽'에 '지쳤다'는 제1행에서 '벽'이 무엇인지, 그것이 왜 거기 있는지 등은 알 수 없다. '벽'은 처음부터 존재하는 것이며, 시적 자아는 그것을 덧없이 바라볼 수밖에 없다는 무력감에 빠져있다는 것만을 알 수 있다. 그러나 시적 자아는 체념하거나 벽 안에서의 삶을 모색하고 있지 않다. 그는 벽 너머를 욕망하기에 끝없이 벽을 벽으로 인식하며 보고 있는 것이다. 이 때 벽은 자아를 보호하는 역할을 하는 것이 아니라 벽 너머와 자아를 단절시키는 장애물이 된다. 자아는 벽이 주는 위압감과 피로함을 덜기 위해 '불과 시계'를 죽인다. 이 때의 '불'은 제4연에 등장하는 생명력의 상징과 관련된 '불' 이미지와 상반되는 것이며, 오히려 '키우고 죽인다'는 서술어를 갖는 '등잔불(「수대동시」)', 혹은 제3연의 '꺼저드는'이라는 서술어에 호응하는 '빛'을 의미한다고 볼 수 있다. 다시 말해 시적 자아를 무력감과 피로감에 젖게 만드는 '벽'은 '불(빛)'과 '시계'와 연관되어 있는 것임을 알 수 있다.

　'불'은 '벽'의 존재를 드러나게 하고, 그 안에 갇힌 자아의 유폐감을 강화하는 작용을 하고 있다. '불'이 공간적으로 유폐되어 있음을 인식하게 함으로써 '벽'을 강화하고 있다면, '시계'가 불러일으키는 유폐감은 좀 더 근본적인 것이다. 시계는 유폐된 공간 안에서의 시간, 즉 징역의 시간이 늘어남을 시각화하면서, 유한한 인간의 삶이라는 시간의 줄어듦을 시시각각 보여주기 때문이다. 이 시계-벽이 주는 압박감으로부터 벗어나기 위해 시적 자아는 '어제도 내일도 오늘도 아닌 여기도 저기도 거기도 아닌' 무시간적·무공간적 어둠 속으로 들어간다. 이 때의 어둠은 시인의 내면이라 할 수 있다. 그러나 어둠 속에서 시적 자아는 '정지된' 자아와 '서름'만을 발견한다. '정지'라는 말은 '운동성'을 함축하고 있으며, '정지한 나'는 '벽' 외부의 시·공간적 움직임과 격리되어 있음을 상대적으로 나타낸 말이다. 구속감과 압박감을 벗어나고자 의식의 내면으로 침잠해 들어가지만 그것은 시인에게 해방이 되지 못하고 있다. 모든 살아있는 것은 유동하고 움직인다. 시인에게 '정지'란 '벽' 외부의 유동하고 움직이는 생명력과의 단절, 죽음의 상태를 의미한다. 생명력의 추구를 억압당한 시인은 '서름'의 감정에 사무치고 있는데, 그것조차 표현할 수 없는 억압의 상태에 처해 있음을 '벙어리'라는 육체적 벽, '육벽(肉壁)[13]'의 이미지로 그리고 있다.

'벽'의 압박감에 짓눌려 죽음의 상태에 직면한 시적 자아는 제4연에서 강렬한 시각이미지와 청각이미지로 앞부분의 정적인 이미지를 반전하고 있다. '진달래꽃 벼랑'에서 '벼랑'은 '벽'의 다른 면일 것인데, 그것은 위기의 상황에서도 강력한 생명력을 분출하는 붉은 꽃의 이미지를 통해 무한히 열린 공간으로 전환된 '벽'의 이미지이다. 진달래꽃은 우주에 생명의 기운이 충천함을 알리는 첫봄에 피는 꽃이며, 꽃이 갖는 생명의 이미지와 붉은 꽃잎의 '피' 이미지가 갖는 생명력이 집약된 강렬한 생명력을 상징하기 때문이다. 또 무력감에 의해 파고들었던 '어둠'과 '정지'로 나타나는 죽음의 이미지는 진달래꽃 벼랑에 비춰고 어울리며 붉게 타오르는 '햇볕'으로 불살라진다. 이에 '정

---

13) 서정주, 「내 詩와 精神에 影響을 주신 이들」, 『서정주문학전집』5, 일지사, 1972, p. 270.

지한 <나>'는 거뜬히 '벽'을 차고 나갈 수 있게 되며, '벙어리'였던 나의 '서름'은 '목매어' 울 수 있는 '울음'으로 전환된다. 마지막 행의 영탄적 부름과 함께 시인의 육성이 그대로 드러나고 있다고 할 수 있는 이 울음은 '벽'으로부터의 탈출이 절실함을 드러낸다. 또한 그것은 '벽-육벽'으로부터 해방되는 것이 절실한 것이지 미학적 노래나 분명한 이성적 언어를 구사하는 것은 고려되고 있지 않음을 의미하기도 한다.

「벽」에는 분명한 시적 정황은 드러나 있지 않지만 시적 자아가 느끼는 구속감과 탈출의지가 강렬한 육체 이미지와 꽃의 이미지, 그리고 절제되지 않은 목소리로 형상화되어 있다. 이 시가 보여주는 강렬함이 서정주의 특수성이라면 유폐의식·수인(囚人)의식과 탈출의지라는 테마는 정지용, 이상 등과 같은 동시대 시인들과의 연계성을 드러내고 있다.

근대 이성의 산물인 과학과 도시문명에 대한 '매혹', 그리고 그것의 부정적 측면에 대한 '거부'라는 모더니즘 세계관의 분열적 경계적 속성은 수인(囚人)의 테마로 나타난다. 김기림에게 그것은 인공낙원으로서의 소비도시의 이미지인 옥상정원과 어항의 이미지에 스며드는 우울로 나타난다. 이에 비해 정지용에게 그것은 병적 신경증적 징후를 불러일으키는 유리-시간표-시계이미지로 내면화되어 나타난다. 그리고 이상에게 그것은 분열감을 불러일으키는 '거울'과 놀이와 유희의 공간인 '거울'로 나타난다. 특히 근대성에 '갇힘'이라는 주제와 그것에 대한 대응방식의 차이로써 '거울'과 '유리'를 비교하는 것은 근대주의의 부정성에 대응하는 두 시인의 시적사유와 시세계를 비교하는 열쇠가 된다.14) 정지용에게 '근대성'은 '유리'로 대상화되며, 시적 주체는 그것과의 거리를 확보한 채 매혹과 거부라는 분열적 감정을 느낀다. 그러나 李箱의 시적 주체는 '근대성'과 거리를 확보하지 못하고 그것

14) 이수정, 「지느러미와 날개의 변증법」, 『이상 문학연구의 새로운 지평』, 역락, 2006.

과 불가분의 관계로 융합되어 있는데, 이 거리의 부재는 '유리-벽과 결합한 나' 즉 '거울'의 이미지로 나타난다. 이상의 시적 주체가 분열적 감정을 느끼며 바라보는 대상은 '거울 속의 나' 이다. 이는 시적 주체가 자신에게 유폐감을 주는 대상-부정적 근대성을 외부적 대상으로 인식하느냐 자신의 존재의 본질에 침투되어 있다고 인식하느냐의 문제로 볼 수 있다. 이상에게 유폐감을 주는 대상은 그 자신의 존재와 삶에 침투되어 녹아든 것으로 인식된다. 이는 「鳥瞰圖 詩第一號」에서 '13인의 아해' 가운데 '무서운 아이'와 '무서워하는 아이'가 구분할 수 없이 섞여 있는 것으로 나타나기도 한다.

본고는 서정주의 시가 보여주는 갇힘의 상상력이 '육벽' 이미지로 나타나는 것을 이상 시의 '거울' 이미지와의 연계성과 차별성을 가진 것으로 파악하고 있다. 이상 시의 '거울' 이미지는 주체의 분열이라는 모더니즘적 세계관과 주체의 소멸이라는 아방가르드적 세계관을 반영한 두 가지 계열로 나뉘는데[15], '육벽' 이미지로 나타나는 서정주 시의 유폐의식과 탈출의지는 전자와 상당한 친연성을 가지고 있다. 다만 李箱이 '거울'을 통해 '자아를 구속하는 자아'를 대상화하여 그것에 대해 분열감을 표현하는 반면, 서정주는 '자아를 구속하는 자아'를 자아의 '몸'으로 육화하고 있다는 점에서 다르다. '자아를 구속하는 자아'에 대한 분열적 감정은 「화사」에서 훨씬 내면화되고 복잡해진 양상으로 나타난다.

---

15) 이상의 거울시편들은 주체가 분열되어 있지만 이성적 구조를 가지고 있는 모더니즘적 계열과 주체가 해체되고 비이성적 구조를 가진 아방가르드 계열로 나뉜다고 볼 수 있다. 후자는 주체구성이 불가능한 상황에서 주체구성의 의지를 제거한 채, 지적유희만을 추구하는 기호-놀이적 특성을 갖는다. 이상의 '거울'시의 모더니즘적 층위와 아방가르드적 층위에 대해서는 박현수와 신형철의 논문을 참고할 수 있다(박현수, 「이상 시의 수사학적 연구」, 서울대 박사학위논문, 2002, pp. 115-124., 신형철, 「이상 시에 나타난 시선의 정치학과 거울의 주체론」, 『이상 문학연구의 새로운 지평』, pp. 294-307.).

麝香 薄荷의 뒤안길이다.
아름다운 베암…….
을마나 크다란 슬픔으로 태여났기에, 저리도 징그라운 몸둥
아리냐

꽃다님 같다.
너의 할아버지가 이브를 꼬여내든 達辯의 혓바닥이
소리잃은채 낼룽그리는 붉은 아가리로
푸른 하눌이다. ……물어뜯어라. 원통히무러뜯어.

다라나거라. 저놈의 대가리!

돌 팔매를 쏘면서, 쏘면서, 麝香 芳草ㅅ길
저놈의 뒤를 따르는 것은
우리 할아버지의안해가 이브라서 그러는게 아니라
石油 먹은듯…… 石油 먹은듯…… 가쁜 숨결이야

바눌에 꼬여 두를까부다. 꽃다님보단도 아름다운 빛…

크레오파투라의 피먹은양 붉게 타오르는
고흔 입설이다…슴여라! 베암.

우리순네는 스믈난 색시, 고양이같이 고흔 입설…슴여라! 베암.

– 「花蛇」전문

송욱[16]은 서정주 시의 강렬한 표현이 어떠한 결론에 이르지 못하고
끝나는 것은 보들레르에게서 볼 수 있는 '영혼의 투지와 지성의 투명
함'이 결여되어 있기 때문이라고 지적한 바 있다. 그러나 모순되는 진

---

16) 송 욱, 「서정주론」, 『문예』, 1953. 11.(『서정주 연구』, p. 19.)

술과 생략 등으로 불분명한 통사구조를 가진 이 시는 표층적인 난해함에도 불구하고 심층적 의미로 볼 때 분명한 구조를 가지고 있다.

너(화사)-너의 할아버지(뱀)는 이브를 꼬여내었고, 나-나의 할아버지(아담)는 이브의 남편이다. 여기서 문제적 인물은 바로 '나'인데, '나'는 나의 할아버지의 자손이면서 동시에 '순네'를 꼬여내고자 한다는 점에서 '너의 할아버지(뱀)'의 자손이기 때문이다. 화자는 뱀에게 할아버지의 복수를 해야 하지만 뱀이고자 하는 모순된 충동을 가지고 있다. 때문에 그는 뱀에게 돌팔매를 쏘면서도 그것을 쫓는 것이 아니라 그 뒤를 '따르는' 것이라고 표현한다.

제4연의 3·4행은 "~라서 그러는게 아니라"는 전제를 가지고 있기에 "~이기 때문이다"라는 호응을 함축하고 있다. 즉, 화자가 돌팔매를 쏘면서 뱀을 따르는 것은 '가쁜 숨결 때문'이라고 이유를 설명하고 있는 것이다. 그런데 이 문장은 통사론적으로 불분명한 구조를 가지고 있기에 두 가지 해석이 가능해진다. 하나는 '석유 먹은듯……가쁜 숨결이야'의 주어를 화자인 '나'로 보는 것이고, 다른 하나는 그 주어를 '저 놈(뱀)'으로 보는 것이다. 그렇다면 전자는 내가 가쁜 숨결을 가지고 있기 때문에 뱀을 따른다고 해석되고, 후자는 뱀이 가쁜 숨결을 가지고 있기 때문에 뱀을 따른다고 해석된다. 두 가지 모두 가능하겠지만 앞뒤의 문맥상 후자가 더 타당한 해석일 것이다. 그 이유는 뱀의 뒤를 따르는 화자가 갑작스럽게 '석유 먹은듯' 한 가쁜 숨결을 내뱉는 것 보다는 '소리 잃은 채 낼룽그리'는 뱀이 쫓겨가며 내는 소리를 '석유 먹은듯……가쁜 숨결'이라고 표현한 것이라고 보는 것이 자연스럽기 때문이다. '석유'란 오래 전의 생명체가 땅 속에 매장되어 변한 것으로 불을 내재한 검은 물이며, 강력한 에너지와 생명력으로 꿈틀거리는 물이미지이다. 뱀은 대지적 성격을 갖는다는 점에서 석유와 가깝고,[17] 성적 에너지와 생명력을 상징[18]한다는 점에서 석유와 같다는 점도 '가쁜 숨결'의 주어가 '뱀'임을 뒷받침 한다. 결국 화자는 할아버지의 아내를 꼬여낸 뱀을 응징하려는 목적보다는 생명 충동에 매혹되어 있는 것이다.

뱀에 대한 화자의 이중적인 태도는 화사(花蛇)라는 꽃과 뱀의 결합에도 나타나있다. 그것은 시인이 「벽」에서 탈출 의지로서 제시한 햇볕에 타오르는 진달래꽃의 식물적 이미지와 동물적 이미지인 뱀이 결합된 것이다. 보들레르의 '악의 꽃'을 변주시킨 듯한 '꽃뱀'은 바로 시인 자신의 이미지이다. 보들레르의 「축복」에서 '시인'의 탄생은 '한 뭉텅이의 뱀'을 낳은 것보다도 저주받을 일[19]로 여겨진다. 「축복」은 '고뇌의 축복'이라는 주제에서 서정주의 「자화상」에 영향을 주었지만[20], 저주받고 핍박받은 시인의 이미지를 뱀으로 그리고 있다는 점에서 「화사」에도 깊은 영향을 주었다고 판단된다. 제1연의 "아름다운 베암……/을마나 크다란 슬픔으로 태여났기에, 저리도 징그라운 몸뚱아리냐"는 구절은 자기애가 강화된 「자화상」이기 때문이다. 화사와 시적 자아의 동일시는 그것을 '꽃다님'이라고 부르거나 '바눌에 꼬여 두를까'라고 말하는 데서 나타나는 '옷' 이미지에서도 유추할 수 있다. 옷이란 몸에 닿는 것으로 그 옷의 주인의 제유가 되며, 또한 육체는 영혼이 입는 옷이라는 상상체계에서 '옷'이미지는 몸과 동일시되기 때문이다.

제2연에서 화자는 뱀이 소리를 잃은 것을 뱀의 할아버지가 지은

---

17) G. Bachelard, 『대지 그리고 휴식의 몽상』, 문학동네, pp. 301-303.
18) 오세영에 의하면 뱀은 리비도의 상징이다. 그 때문에 화자는 뱀에 대해서 매혹과 거부라는 이중적인 태도를 취한다. 전자는 생리적인 생명충동을 따르는 이드의 작용이고 후자는 초자아의 억압이다(오세영, 「화사」, 『한국현대시 분석적 읽기』, p. 324.).
19) 보들레르, 김인환 역, 『악의 꽃』, 민족문화사, 2000, p. 20-23.
20) 보들레르의 「축복」의 시인의 왕관인 '고뇌'와 「자화상」의 '피가 섞인 시의 이슬'의 영향관계에 대해서는 황현산의 글을 참조할 수 있다(황현산, 앞의 글).

원죄에 대한 형벌을 받고 있기 때문이라고 해석한다. 할아버지의 자손으로서 마땅히 그런 뱀의 모습에 통쾌함을 느껴야 하지만, 화자는 오히려 '벙어리'의 형벌을 받고 있는 뱀에게서 '서름을 벙어리처럼(「벽」)' 안고 있는 자신의 모습을 본다. 때문에 그는 저주받은 자아 이미지인 '뱀'에게 자신을 저주한 하늘을 '원통히 무러뜯'으라고 명령하는 것이다. 화자는 1~4연에서 '화사'에 대한 이중적 태도를 보이는데 그것은 두 가지의 측면으로 나타난다. 하나는 화사 자체를 매혹적인 것이고 따라야 할 것이라고 생각하면서도, 그것을 징그러운 것이고 쫓아야 할 것이라고 생각하는 이중성이다. 이는 시적 자아의 '분열적 감정'을 의미한다. 다른 하나는 화사를 대상으로 파악하면서도 그것과 자신을 동일시하는 이중성이다. 이 지점에서 서정주의 '화사'는 李箱의 '거울 속의 나'의 이미지와 만나고 갈라진다. '화사'를 '대상'으로 바라보며 분열감을 느끼는 것은 李箱이 자신을 '거울'에 비춰보는 것과 같지만, 화사를 자신과 동일시하는 것은 서정주의 특수성이다.

　제6연 역시 통사론적인 구조의 애매함을 가지고 있는데 이는 '화사'를 대상으로 바라보느냐 시적 자아와 동일시 하고 있느냐에 따라 두 가지 해석이 가능해진다. 하나는 뱀을 대상으로 보고, '크레오파투라의 피먹은 양 붉게 타오르는 고흔 입설'을 '꽃다님보단도 아름다운 빛을 가진 뱀'의 등가적 반복으로 해석하는 것이다. 이 때 '석유 먹은 듯 가쁜 숨결을 가진 뱀'과 '꽃다님 보다 아름다운 빛을 가진 뱀' 그리고 '크레오파투라의 피먹은 양 붉게 타오르는 고흔 입설'은 모두 강력한 생명력과 성적 에너지를 상징하며 화자를 매혹하는 '대상'의 이미지들이라고 볼 수 있다. 그러므로 '슴여라! 베암'은 뱀이라는 대상이 화자 자신에게 스며들기를 욕망하는 구절로 해석된다. 다른 하나는 제5연에서 뱀의 아름다운 빛깔에 강하게 이끌린 시적 자아가 이미 뱀과 동일시되었다고 파악하는 것이다. 이 때 '크레오파투라의 피먹은 양 붉게 타오르는 고흔 입설'은 뱀과 동일시된 시적 자아 즉, '뱀-나'가 스며야 할 대상으로 해석된다. 이 경우 '스며라! 베암'은 클레오파트라와 합일하고 싶은 '뱀-나'의 욕망을 드러낸 구절로 해석된다.

마찬가지로 제7연의 해석도 두 가지로 나뉜다. 그 하나는 '뱀=클레오파투라의 입술'과 합일을 이룬 화자가 '뱀-클레오파트라-나'가 되어 '순네의 고흔 입술'을 스며들 대상으로 파악하고 있다고 보는 것이다. 이 경우 뱀과 동일시된 자아가 순네를 꼬여내고자 하는 것으로 해석된다. 다른 하나는 제7연의 '우리 순네는 스믈난 색시, 고양이처럼 고흔 입설'을 제6연의 '크레오파투라의 피먹은양 붉게 타오르는 고흔 입설'과 마찬가지로 '화사의 아름다운 빛'의 등가적 반복으로 보는 것이다. 이 때, '순네의 입술=클레오파투라의 입술=베암'의 등식이 성립되며 화자는 그것이 자신에게 스며들기를 욕망하고 있다고 해석된다.

이 시는 매우 중층적인 구조를 가지고 있다. 첫째, 시적 자아는 '화사' 자체를 매혹적인 것으로 생각하면서도 징그럽고 쫓아야 할 것으로 생각한다. 둘째, 시적 자아는 '화사'를 대상으로 파악하면서도 자신과 동일시하고 있다. 셋째, 화사는 크레오파투라와 동일시되어 여성성을 갖기도 하고 시적 자아와 동일시되어 남성성을 갖기도 한다.[21] 다시 말해 '자아', '화사', '크레오파투라' '순네'가 동일시되고 있는지 아닌지 불분명한 구조가 연쇄되어 있다. 송욱은 이를 지성의 결여로

---

21) 남진우는 '화사'의 양성적 성격에 대해서는 논한 바 있다. 남진우가 뱀 자체가 갖는 상징으로서의 양성성에 주목하고 뱀을 순네와 동일시하고 있는 반면, 본고는 뱀의 이중성뿐만 아니라 화자가 뱀과 자신을 동일시하느냐 아니냐의 관계를 주목하고 있다는 점에서 차이가 있다. (남진우, 「남녀양성의 신화」, 『미당연구』, p. 199-210.). 오세영은 남녀를 떠나 보다 근본적인 차원에서 '뱀'이 가지는 리비도의 상징을 논하고, 특히 여성의 관능을 상징하는 '뱀'이미지를 보들레르와의 영향관계에서 고찰하고 있다(오세영, 「화사」, 『한국 현대시 분석적 읽기』, pp. 304-332).

인한 한계로 파악하고 있지만, 본고는 모순된 해석들을 동시에 함축하는 불분명함이야 말로 이 시가 시적 긴장감을 갖는 가장 중요한 요소라고 본다.

여러 가지 조합이 가능하기에 다소 혼란스럽지만 분명한 것은 '시적 자아'가 궁극적으로 '순네'와의 '융합'을 갈망한다는 점이다. 그리고 주목할 점은 그 '융합-스며듦'이 자아와 순네만으로는 불가능하다는 점이다. 여러 가지 조합이 가능하지만, 중요한 것은 순네와의 '합일'을 위해서는 자아가 뱀과 동일시되거나, 순네가 '크레오파투라' 혹은 '뱀'과 동일시되어야 한다. 시적 자아와 순네의 합일에는 반드시 '뱀'이 필요하다. '화사'는 순네와 합일하기 위해 시적자아가 먼저 결합해야 하는 대상이지만 시적자아와 '화사'는 '뫼비우스의 띠'로 연결되어 있다. 그것은 외적 존재이면서 화자 자신이다.

서정주의 시적 주체에게 분열감과 유폐감을 불러일으키는 대상은 자아와 불가분의 관계로 융합되어 있다. 그것은 이미 자아의 삶으로 녹아들어버린 근대성이기도 하고, 그의 시에 융합된 보들레르적 경향이기도하다.22) 그것은 '화사'라는 이미지로 육화(肉化)되어 있다는 점에서 보다 개인적이고 존재론적인 차원의 융합임을 알 수 있다. 자신을 구속하는 굴레가 존재론적인 차원에서 결합되어 있다고 인식하는 점은 李箱의 현실인식과 비슷하다. 이상은 자신을 분해하고 해체하는 지적유희를 통해 자신과 결합한 부정적 현실을 분해하고 해체하며 탈출하는 지점으로 나아간다. 그러나 서정주는 그런 지적인 유희 속으로

---

22) 이런 융합은 ≪시인부락≫이 '생명의 구경 추구'의 기치를 드는 데 큰 영향을 미친 김동리의 영향이라고 볼 수 있다. 김동리는 「신세대의 정신」이라는 글에서 '어떤 외래의 사상이나 주의가 그 작가의 개성과 운명과 생활과 의욕에 유기화되지 않는 것일 때' '그것을 버려야 그의 인생은 순수할 것이며 그의 예술은 근원될 것이'라고 주장한다. 이 '유기화'라는 말이 서정주에게 육체성에의 융합, 육화의 길로 나타난 것이라 하겠다 (김윤식, 『미당의 어법과 김동리의 문법』, 서울대학교출판부, 2003, p. 97 참조.).

들어가는 대신 에로티시즘적 몰입과 도취의 길을 택하고 있는 것이다.

따서 먹으면 자는 듯이 죽는다는
붉은 꽃밭새이 길이 있어

핫슈 먹은 듯 취해 나자빠진
능구렝이같은 등어릿길로,
님은 다라나며 나를 부르고……

强한 향기로 흐르는 코피
두손에 받으며 나는 쫓느니
밤처럼 고요한 끌른 대낮에
우리 둘이는 웬몸이 달어……

– 「대낮」전문

'붉은 꽃밭'은 「벽」의 '진달래꽃 벼랑'과 같은 강한 생명력의 이미지이다. 그러나 「벽」에서 그것이 시적 자아가 도달해야 할 외적 공간으로 형상화 된 반면, 「대낮」에서는 '따서 먹는다'는 육체적·생리적 행동을 통해 획득할 수 있는 것으로 설정되어 있다. '따서 먹으면 자는 듯이 죽는다는 붉은 꽃밭' 사이로 난 '길'은, 그 꽃을 따먹고 '나자빠진' 뱀의 이미지로 그려져 있다. 붉은 꽃밭 사이로 난 '능구렝이 같은 등어릿길'은 「화사」에서 '피먹은양 붉게 타오르는 고흔 입설'에 스미는 '뱀' 이미지의 변주이다. 「대낮」에서도 시적 자아와 님이 합일하기 위해서는 '뱀'과 '붉은 꽃밭'으로 상징되는 에로티시즘이 필요한 것이다. 여기서 뱀은 좀 더 노골적으로 님과 시적 자아를 연결하는 '길' 이미지로 나타나 있다. 이는 시적 주체가 처한 '벽'의 상황을 차고 나갈 수 있는 '길'을 '뱀'으로 상징되는 에로티시즘에서 찾고 있음을 의미한다.

　이 꽃밭 사이의 길은 핫슈(아편의 일종-인용자) 먹은 듯 나자빠진 능구렝이의 모습으로 형상화되어 있는 도취적 자아망각적인 길이다. 이 도취와 자아 망각의 상태는 에로티시즘의 추구를 통해 자아를 가두는 ‘벽-육벽’이 사라진 상태를 의미한다. 「대낮」은 「벽」의 마지막 연처럼 ‘에너지의 과잉상태’를 보여주는데, 이런 성적 에너지의 고양 상태를 통해 시적 자아는 ‘벽’을 소멸시키고 있다.[23]

　제3연의 ‘피’이미지는 에로티시즘이 가진 생명충동과 죽음충동을 상징한다. 에로티시즘 자체가 어떤 파괴적 위반과 폭력적 요소를 가지고 있기에 그것의 극단적인 추구는 ‘죽음’과 멀지 않다.[24] 그럼에도 시인은 ‘따먹으면 자는 듯이 죽는다는’ 에로티시즘에 몰입함으로써 밤과 낮, 고요함과 들끓음, 자아와 타자의 경계가 무화되는 순간을 추구한다. 이는 가열한 육체성, 육체적 에로티시즘의 극단적 추구를 통해 ‘자아를 구속하는 벽’으로부터 탈출하려는 시도이다.

　그런데 시적 주체가 보여주는 에로티시즘적 몰입의 순간에 자주 ‘우름’(「麥夏」, 「입마춤」 등)이 끼어들고 있다. 도취를 통한 탈출은 울음에 침투당하여 변질되고 좌절되는 것이다. 에로티시즘이 ‘육벽’을 돌파하는 ‘길’이 되지 못하는 이유는 제2연 제3행의 ‘다라나며 부르는’ 행위와 ‘돌팔매를 쏘면서 따르는(「화사」)’ 등의 행위에 함축된 모순된 감정 때문이다. ‘매혹과 거부’라는 말로 치환될 수 있는 이 동사

---

23) 바타이유는 에로티즘(l'erotisme, 영어로 eroticism)을 불연속적인 존재인 인간이 갖는, 존재의 연속성에 대한 향수라고 정의한다. 개체이면서 동시에 전체일 수 없는, 전체로부터 분리된 존재인 인간은 에로티즘을 통해 폐쇄적 존재의 구조를 파괴하고자 한다(G. 바타이유, 조한경 역, 『에로티즘』, 민음사, 1999, pp. 12-18.).

24) 그것은 에로티즘이 구체적인 형태를 파괴하려 든다는 점에서, 그리고 두 연인의 열정적 결합이 살해욕망이나 자살충동을 부를 수 있다는 점에서 그러하다. 그러나 에로티즘에 의한 연속성은 불연속적인 개체가 죽음에 의 해 결정적인 연속성에 이르지 않는 한에서 가능하다. 육체적 에로티즘은 개체의 불연속성을 유보한다. 바타이유는 생식은 불연속성을, 죽음은 연속성을 의미한다고 본다(G. 바타이유, 위의 책, pp. 18-25.).

들[25]은 '뱀'에 대한 시적 주체의 분열적 태도를 의미한다. 앞서 논한 바와 같이 '뱀'은 시적 자아와 자아의 욕망의 대상이 합일하기 위해 필요한 에로티시즘이며, 시적 자아가 매혹되면서도 거부하고 있는 욕망의 대상이고, 시적 자아 자신이기도 하다. 때문에 '뱀'에 대한 분열적 감정은 에로티시즘에 대한 것이기도 하지만 욕망의 대상에 대한 것이고, 동시에 시적 자아 자신에 대한 것이기도 하다. 때문에 시적 자아는 에로티시즘에 완전히 몰입할 수 없으며, 에로티시즘을 추구하면 할수록 그것에 대한 분열감은 커진다. 이런 주체의 분열과 그것으로 인해 느끼는 유폐감은 '앉은뱅이(「안즌뱅이의 노래」)', '벙어리(「벽」)', '병든 수캐(「자화상」)', '문둥이(「문둥이」)' 등 자기비하적이고 손상된 육체 이미지로 나타난다.

2. 자아 확장과 '사랑'의 탐구

　앞 절에서 현대적 주체의 분열적 자아인식이 '육체'이미지로 나타나고 있음을 살펴보았다. 서정주 시의 시적 주체는 자아를 구속하고 압박해오는 벽에 갇혀 유폐감을 느끼고 있으며, 이로부터 탈출하기 위한

---

25) 서정주는 일부러 형용사를 배제하고 동사를 사용하려 노력했다면서, 그것을 '直情言語'의 추구라는 말로 표현한 바 있다. 화사나 대낮에 사용된 모순된 동사들은 바로 이런 직정언어의 예라고 볼 수 있다.
　　"내가 한동안 붙잡힌 것이 정지용류의 형용사의 수풀이었다. '무엇처럼, 무엇 모양'류의 수사의 허영에 한동안씩 사로잡힌 것은 비단 나 혼자만은 아닐 것이다. 그러나 마침내 나는 이러한 가식의 차원에 싫증이 났다. 그 뒤부터 나는 일부러 형용사를 피했고 문득 구투가 떠오른다 해도, 내 상념의 세계로부터 이것들을 추방하기에 노력하였다. 직정(直情)언어-수식없이 바로 사람의 심장을 건드릴 수 있는 그러한 말들을 추구하는 것이 당시의 내 이상이었던 것이다. 그 결과로서 형용사 대신에 좋든 언짢든 행동을 표시하는 동사의 집단이 내 시에 등장하게 되었음은 물론이다"(서정주, 「나의 시인생활 약전」, 『서정주문학전집』4, p. 200.).

강한 의지를 보이고 있다. 탈출을 위한 '길'로 시적 주체가 선택한 것
은 육체적 에로티시즘인데 이를 통해 돌파하려는 벽이 바로 자기 자신
의 육체성 즉 '육벽'으로 인식되고 있다는 점에서 문제가 발생한다. 이
는 시적 주체에게 구속감을 주는 대상이 주체와 구분되지 않고 융합되
어 있음을 의미한다.[26] 그것은 시인에게 매혹과 거부의 감정을 불러일
으키는 대상이기도 하지만 시인의 삶과 사유와 생활에 완전히 융합되
어 있어서 따로 대상화할 수 없는 것이기도 하다. 이런 '시인의 자화
상'은 꽃과 뱀의 결합인 '화사'로 상징되어 있다. 시인은 이 '화사'라
는 융합의 상태를 거치지 않고서는 무엇과도 결합할 수 없는데, 그것
에 대해 분열적 태도를 가지고 있다는 것이 주체에게 어두운 그림자를
드리우고 있다. 그런데 '화사'에 대한 시적 주체의 분열적 태도는 분명
히 드러나고 있는데 반해, 그것이 의미하는 바는 불분명한 점이 있다.
그것이 의미하는 바는 에로티시즘을 통한 돌파의 모색을 멈추고 새로
운 모색으로 나아가는 지점에서 좀더 분명히 드러난다.

흰 무명옷 가라입고 난 마음
싸늘한 돌담에 기대어 서면
사뭇 숫스러워지는 생각, 고구려에 사는 듯
아스럼 눈감었든 내넋의 시골
별 생겨나듯 도라오는 사투리.

등잔불 벌서 키어 지는데……
오랫동안 나는 잘못 사렀구나.
샤알·보오드레-르처럼 설ㅅ고 괴로운 서울여자를

---

26) 이를 서구적 감수성과 토속적 정서의 융합이라고 볼 수도 있을 것이다. 김윤식은 서정
주의 이런 특징을 '생리'로 파악한다(김윤식, 『미당의 어법과 김동리의 문법』, 2003,
pp. 7-12.).

아조 아조 인제는 잊어버려,

— 「水帶洞詩」 부분

옷을 갈아입는다는 것은 존재론적인 전환을 의미한다. '흰 무명옷'은 아름다운 빛깔에 마음을 빼앗겨 몸에 걸치려 했던 '꽃다님(「화사」)'과 대조되는 것이다. 시인은 '흰 무명옷'으로 갈아입음으로써 '화사(花蛇)'로서의 자아를 버리고 있다. 제2행의 싸늘한 돌담에 기댄다는 것은 '끓른 대낮'이나 '햇볕에 붉게 타오르는' '진달래꽃 벼랑'이라는 성적 에너지의 과잉상태의 추구를 그만두었음을 나타내고 있다. 시적 주체는 서울과 시골, 샤알·보오드레-르(서울여자)와 사투리의 대조를 통해 전자를 지양하고 후자를 추구하고 있다. 그렇다면 그가 아주 잊어버리려고 하는 샤알·보오드레-르와 서울여자는 '화사'와 연결된 존재들임을 알 수 있다.

제2연의 '샤알·보오드레-르처럼 설ㅅ고 괴로운 서울여자'에서 자아에게 서럽고 괴로운 감정을 주는 것은 보들레르와 서울여자 모두임을 알 수 있다. '~처럼'이라는 직유법에 의해 보들레르와 서울여자는 같은 존재로 인식되기 때문이다. 서정주는 자신이 가장 가까이 느껴온 외국시인으로, 보들레르의 영향에 대해 회고한 바 있다.

> 나는 보오들레르의 글을 처음 사귀던 때나, 지금이나, 그가 우리 世界詩文學 속에서 가장 뼈저리게 자기를 詩에 犧牲한 사람이기 때문에 親密感을 느껴 오고 있다. 나는 그가 한낱 美의 使徒인 점을 좋아하는 게 아니라, 그가 世界詩文學史 속의 여러 詩人들 중에서 제일 철저하게 人間桎梏의 밑바닥을 떠메고 刑罰받던 詩人인 점을 좋아한다. 天刑의 質量을 自進해서 가장 많

이 짊어졌던 사람. 스스로 자기의 死刑執行人이고, 또 스스로 死刑囚였던 사람. 이 天痴라면 지독한 天痴. 이 犧牲祭物. 이 거지와 猶太人과 黑人毒婦와 이, 벼룩 등 寄生蟲類의 第一隣人-그 말하지 않는 詩人의 情으로 人間桎梏의 第一親友가 되어 헤매던 이 사람을 좋아한다.[27]

이 글에서 서정주는 보들레르를 좋아하는 이유를 밝히고 있다. 그것은 보들레르가 '인간질곡의 밑바닥을 떠메고 형벌' 받던 시인이었고, '스스로가 자기의 사형집행인이고 또 스스로 사형수'였기 때문이라는 것이다. 이는 서정주가 「화사」나 「자화상」 등의 시에서 '천형 받은 존재'로서 자처하며 보여주었던 몸부림이 보들레르의 영향임을 짐작하게 한다. 보들레르를 좋아하고 보들레르적 존재이기를 자처하는 것은 스스로를 죽이는 일, 즉 '사형집행인이자 사형수'가 되는 일이다. 그러나 서정주는 보들레르를 좋아하면서도 그를 '지독한 천치'라고 부르고 있다. 보들레르적 삶과 시의 추구는 스스로를 천형 받은 존재로 비하하고, 사형 집행하는 일이라는 점에서 서럽고 괴로운 일이기 때문이다.

보들레르가 서울 여자와 연관되는 이유는 '동리에게'라는 부제 붙은 「葉書」에서 찾아볼 수 있다. 이 시에서 그는 '숫작새같은 게집의 이얘기는, 벗아 인제 죽거든 저승에서나 하자'고 쓰고 있다. 김동리는 이 시와 관련하여 '임 아무개'라는 연극배우에 대한 서정주의 짝사랑과 실연 사건을 회고한 바 있다.[28] 서정주 역시 같은 사건을 두고

---

27) 서정주, 「내 詩와 精神에 影響을 주신 이들」, 『서정주문학전집』5, 일지사, p. 269.
28) 김동리가 미당의 편지를 그 여인의 집에 가져다 주었지만 그 여인은 비죽이 웃고나서 자기에게는 사랑하는 상대가 있다고 하였다는 것이다. 김동리는 돌아와 미당에게 '그까 짓 걸 깨끗이 못 잊겠거든 죽어 죽어'라고 욕을 퍼부었다고 쓰고 있다(김동리, 『김동리 전집』8, 민음사, 1997, pp. 107-112.).

'네가 그렇게 헐값이거든 어서 죽어라'는 동리의 말이 가슴을 울렸다고 회상하였다.[29] 서정주에게 근대성이라는 것은 백화점이나 기차와 같은 외부적 풍경으로 감각되지 않는다. 서정주에게 그것은 체험을 통해 자신의 삶과 사상과 생활과 시에 융합된 것으로만 감각된다. 이를 테면, 사회주의와 셰스토프를 이야기하는 남자들에게 둘러싸인 서울 여자에 대한 짝사랑과 실연의 경험이나, 불전시절 시계를 잃어버린 급우가 자신을 의심하는 것 같은 자의식에 나섰다가 시계도둑으로 몰렸던 경험[30] 등과 같은 것들이다. 이들 사건은 모두 가난한 촌놈이라는 시인의 자의식을 자극하였던 경험이었으며 시인에게 두고두고 잊혀지지 않고 각인된 사건들이다. 서정주에게 '서울-여자'를 사랑하고 욕망하는 일은 스스로를 비하하고 사형 집행하는 보들레르적인 일로 체험된다. 그는 서울 여자와 보들레르를 짝사랑했던 자신의 삶을 돌아보며 '오랫동안 나는 잘못 사렀구나'라고 후회하며 이들을 '아조 잊어버'리겠다고 다짐한다. 이 다짐은 지금까지의 시와 삶을 부정하고 새로운 존재론적 국면으로 나아가겠다는 선언이라 하겠다.

그러나 이 시를 '서구/근대'와의 결별을 통해 동양적 세계로 회귀하는 결정적 증거로 해석[31]하기엔 무리가 있다. 물론 제 1연의 '흰 무명옷'이나 '고구려' '넋의 시골' '사투리' 등을 통해 동양적, 민족적, 전통적 세계로 나아감을 선언하고 있지만, 그것이 곧 서구적 세계와의 결별을 의미하는 것이라고 볼 수 없기 때문이다. 이 시는 서구적 세계와의 결별이 아니라 보들레르적·화사적 세계와의 결별을 의미한

---

29) 서정주, 「(속)나의 방랑기」, 『나의 문학적 자서전』, 민음사, 1975, p. 69-70.
30) 서정주, 「해인사」, 『서정주문학전집』3, pp. 178-179. 시인은 '시계도둑'으로 의심받았던 이 경험을 다른 지면에서 거듭 수필로 쓴 바 있거니와 『안 잊히는 일들』(1983), 『팔할이 바람』(1988) 등에서 두고두고 시로 쓰기도 했다.
31) 최현식, 『서정주 시의 근대와 반근대』, pp. 100-103.

다고 보아야 한다. 그것은 첫째, 서정주는 이후에도 계속 서구신화의 모티프를 사용하고 있기 때문이다.[32] 둘째, 서정주의 이런 존재론적인 전환은 <지귀도시편>이 보여주는 그리이스적 인신주의적 육체성의 긍정을 통해 가능했다는 점이다. 셋째, 이후의 시적 작업들에서 니체의 영향이 계속 나타나기 때문이다.

> 보지마라 너 눈물어린 눈으로는……
> 소란한 哄笑의 正午 天心에
> 다붙은 내입설의 피묻은 입마춤과
> 無限 慾望의 그윽한 이戰慄을……
>
> 아-어찌 참을 것이냐!
> 슬픈이는 모다 巴蜀으로 갔어도,
> 윙윙그리는 불벌의 떼를
> 꿀과함께 나는 가슴으로 먹었노라.
> 시약시야 나는 아름답구나
>
> 내 살결은 수피의 검은빛
> 黃金 太陽을 머리에 달고
>
> 沒藥 麝香의 薰薰한 이꽃자리
> 내 숫사슴의 춤추며 뛰여 가자
>
> 우슴웃는 짐생, 짐생 속으로.

— 「正午의언덕에서」[33]전문

---

32) 불교의 윤회론적 영향이 보이는 죽은 자와 산자의 교통을 '부활'(「부활」)이라고 칭한다던가 애니미즘적 사유와 민요의 삽입을 통해 삶에의 애착과 의지를 노래한 「무슨 꽃으로 문지르는 가슴이기에 나는 이리도 살고 싶은가」와 같은 시에서 기독교 신화의 모티프가 등장하는 등 이후의 시에서도 미당은 서구 고전과 친연성을 보여준다.

Ⅱ. 현대적 주체의 자아인식과 극복의 모색　69

「엽서」에서 시인은 '솟작새 같은 게집의 이야기'는 '저승에서나 하자'면서 자신에게 서러움을 주는 사랑을 잊기로 한 바 있다. 그는 '파촉의 우름소리가 그래도 들리거든 부끄러운 귀를 깎어버리'겠다면서 거듭 미련을 잘라내려는 의지를 다짐하였다. 그런데 이 '파촉'이 「정오의 언덕에서」에 다시 등장하고 있다. 제2연의 '슬픈 이는 모다 파촉으로 갔'다는 구절은 「엽서」에서의 미련이 모두 정리가 되었음을 의미한다. 그러나 마음을 모두 정리하였음에도 시인은 '꿀과 함께 먹은 불벌의 떼'를 통해 사랑을 가슴에 품었던 순간의 달콤함과 말할 수 없는 고통이 지속되고 있음을 드러내고 있다. 때문에 자아는 아직 '눈물어린 눈'을 가지고 있다. 하지만 이제 시적 자아는 눈물과 설움 등의 인간적인 고뇌나 결함이 스며들 수 없는 신(神)적인 자아상을 노래함으로써 그것을 극복한다. 시적 자아는 자신을 태양신의 이미지로 묘사하는데, 시인의 태양 지향은 '해바라기'나 '웅계(雄鷄)'(「雄鷄(上)」, 「雄鷄(下)」)의 이미지로 변주되기도 한다. 어둠을 쫓는 태양의 도래를 '鳴咽(울어 목메다-인용자)'하는 수탉을 사랑하고, 그것과 자신을 동일시하고, 심지어 그것을 식육하는 것은 모두 자아의 태양 지향을 나타낸다.

시적 자아는 태양신과 같은 자아의 육체 이미지를 통해 에로티시즘으로 도달하지 못했던 도취의 순간을 경험한다. '몰약 사향의 훈훈한 이꽃자리'를 '춤추며 뛰어가는 숫사슴'의 모습에서는 '핫슈 먹은 듯 취해 나자빠진 능구렝이같은' 꽃길에 침투된 어두운 자의식을 찾아볼 수 없다. 시인은 보들레르적 육체성으로 자신의 현실을 타개하려 하였지만, 그것은 서러움과 괴로움의 경험으로 끝이 나고 말았다. 자기

---

33) 「正午의언덕에서」라는 제목 아래 "향기로운 산우에 노루와 적은사슴같이있을지어다.-雅歌"라는 성경의 한 구절이 인용되어 있다.

비하와 자기부정으로 인해 손상된 자아는 이제 고대 희랍의 인신적 육체성을 통해 회복되고 있다.

서정주는 '온갖 염세와 회의와 균일품적 저가치의 극복'을 위해 '아폴로적 디오니소스적 신성(神性)에의 회귀(回歸)'을 추구했다고 한다. 이 때 신성(神性)이란 기독교적인 신본주의(神本主義)적 신을 의미하는 것이 아니라, 인간을 신으로까지 끌어올린다는 의미로서의 인신주의적(人神主義的) 신성을 의미한다. 즉 '아폴로와 디오니소스'는 '陽한 육체를 지닌 인신주의적 신성'의 예로 제시된 것이다. 이 때 '아폴로적 디오니소스적'이라는 말이 '질서와 광기'와 같은 의미가 아님은 물론이다. 서정주는 고대 희랍의 인신주의적 존재의식을 르네상스 휴머니즘과 니체의 영겁회귀자-초인의식으로 연결지으면서, 그것이 자신으로 하여금 일제 치하의 박탈과 암흑의 시기를 지날 수 있게 해 주었다고 하였다.34) 「正午의언덕에서」35)를 비롯한 <지귀도시편>들은 보들레르적 육체성의 추구에서 입은 자아의 손상을 회복하기 위한 고대 희랍적 인신주의적 육체성을 형상화하고 있다.

그러나 이 시기 서정주는 아직 서구 문화사와 정신사를 꿰뚫는 지적 혜안을 가지고 있지 못하였기에 그것의 추구는 상당히 피상적인 차원에서 이루어진 감이 있다. 후에 시인 스스로 지적하였듯이 이 시기 시에 나타난 고대 희랍적 인신주의적 신성은 기독교의 신본주의적 신성과 혼동되고 있다. 이런 혼동은 니체적 초인의식과 대긍정, 고대

---

34) 서정주, 「내 詩와 精神에 影響을 주신 이들」, 『서정주문학전집』5, 일지사, p. 269-270.
35) 「정오의 언덕에서」라는 제목 역시 『짜라투스트라는 이렇게 말했다』에서 따온 것으로 보인다.
　　"몰락해 가는 자는 자기 자신을 축복할 것이다. 그는 초인을 향해 건너가고 있기 때문이다. 그리고 그의 인식의 태양은 정오에 머물러 있을 것이다. "모든 신은 죽었다. 이제 우리는 초인이 살기를 원한다." 이것이야말로 위대한 정오에 갖는 최후의 의지가 되게 하라! 짜라투스트라는 이렇게 말했다"(F. W. 니체, 『짜라투스트라는 이렇게 말했다』, 홍신문화사, 1995, p. 58.).

희랍적 인신주의적 육체성을 추구하는 「정오의언덕에서」가 그 모티프를 신본주의적 기독교의 구약에 기록된 솔로몬왕의 「雅歌」의 한 구절에서 취하는 모순에서도 드러난다. 서정주는 서구정신사의 흐름을 파악하고 따랐던 것이 아니라 다만 "崇高하고 陽한 肉體性에만 매혹"36)되어 있었던 것이다.

제주도에서의 요양37)과 그 결과물인 <지귀도시편>들을 통해서 서정주는 보들레르적 육체성의 추구와 완전히 결별한다. 이 시들은 천형 받은 존재로서 몸부림치는 삶과 시를 버리고, 인신적 육체성 추구를 통해 손상되고 위축된 자아를 무한히 확장시킨 작업들을 담고 있다. 그러나 『화사집』의 마지막에, <문>이라는 소제목 아래 수록된 시편들은 <지귀도시편>들이 보여주는 시적 모색이 자기 위안에 불과할 뿐이며, 탈출의 '문'이 되지 못했음을 보여준다.

> 귀기우려도 있는 것은 역시 바다와 나뿐.
> 밀려왔다 밀려가는 무수한 물결우에 무수한 밤이 往來하나
> 길은 恒時어데나 있고, 길은 결국 아무데도 없다.
>
> 아-반딧불만한 등불 하나도 없이
> 우름에 젖은얼굴을 온전한 어둠속에 숨기어가지고……너는,
> 無言의 海心에 홀로 타오르는
> 한낫 꽃같은 심장으로 침몰하라.
>
> 아-스스로히 푸르른 情熱에 넘처
> 둥그런 하눌을 이고 웅얼거리는 바다,

---

36) 서정주, 「古代 그리이스的 肉體性-나의 처녀작을 말한다」, 『서정주문학전집』5, 일지사, 1972, p. 266.

37) 서정주는 1937년 늦봄 돌연 제주 남단의 지귀도라는 섬에 내려가 여름까지 머무른 바 있다. 「정오의 언덕에서」에 달린 각주에서 시인은 <지귀도시편>들을 심신의 상흔을 말리며 썼다고 밝히고 있다.

바다의깊이우에
네구멍 뚫린 피리를 불고……청년아.
애비를 잊어버려
에미를 잊어버려
兄弟와 親戚과 동모를 잊어버려,
마지막 네 게집을 잊어버려,

아라스카로 가라 아니 아라비아로 가라
아니 아메리카로 가라 아니 아프리카로
가라 아니 沈沒하라. 沈沒하라. 沈沒하라!
오-어지러운 心臟의 무게 우에 풀닢처럼 훗날리는 머리칼을
달고
이리도 괴로운 나는 어찌 끝끝내 바다에 그득해야 하는가.
눈뜨라 사랑하는 눈을 뜨라……청년아,
산 바다의 어느 東西南北으로도
밤과 피에젖은 國土가 있다.

― 「바다」부분

어둠 속에서 귀 기울이고 있는 시적 자아의 모습은 '덧없이 바래보던 벽(「벽」)'에 지치던 모습과 대조된다. 시인은 자신을 가로막고 있는 벽을 탈출하려는 몸부림 끝에 큰 상처를 입었었다. 그것은 李箱이 자신이 갇힌 곳으로부터 탈출을 시도했지만 '중상'만을 입었으며 탈출했다는 것 역시 '착오'였음을 깨달은 것과 비슷하다.[38] 이상의 탈출과 실패는 지적유희 차원에서 이루어지고 있지만, 서정주의 경우 그것은 존재의 몸부림 차원에서 치러진 것이기에 타격이 더욱 컸다. 제주도 요양과 <지귀도시편>들을 통해 자아를 무한 확장시킴으로써

---

38) 이 상, 「一九三一年」, 앞의 책.

자아를 회복하고 돌아온 시인은, 자신을 둘러싼 세계와 자신의 내면에 귀를 기울인다. 그리고 자신을 가두고 있는 것이 작은 '벽'이 아닌 광막한 '바다'임을 깨닫는다. 그리고 그 '벽-바다'는 다시 시적 자아와 동일시되고 있다. 무수히 밀려와 부서지고 다시 밀려가는 '물결'은 시적 주체의 그간의 몸부림을 의미한다. 자신의 몸부림에도 불구하고 '밤'만이 반복되고 있다는 진술은 '벽-바다-자아'로부터의 탈출이 실패하고 있음에 대한 토로이다. 이는 자아의 확장이 탈출이 되지 못하고 있음을 의미한다. '길은 恒時 어데나 있고, 길은 결국 아무데도 없다'는 것은 무수한 길을 뚫기 위해 몸을 내던졌다가 실패한 자아의 절망적 진술이다.

'아-'라는 영탄조로 시작하는 제 2연은 다시 '벽' 앞에 서 있는 자아의 상황이 이전보다 훨씬 심화된 절망의 상태임을 드러낸다. 시적 자아는 '반딧불만한 등불도 없이' '온전한 어둠속'에서 울음에 젖은 얼굴을 하고 있다. 온전한 어둠은 '밤과 피에젖은 국토'로 나타나는 일제치하의 현실이기도 하고, '게집'과 관련된 '어지러운 심장의 무게'로 나타나는 연애감정이기도 하며, 혈육과 이웃에 관련된 '어지러운 심장의 무게'로 나타나는 자신의 존재론적 민족적 정체성이기도 하다. 서정주에게 '벽'은 이런 것들이 뒤섞인 자기자신의 존재론적인 문제이다. 그는 '괴로움이 그득한 바다'의 중심에서 '홀로 타오르는 꽃같은 심장'이 되라고 스스로에게 명령한다. 즉, 이제 붉은 꽃밭으로의 탈출을 꿈꾸는 것이 아니라 스스로 꽃이 되겠다고 다짐하는 것이다. 이는 <지귀도시편>들에서 보여준 인신주의적 육체-생의 긍정의 영향으로 보인다. 시적 자아는 자신의 생을 긍정하고 스스로 초인이 되려는 것이다.

'스스로히 푸르른 정열에 넘처 둥그란 하눌을 이고 웅얼거리는 바

다'는 인간 질곡의 밑바닥을 떠메고 몸부림치던 에로티시즘적 몰입과
는 대조적인 이미지이다. 관능과 도취의 이미지인 붉은 피의 이미지
의 자리를 푸르른 정열이 대치하고 있으며, 꽃밭이나 콩밭 사이로 난
좁은 길의 이미지 역시 하늘을 머리에 이고 있는 바다의 개방적 이미
지가 대치하고 있다. 이런 변화들은 시적 자아가 자신의 '존재-육체-
벽-바다'에 새로운 지향을 부여하고 있음을 나타낸다. 바다의 깊이로
상징되는 존재론적 고뇌에 울음이 아닌 피리소리를 불어넣음으로써
숨통을 트이게 하는 '청년'은 생(生)의 새로운 가치를 추구함으로써
허무를 극복하는 니체적 초인의 이미지이다.

　제4연에서 시적 자아는 스스로에게 아라스카, 아라비아, 아메리카,
아프리카로 가라고 자명한다. 이는 가장 추운 곳과 가장 뜨거운 곳,
문명의 말단과 원시의 심장을 의미하는 지명(地名)들이다. 시적 자아
는 이성과 열정, 문명과 원시의 극단적 추구를 통해 '길'을 뚫으려는
자신의 시도를 '침몰'하는 것으로 여기고 있다. 그러나 시적 자아가
'사랑하는 눈을 뜨라'고 자명하고 있는 것으로 보아, '침몰'은 죽음충
동이라기 보다는 그만큼 생의 충동을 극단적으로 추구하겠다는 의지
의 표명이라고 보아야 한다.

　　내 너를 찾어왔다…… 臾娜. 너참 내앞에 많이있구나 내가
혼자서 종로를 거러가면 사방에서 네가 웃고오는구나. 새벽닭
이 울때마다 보고싶었다…… 내 부르는소리 귓가에 들리드냐.
臾娜, 이것이 몇만시간만이냐. 그날 꽃상여 산넘어서 간다음 내
눈동자속에는 빈하눌만 남드니, 매만저 볼 머릿카락 하나 머릿
카락 하나 없드니, 비만 자꾸오고……촉불밖에 부흥이 우는 돌
문을 열고가면 강물은 또 몇천린지, 한번가선 소식없든 그 어려
운 주소에서 너무슨 무지개로 네려왔느냐. 종로네거리에 뿌우

여니 흐터저서, 뭐라고 조잘대며 햇볏에 오는애들. 그중에도 열
아홉살쯤 스무살쯤 되는애들. 그들의눈망울속에, 핏대에, 가슴속
에 드러앉어 臾娜! 臾娜! 臾娜! 너 인제 모두다 내앞에 오는구나.

– 「復活」전문

서정주가 디오니소스적 육체성의 긍정을 추구하거나 '영겁회귀자-
초인'의식의 대긍정을 통해 육벽(肉壁)을 넘어서려고 하였던 것은 그
의 불전시절의 독서체험에서 비롯된 것이다. 미당은 이 시기 석전 박
한영 선사 아래서 불교 공부를 하고 있었지만 젊은날의 열정을 쏟기
에는 보들레르나 니체의 경험이 더 적합하게 느껴졌을 것이다. 시인
자신이 회고하였듯이 불교의 영향은 훨씬 뒤에 '거북이보다 느리게
서서히' 오고 있었다.[39] 기존의 논의들은 「부활」이 서정주가 동양적
세계로 나아가는 '문'이며, 이 시에 불교의 윤회론적 사유가 보인다고
평가하고 있다. 일면 타당한 평가이지만, 본고는 이 시에 불교의 윤회
론적 사유보다는 니체적 초인의식이 담겨있다고 본다.

'내 너를 찾어왔다'고 시작하는 첫 문장은 臾那[40]와의 단절을 극복
하려는 '자아의 의지'에 의해 이 시가 시작되고 있음을 나타낸다. 자
아의 의지에 의해 臾那는 사방에서 '발견'되는 것이다. 그런데 역설
적이게도 臾那의 '발견'은 臾那와의 단절을 통해 가능하다. 臾那와의

---

39) 서정주, 「내 詩와 精神에 影響을 주신 이들」, 『서정주문학전집』, p. 270.
40) 「부활」에서 유나(臾那)가 '순아'의 오기임을 지적하는 논의가 있다. 《조선일보》
(1939.7.19)에 처음 발표될 당시 '순아'로 표기되었고 『서정주 시선』에서도 '순아'로
적고 있기에 이는 '순아'의 오기라는 것이다. 최현식은 순아의 발음상 한자표기 曳那
가 형태상의 유사성에 의해 臾那로 오식되었거나, 미당이 「속 나의 방랑기」에서 자신
이 짝사랑했던 여인을 '임유라'라고 밝힌데서, 유라를 염두에 두고 고쳤을 가능성을
제시한다(최현식, 『서정주 시의 근대와 반근대』, p. 107.).
서정주 자신이 「부활」에 대해 언급하는 글 「일종의 자작시 해설-<부활>에 대하여」
(서정주·조지훈·박목월공저, 『시창작법』, 선문사, 1954, p. 101.)에서도 '순아'로 적고
있는 것으로 보아 이 주장은 타당성이 있지만 본고는 臾那로 표기하고자 한다.

단절은 꽃상부(喪阜, 상여)가 산을 넘어갔기 때문에 즉, 臾那의 죽음 때문에 생긴 것이다. 臾那는 서정주가 짝사랑했던 '샤를·보오드레-르처럼 설ㅅ고 괴로운 서울여자'이며, 자신의 친구에게 '인제 죽거든 저승에서나' 다시 이야기하자고 했던 존재다. 그는 '슬픈이는 모다 파촉으로 갔(「정오의 언덕에서」)'다거나 '파촉의 우름소리가 그래도 들리거든 부끄러운 귀를 깎어(「엽서」)'버리겠다면서 臾那에 대한 생각이나 미련 같은 마음을 '저승'으로 보냈었다. 그렇다면 臾那의 죽음은 시적 자아가 '臾那에 대한 자신의 마음'을 정리했음을 의미한다. 이는 스스로를 비하하게 됨으로써 경험한 자아의 손상을 회복하기 위해 이루어진 일종의 심리적 방어기제라 하겠다.

시인은 자신의 '머릿속 暗夜에 둥그런 집을 짓고(「부훙이」)' 사는 부훙이에 대해 노래한 바 있다. 부훙이는 시인의 자의식인데, 밤마다 시인을 찾아와 불만스럽게 울고 있는 부훙이 소리는 시인이 만든 보호벽에 균열을 가져오고 있다. 臾那로부터 단절되기 위해 '臾那가 죽었다'고 생각하려는 의식과 '臾那를 찾아가고 싶다'는 의식이 충돌하고 있는 것이다. 시적 자아는 결국 臾那를 찾아가는데, 그 과정을 상징하는 '돌門'과 '몇천리의 江물', '몇萬時間'은 모두 臾那를 잊고자 했던 마음의 크기를 시간화·공간화 한 것에 다름 아니다. 그런데 몇천리와 몇 만 시간의 여행에도 불구하고 臾那가 있는 곳은 찾기 힘든 '어려운 주소'로 나타난다. 臾那를 잊고자했던 마음을 되돌리는 것으로는 이제 臾那를 만날 수 없는 것이다. 그것은 자아를 보호하고자 하는 무의식적 작용이 臾那가 있는 곳을 자꾸 '어려운 주소'로 만들고 있기 때문이다.

그러나 시적 자아는 자신을 보호하려는 방어기제를 뚫고 臾那를 부활시킨다. 그것은 자신의 존재 조건을 스스로 설정하려는 니체적

의지로 가능하다. 이 시에서 臾那의 부활은 사후 존속하는 영혼이 다
시 태어남으로써 이루어진 윤회-환생이 아니다. 이 점에서 「부활」을
동양적 불교적 세계관의 표현으로 보는 관점들은 문제적이다. 이 시
에서 '부활'은 종로 네거리의 아이들에게서 臾那를 발견하고 실감하
는 시적 자아의 '의지'에 의해 이루어진다. 그러나 '종로네거리에 뿌
우여니 흐터저서, 뭐라고 조잘대며 햇볓에 오는 애들'의 모습에서 발
견되는 臾那는 환상이나 신기루처럼 처리되어 있다. 이는 臾那의 죽
음이 현실이 아니듯이 그 부활도 현실 밖의 일임을 암시한다.

　해방이 되면서 서정주는 '하늘ㅅ가에 머무른 꽃봉오리'를 노래한다.
시인은 굳이 잠긴 '문'을 열고 나와 '인제 바로 숨 쉬는 꽃봉오리(「밀
어」)'를 목격한다. 이 꽃은 '가신이들의 헐덕이든 숨결로 곱게 곱게
씻기운' 것으로 '새로 핀 크낙한 꽃 그늘(「꽃」)'로도 나타난다. 그러나
이런 꽃의 열림 역시 자아의 유폐감을 완전히 해소시키지는 못하고
있다. 시적 자아를 구속하던 외적 조건(상징적 아버지의 부재로 나타
나는 식민지인의 자의식)이 객관적으로 사라졌지만 그는 아직 열리지
않은 문 속에서 고통스러워하고 있다.

　　　　눈물 아롱 아롱
　　　　피리 불고 가신님의 밟으신 길은
　　　　진달래 꽃비 오는 西域 三萬里
　　　　흰옷깃 염여 염여 가옵신 님의
　　　　다시오진 못하는 巴蜀 三萬里.

　　　　신이나 삼어줄ㅅ걸 슲은 사연의
　　　　올올이 아로색인 육날 메투리.
　　　　은장도 푸른날로 이냥 베혀서
　　　　부즐없은 이머리털 엮어 드릴ㅅ걸.

초롱에 불빛, 지친 밤 하늘
구비 구비 은하ㅅ물 목이 젖은 새,
참아 아니 솟는가락 눈이 감겨서
제피에 취한새가 귀촉도 운다.
그대 하늘 끝 호을로 가신 님아

- 「歸蜀道」전문

오세영이 지적하였듯이 이 시에는 '귀촉도'에 얽힌 설화[41]가 수용되어 있다. 시인이 덧붙인 각주[42]에서처럼 귀촉도는 소쩍새, 자규(子規)라고도 불리는데, 귀촉도에 얽힌 설화는 중국의 것이지만 우리 조상 때부터 오래 전해 온 설화라 하겠다. 잘 알려진 바대로 이 시는 이승을 하직하고 저승으로 떠난 님의 한과, 님을 떠나보내고 남은 화자의 슬픔과 한을 노래하고 있다. 본고가 주목하는 점은 이 시가 「부활」의 변주이며, 「벽」의 문제의식을 심화하여 보여주고 있다는 점이다.

「부활」에서 시인은 '臾那'의 죽음으로 인해 겪는 단절과 상실감을 표현하고 있다. 그것은 '매만저 볼 머릿카락 하나 없'이 '비만 자꾸오

---

41) 중국 주나라 말기 촉나라에 망제라는 제호를 가진 '두우(杜宇)'라는 왕이 있었다. 어느 날 그는 강가에 나갔다가 떠내려오는 시신을 보고 건져내었는데 그 시신이 살아나 자신은 '별령(鱉靈)'이라는 사람이라고 밝혔다. 망제는 그를 하늘이 보내준 사람이라 여기고 가까이하였는데 별령은 음흉한 자라, 오히려 대신들을 매수하여 망제를 쫓아내고 자신이 왕이 되었다. 망제는 그 원한과 울분을 삭이지 못하고 죽었는데 그 후 대궐이 보이는 서산에는 밤마다 두견새가 한 마리 날아와 슬피 울었으므로 촉나라 사람들은 이 새를 망제의 넋이 환생한 것이라 여기고 이를 '귀촉도' 혹은 두견(杜鵑), 불여귀(不如歸), 망제혼(望帝魂)이라 불렀다는 것이다. 귀촉도란 촉나라로 돌아가고 싶다는 뜻이요, 두견이란 두우에서 나온 이름이요, 불여귀란 돌아갈 수 없다는 뜻이요, 망제혼이란 망제의 죽은 혼이라는 뜻이니 이 모두는 두우의 이야기에 관련된 것들이다(오세영, 「귀촉도」, 『한국 현대시 분석적 읽기』, 고려대출판부, 1998.).

42) "귀촉도는, 행용 우리들이 두견이라고도 하고 솟작새라고도 하고 접동새라고도 하고 자규(子規)라고도 하는 새가, 귀촉도……귀촉도…… 그런 발음(發音)으로서 우는 것이라고 지하(地下)에 도라간 우리들의 조상의 때부터 들어온 데서 생긴 말슴이니라"(서정주, 「귀촉도」, 『미당 시전집』1, 민음사, 2004, p. 76.).

고’ 있다는 상실감과 ‘돌문’을 열고 ‘강(江)물 몇천리’를 가도 찾을 수
없는 ‘어려운 주소’의 단절감으로 나타난다. 「귀촉도」는 짝사랑의 여
인과의 ‘단절’과 그 여인에 대한 ‘미련’이라는 「부활」의 모티프를 그
대로 가져오되, ‘님’ 역시 무척 슬퍼하고 있다고 상황을 조금 바꾸어
놓고 있다. 님이 저승길을 잘 가도록 자신의 머리털로 엮어 신을 삼
아주지 못한 것에 대한 화자의 한(恨)은 ‘매만저 볼 머리카락 하나
없’어 비통했던 자아의 마음을 보상하기 위한 치환이다. 님과 동일시
된 ‘귀촉도의 울음’은 ‘파촉의 우름 소리(「엽서」)’와 같은 것인데, 후
자가 시인의 미련을 의미했다면, 이 시에서 ‘귀촉도의 울음’은 그대로
님의 슬픔을 의미한다. ‘님’도 나와 마찬가지로 이별을 한스러워하고
슬퍼하고 있다고 상황을 바꾸어 놓음으로써 화자는 자신의 슬픔을 억
압할 필요가 없어진다. 시적 자아는 단절의 슬픔을 마음껏 토해내고,
그 슬픔의 궁극을 통해 오히려 단절을 극복하려는 힘으로서의 ‘사랑’
을 발견한다.

　　서정주의 ‘사랑’은 그가 김소월의 시에서 발견한 ‘사랑’과 깊이 연
관되어 있다. 서정주는 김소월론[43]에서 소월 시에 나타난 ‘사랑’의 의
미를 ‘저승’까지 뻗치는 힘이며, 영원이며[44], 종교화된 경지[45]라고 지
적하였다. 그리고 ‘깨달음의 경지’ 혹은 ‘자연과 신비적 합일’을 하는
경지에는 누구나 애인을 버리고 홀로 가는 것인데 소월만은 희한한
경지에까지 ‘애인과 동반’하고 있다고 하였다. 서정주는 ‘애인’이란
말을 ‘육신’[46]과 동의어로 사용하고 있는데 이는 ‘인간적 욕망과 삶’

---

43) 서정주, 「김소월과 그의 시(詩)」, 『서정주문학전집』2.
44) 서정주, 위의 글, p. 144.
45) 그러나 미당은 소월이 사랑을 종교적 항구성의 세계로 만들고 있다고 보면서도 그 사랑
　　으로서 도달한 종교적 성격이 神과 자기를 동등한 가치로 보지 않고 신을 자신보다 높
　　은 것으로 보았다고 지적한다(서정주, 위의 글, p. 178-179.).
46) 서정주, 위의 글, pp. 146-148.

을 의미한다. 요컨대 서정주는 소월의 '사랑'의 핵심을 '종교적 항구성의 세계'이며, 그것에 도달하기 위해 '애인-육신'으로 상징되는 인간적 면모를 버리지 않는 것으로 보고 있다.

「귀촉도」에는 김소월의 영향이 짙게 배어 있다. 제1연의 '진달래 꽃비를 밟고 가신 님'에서는 「진달래꽃」을 쉽게 떠올릴 수 있으며, 제3연에는 「초혼」의 '부르다 내가 죽을 이름이어'와 같은 '정한'이 담겨 있다. 시인은 소외감과 유폐감을 주는 님으로부터의 '단절'을 어쩔 수 없는 단절을 사이에 둔 님의 '사랑'으로 바꾸어 놓는다. '님-귀촉도'의 울음은, 표층적으로 볼 때 님에 대한 나의 사랑을 불러일으킨다는 점에서, 심층적으로 볼 때 님에 대한 나의 사랑을 역치해 놓은 것이라는 점에서 화자의 울음이기도 하다. 그리고 이 '초혼'과도 같은 울음은 단절을 깨치고 저승까지 뻗치는 힘으로서의 '소월적 사랑'을 보여주고 있다. 단절을 소외로 느끼고 고통스러워하기 보다는 그것을 인정하고 극복하려고 하는 근본적인 사유 태도의 전환이 일어나고 있는 것이다. '우리들의 사랑을 위하여서는 이별이, 이별이 있어야 하네 (「牽牛의 노래」)'라는 구절은 어쩔 수 없이 존재하는 '단절'을 인정하고, 오히려 그것을 단절을 깨뜨리는 힘인 '사랑'을 위한 전제로 긍정하는 태도를 보여준다.

또 한 가지 주목할 것은 '님'이 밟으신 길이 '서역 삼만리'라는 점에서 불교적 상상력이 결합되고 있다는 것이다. '서역'이란 서쪽 지역이란 뜻이지만 부처님이 태어나고 불교가 전파되어온 곳이 서쪽에 있다는 의미에서 '부처님이 계신 곳'이라는 의미로 사용된다. '서방정토(西方淨土)'라고도 불리는 서역은 '번뇌와 윤회로부터 벗어나 법락이 무한한 곳'이라는 의미를 가지고 있다. 또한 '진달래 꽃비'에서 '꽃비' 역시 불교적 상상력에서 상서롭고 아름다운 세계를 의미한다.[47] 그러

므로 '꽃비'를 밟으며 '서역 삼만리'로 떠난 '님'에 대한 정한과 사랑
은 불교적 초월에의 의지라는 의미를 갖는다.

'사랑'과 불교적 상상력의 결합은 「석굴암관세음(石窟庵觀世音)의
노래」에서도 나타난다. 시적 자아는 석굴관세음상인데 그는 '싸늘한
바위ㅅ속에' 갇혀있지만 '날이 날마닥 드리쉬고 내쉬이는 푸른 숨ㅅ
결'을 통해 유폐감에서 벗어나 있다. 석굴관세음이 호흡하는 '푸른 숨
결'은 '사랑'의 한 형식인 '그리움'을 의미한다. 화자는 '釋迦' 곁에
서서 '그리움'을 숨쉬는 것을 통해 단절을 넘어서는 '사랑'을 갖는 것
이다. 불교적 상상력을 도입함으로써 시인은 '실연'과 '사랑'의 문제
를 '인간 존재의 유한성'과 '초월'이라는 존재론적인 문제로 바꾸어
놓고 있다. 이런 변화는 오세영이 지적하였듯이 주로 '설화의 도입'을
통해 단계적으로 이루어진다. 설화의 시적 수용은 시인의 개인적인
경험과 정서를 대상화함으로써 시인이 미학적 거리를 가질 수 있게
한다. 자신의 육체로 '육화'된 대상과 거리를 확보하지 못하기에 몸부
림을 칠 수밖에 없었던 시인은 이제 설화에 자신을 투사하거나 설화
를 변형하여 자신의 의도에 동화[48]시킴으로써, 자유롭게 미적 변주를
이루고 있다. 서정주의 설화 수용은 이상이 '거울'로 자신을 대상화시
킴으로써 그것을 유희의 대상으로 삼을 수 있었던 것과 비슷한 역할
을 하고 있다.

47) 오세영, 「귀촉도」, 앞의 책.
48) 설화를 시에 수용하기 위해서는 시적 주체의 시적 상황과 그것 간의 동일성이 확보되어
   야 한다. 여기에는 서정시의 원리 가운데 하나인 동일화의 원리를 적용할 수 있다. 이
   때 동일성은 시인에 의해 포착되는 것인데, 시인은 의식적으로 동일성을 확보하기 위해
   동화(assimilation)와 투사(projection)의 방법을 사용한다. 동화는 대상을 자아의 욕망, 가
   치관, 감정에 적합한 것으로 만들어 동일성을 확보하는 것이며, 투사는 자아를 대상에
   투사하는 것, 곧 감정이입하여 일체감을 이루도록 하는 것이다. 설화를 적절히 변형하
   여 수용하는 것이 동화라면, 설화 자체에 감정을 이입하는 것은 투사라고 하겠다. 서정
   주는 동화와 투사를 모두 적절히 이용하면서 설화의 시적 수용을 성공적으로 이루고
   있다. 동화와 투사에 대해서는 김준오의 『시론』(삼지원, 2004, pp. 39-42 참조.).

西으로 가는 달 같이는
나는 아무래도 갈수가 없다.

바람이 波濤를 밀어 올리듯이
그렇게 나를 밀어 올려다오
香丹아.

— 「鞦韆詞-春香의 말 壹」

춘향 연작들[49]은 '사랑'의 주제를 가진 가장 대표적인 고전소설 춘향전에서 모티프를 가져오고 있다. 이 시들 역시 '사랑'의 문제를 불교적 상상력과 결합함으로써 존재의 유한성과 초월의 문제를 다루고 있다. 달라진 것이 있다면 '사랑' 주제의 설화를 수용하면서 오히려 사랑의 경험과 정서가 상당히 희석되고 종교적 철학적 의미가 강화된 점이다. 이는 시인이 '님'과의 단절을 인정함으로써 단절을 극복할 수 있었듯이, 사랑을 인정함으로써 사랑의 상처를 극복하고 다른 차원으로 넘어가고 있음을 보여준다.

「추천사」에서 화자는 '그네'를 통해 지상으로부터 상승하여 하늘에 도달하려 한다. 지상적 삶의 유한함을 초월하려는 화자는 '서(西)으로 가는 달 같이는 나는 아무래도 갈수가 없'다고 좌절한다. '서(西)'란 서역(西域), 즉 서방정토(西方淨土)를 의미함은 물론이며, 지상적 삶의 유한함에서 해방된 존재 즉, 달과 같은 천상적 존재들이 가는 곳이다. 천상을 동경하게 하지만 매번 지상으로 돌아오는 '그네'는 윤회의 상징[50] 이다. 윤회는 해탈의 기회를 제공하며 끝없이 반복되는 것

---

49) 춘향 연작들은 1947년-1948년에 발표되었지만 『귀촉도』(1948)에는 누락되었다가 『서정주시선』(1956)에 수록되었다.
50) 윤호진, 『무아·윤회 문제의 연구』, 민족사, 1996, pp. 17-18.

Ⅱ. 현대적 주체의 자아인식과 극복의 모색 83

이다. 기존 논의들은 '그네'의 상징의 강렬함을 '서으로 가는 달 같이
는 나는 아무래도 갈수가 없다'는 진술과 결부시켜 시적 자아가 인간
의 존재론적 한계를 인식하고 있다거나 체념하고 있다고 해석하고 있
다. 그러나 본고는 기존 논의들이 누락시켜온 이 시의 마지막 연에
시인의 의도가 집약되어 있다고 본다. 이 시의 마지막 연은 '나'의 한
계에도 불구하고 '바람이 파도를 밀어 올리듯이' 끝없이 스스로를 밀
어 올리며 천상을 지향하겠다는 다짐이기 때문이다. 이는 바로 '애인-
육신'을 버리지 않고 동반하여 희한한 경지에까지 가는 소월적 '사랑-
영원'의 추구이다. 이 '사랑'은 '천길 땅밑을 검은 물로 흐르거나 도
솔천의 하늘을 구름으로 날드래도(「춘향유문」)' 그 공간적 단절과 존
재의 변이를 무화하고 그것을 도련님의 '곁'으로 만드는 힘이다.

시인은 자아의 긍정과 '사랑'의 추구를 통해 '영원성'의 추구로 나
아가고 있다. 시인의 영원성 추구는 불교적 상상력을 도입하면서 인
간적 유한함을 넘어서는 초월을 지향하게 된다. 초월을 지향하지만
인간적 한계를 괄호쳐내지 않는다는 점에서 서정주의 사랑은 니체의
초인의 개념에 가깝다.

3. 유기체론적 자연관과 낭만적 아이러니

시적 주체는 단절감과 유폐감에서 탈출하기 위해 에로티시즘을 추
구했었다. 에로티시즘으로 '벽'을 돌파하려는 시도는 그 '벽'이 자아
의 존재에 융합된 '육벽'이라는 점에서 몸부림이 되는데, 결국 자아를
손상시키고 더 깊은 단절감에 빠지게 되는 결과를 초래한다. 이에 시
적 주체는 자아를 신의 이미지로 확장시킴으로써 자아의 회복을 모색

한다. 그러나 자아의 확장은 손상된 자아를 회복하게는 하였지만 더 광막해진 유폐감을 느끼게 할 뿐 그것을 열고 나갈 '문'을 찾는 방법이 되지 못한다.

새로운 모색은 '사랑'을 주제로 하는 설화의 시적 수용을 통해 이루어지는데, 거기서 그는 단절을 인정하면서 그것을 넘어서는 힘으로서 '사랑'을 추구한다. 이는 설화의 시적 수용을 통해 확보된 미적 거리에 의해 자아의 현실을 왜곡 변형함으로써 이루어진다. 그리고 이 시기 설화의 시적 수용과 더불어 눈에 띄는 것은 불교적 상상력의 도입이다. 이를 통해 자아의 유폐감과 탈출의지는 종교적·철학적의미를 획득하며 풍부해지고 상승된다. 그러나 이런 시적 작업의 깊이가 더해가는 것은 그만큼 자아가 느끼는 현실의 유폐감의 무게가 무거움을 반증한다고 볼 수 있다.

(1-숫자 인용자)

아조 할수없이 되면 고향을 생각한다.

이제는 다시 도라올수없는 옛날의 모습들. 안개와같이 스러진것들의 形象을 불러 이르킨다.

귀ㅅ가에 와서 아스라히 속삭이고는, 스처가는 소리들. 머언 유명(幽明)에서처럼 그소리는 들려오는것이나, 한마디도 그뜻을 알수는없다.

다만 느끼는건 너이들의 숨ㅅ소리. 少女여, 어디에들 安在하는지. 너이들의 呼吸의 훈짐으로써 다시금 도라오는 내靑春을 느낄따름인것이다.

소녀여 뭐라고 내게 말하였든것인가?

오히려 처음과같은 하눌우에선 한 마리의 종다리가 가느다

란 피ㅅ줄을 그리며 구름에 무처 흐를뿐, 오늘도 굳이 다친 내
前程의石門앞에서 마음대로는 處理할 수 없는 내 生命의歡喜를
이해할따름인것이다.

*(2)

섭섭이와 서운니와 푸접이와 순녜라하는 네名의少女의뒤를
따러서, 午後의山그리메가 밟히우는 보리밭새이 언덕길우에 나
는 서서 있었다. 붉고 푸르고, 흰, 傳說속의 네개의바다와같이
네少女는 네빛갈의 저고리를 입고 있었다.

하늘우에선 아득한 고동소리. ……순녜가 아르켜준 上帝님의
고동소리. ……네名의少女는 제마닥 한개ㅅ식의 바구니를 들고
허리를 굽흐리고, 차라리 무슨 나물을 찾는것이 아니라 절을하
고 있는것이었다. 씬나물이나 머슴둘레, 그런것을 찾는것이아니
라 머언 머언 고동소리에 귀를 기우리고 있는것이었다. 後悔와
같은 表情으로 머리를 숙으리고 있는 것이었다.

그러나 나에게는 잡히지아니하는것이었다. 발자취소리를 아
조 숨기고 가도, 나에게는 붓잡히지아니하는것이었다.

淡淡히도 오래가는 내음새를 풍기우며, 머슴둘레 꽃포기가
발길에 채일뿐, 쌍긋한 찔레 덤풀이 앞을 가리울뿐 나보단은 더
빨리 다라나는것이었다. 나의 부르는 소리가 크면 클스록 더멀
리 더멀리 다라나는것이었다.

여긴 오지 마……여긴 오지 마……

애살포오시 웃음 지우며, 水流와같이 네개의 水流와같이 차
라리 흘러가는것이었다.

한줄기의 追憶과 치여든 나의 두손, 역시 하눌에는 종다리새
한 마리, -이런것만 남기고는 조용히 흘러가며 속삭이는것이었
다. 여긴 오지 마……여긴 오지 마…….

*(3)

少女여. 내가 가는날은 도라 오련가. 내가 아조 가는날은 도
라 오련가 막달라의 마리아처럼 두눈에는 반가운 눈물로 어리
여서, 머리털로 내 손끝을 스치이련가.

*(4)

그러나 내가 가시에 찔려 앞어헐때는, 네名의少女는 내곁에
와 서는 것이었다. 내가 찔레ㅅ가시나 새금팔에 베혀 앞어헐때
는, 어머니와같은 손까락으로 나를 나시우러 오는 것이었다.

손까락 끝에 나의 어린 피ㅅ방울을 적시우며, 한名의少女가
걱정을 하면 세名의少女도 걱정을허며, 그 노오란 꽃송이로 문
지르고는, 하연 꽃송이로 문지르고는, 빠앍안 꽃송이로 문지르
고는 하든 나의傷처기는 어찌면 그리도 잘 낫는것이였든가.

정해 정해 정도령아
원이 왔다 門열어라.
붉은꽃을 문지르면
붉은피가 도라오고.
푸른꽃을 문지르면
푸른숨이 도라오고.

*(5)

少女여. 비가 개인날은 하늘이 왜 이리도 푸른가. 어데서 쉬
는 숨ㅅ소리기에 이리도 똑똑히 들리이는가.

무슨 꽃으로 문지르는 가슴이기에 나는 이리도 살고싶은가.

*(6)

멫포기의 씨커운 멈둘레꽃이 피여있는 낭떠러지 아래 풀밭
에서서, 나는 단하나의 精靈이되야 내少女들을 불러 이르킨다.

그들은 역시 나를 지키고 있었든것이다. 내속에 네리는 비가

개이기만, 다시 그 언덕길우에 도라오기만, 어서 病이 낫기만을,
그옛날의 보리밭길 우에서 언제나 언제나 기대리고 있었든 것
이다.

*(7)

내가 아조 가는날은 도라 오련가?

- 「무슨꽃으로 문지르는
가슴이기에 나는 이리도 살고 싶은가」 전문

다소 긴 인용이지만 이 시는 지금까지 서정주의 시적 작업을 정리
하고 새로운 세계로 나아가는 과정을 적나라하게 드러내고 있다는 점
에서 살펴볼 필요가 있다. 이 시는 전체 7개의 부분으로 구성되어 있
는데, 이는 차례로 현실-회상-현실-회상-현실-환상-현실의 형식을 취하
고 있다.

'아조 할수없이 되면 고향을 생각한다'는 것은 지금까지의 시도들
이 모두 실패했으며 마지막 방법으로 '고향'을 찾고 있음을 드러내고
있다. '이제는 다시 도라올수없는' 것이라는 말에서 고향은 태어난 장
소를 의미하는 것이 아니라 고향에서 보냈던 '유년시절'을 의미함을
알 수 있다. 다시 돌아올 수 없는 '유년시절'을 불러일으키려는 것은,
단절을 인정하면서 그것을 초월하려 했던 '사랑'의 추구와 비슷하다.
그렇다면 시인은 왜 '사랑'의 추구를 실패로 생각하고 있는 것이며,
또 그것과 '고향을 생각'하는 것의 차이는 무엇일까.

단절을 넘어서는 '사랑'의 추구에도 불구하고 결국 '아조 할수없이'
되었다고 고백하는 이유는 이 '사랑'이 애초에 현실에 부재하는 것이
었다는 점에서 찾을 수 있다. '저승까지 뻗치는 힘'으로서의 사랑은 현
실에서 '님'과 이루었던 사랑이 님의 죽음 이후에도 소멸되지 않고 연

장됨을 의미한다. 하지만 서정주의 '사랑'은 현실에 존재하지 않는 것이었으며, 다만 현실의 왜곡과 변형을 통해 시 속에서 창조된 것이다. 그것은 스스로를 위로하기 위한 하나의 방편이었지만 시인 자신이 그 허구성을 누구보다 잘 안다는 점에서 그것의 힘을 믿을 수 없다. 앞 절에서 '사랑'의 추구가 불교적 상상력과 결합되면서 존재의 유한성을 초월하려는 의지로 전이되고 있음을 살펴보았는데, 결국 그것이 현실 적으로 불가능함을 토로하고 있다고 하겠다. 그래서 그는 '고향을 생 각'한다. 단절된 '고향-유년시절'을 '생각'하는 것은 단절을 인정하면서 그것을 초월하려는 방법이라는 점에서 시적 주체가 추구했던 '사랑'과 같은 것이다. 그러나 '님과의 사랑'이 허구인 반면, '고향-유년시절'은 현실에 분명히 존재했던 것이라는 차별성이 있다.

시적 자아는 회상을 통해 소녀들의 '숨ㅅ소리'를 느끼고 그 '호흡의 훈짐(훈김-인용자)'으로 인해 다시 '靑春'이 돌아옴을 실감한다. 그러나 그는 소녀들의 소리는 들으면서도 한 마디도 그 뜻을 알아들을 수 없음에 다시 한 번 '前程의石門'을 느낀다. 소녀들의 소리는 '유년시절'로 들어가는 길이자 벽인 '문'이다. 그러나 '문'이 열리지 않고 있기에 화자는 '생명의 환희'를 마음대로 느낄 수 없다는 것만을 '이해할 따름'이다. 화자는 (2)에서 회상에 침잠하여 소녀들이 하는 말이 무엇인지를 알아내려 한다.

회상 속에서 소녀들은 '傳說속의 네 개의바다와같이 네少女는 네 빛갈의 저고리를 입'고 있는 것으로 나타난다. 서정주 시에서 '옷'이 미지가 존재를 의미함은 앞에서 살펴본 바와 같다. 그러므로 바다와 같은 빛깔의 저고리를 입은 소녀들은 바다와 동일시된다. '길은 恒時 어데나 있고, 길은 결국 아무데도 없(「바다」)'는, 길이면서 동시에 벽인 '문'의 이미지인 바다가 '소녀'의 이미지에 겹쳐지고 있는 것이다.

화자는 '바다-문-소녀'가 하는 말이 무엇인지 알아내기 위해 회상에 잠긴다. 소녀가 하는 말을 알아듣는다면 고향-유년시절로 돌아가는 '문'이 열릴 것이기 때문이다.

시적 자아는 어린 시절 '순네'가 하늘 위에서 나는 上帝님의 고동 소리를 듣는 법을 가르쳐 주었다고 회상한다. 이는 현실에서 소녀들의 소리를 들을 수 있는 화자의 능력이 어린 시절 순네에게 배운 것임을 암시한다. 소녀들은 초월적 존재의 소리를 들을 수 있는 신비적 합일의 세계와 현실의 세계를 모두 사는 존재들이다. 어린 시절의 화자에게 바구니를 들고 허리를 구부리고 있는 소녀들은 나물을 캐고 있는 것이 아니라, 하늘에서 들리는 고동소리에 귀를 기울이며 절을 하는 모습으로 비춰진다. 소녀들은 종교적 의례에 참가하고 있는 신화 속의 정녀나 전설 속의 선녀들처럼 묘사되는 것이다.

현실을 살면서 초월을 동시에 사는 것으로 묘사되는 소녀들은 '문'을 자유로이 여닫는 존재들이다. 그러나 이런 소녀들은 '나에게는 잡히지아니하는' 것으로 나타난다. '애살포오시 웃음 지우며 水流와같이' 흘러가며 '다라나는' 소녀들은 『화사집』의 뱀의 이미지를 연상시킨다. 그러나 시적 주체는 『화사집』과 달리 시적 자아를 '어린아이'로, '스믈난 색시'였던 '순네'를 '소녀'로 바꾸어 놓음으로써 자아와 순네의 관계에서 '성(性)'을 박탈하고 있다.[51] 이런 탈성화(脫性化)는 '몰약 사향의 아찔한' 향기가 가득한 '뒤안'을 '담담(淡淡)히도 오래가는 내음새'가 나는 '언덕길 우'로 바꾸는 것으로도 나타난다.

시적 자아는 회상에의 몰입을 통해 문을 자유로이 여닫으며 현실과

---

51) 이는 이상(李箱)의 「날개」에서 주인공 '나'가 유아적 존재로 묘사되거나, 「단발」에서 연애의 대상인 여자를 '소녀'로 지칭함으로써 탈성화(脫性化)하는 것과 비슷하다. 이상 소설에서 '소녀'와 탈성화의 문제에 대해서는 차미령의 논문 참조(차미령, 「「단발」에 나타난 '연애'의 문제」, 『이상 문학연구의 새로운 지평』, pp. 316-330.).

초월을 함께 사는 존재들인 소녀들의 모습을 기억해 낸다. 회상 부분
에서는 시적 자아가 어린이 화자로 처리되어 있기 때문에 동화적·
환상적으로 처리된 부분이 있지만, 그것은 시적 자아의 어린 시절의
기억이라는 점에서 확신할 수 있는 것이다. 화자는 드디어 소녀들이
하는 말소리의 의미를 이해하게 되는데 그것은 다름 아닌 '여긴 오
지 마'라는 거부의 음성이다. '여긴 오지 마'라는 소리와 함께 화자
는 회상에서 현실로 돌아온다. (3)에는 소녀와의 단절감을 극복함으
로써 현실과 초월을 함께 사는 소녀들과 동화되려했던 화자의 좌절
과 슬픔이 나타난다. 소녀에게 가닿는 방법이 현실에는 없음을, '죽
음'만이 삶을 초월하는 길임을 기독교신화의 모티프를 사용하여 이야
기하고 있다.

회상 속에서도 잡을 수 없었던 소녀들과의 단절감은 또 다른 회상
인 (4)에서 반전된다. 시적 자아를 거부하며 달아났던 소녀들은, 그러
나 어린 자아가 상처를 입었을 때면 찾아와 상처를 낫게 해주었던 것
이다. 이 때 소녀들은 '어머니와같은 손까락'으로 나타나는데 이들은
상처를 낫게 해주는 치유의 힘을 가진 특별한 존재로 묘사된다. 그
힘은 두 가지로 나타나는데 하나는 '꽃'송이의 힘이며 다른 하나는
주문과도 같은 '노래(주술요)'의 힘이다. 생명을 상징하는 꽃송이를 상
처에 문지르며 꽃의 성질이 '전이'되기를 기원하는 주술요는 '전염주
술'이며, 정도령을 되살려낸 원이설화의 노래를 부르며 그것을 따라
실제로 꽃을 문지르는 행위는 '모방주술'52)이라 할 수 있다. 이 주술

---

52) 프레이저는 주술을 "사물이 어떤 신비스런 공감에 의해서, 그러니까 일종의 불가시의
   에테르처럼 보여지는 사물을 매개로 하여, 하나의 사물에서 다른 것으로 전이되는 충동
   에 의해서, 상호작용을 일으키는 것"이라 정의한다. 주술은 모방주술과 전염주술로 나
   뉜다. 모방주술은 '유사는 유사를 낳는다, 유사한 원인은 유사한 결과를 낳는다'는 유사
   의 법칙이 적용되는 주술이며, 전염주술은 '한번 접촉했던 사물은 물리적인 접촉이 사
   라져도 상호작용한다'는 접촉 혹은 전염의 원리가 적용되는 주술이다(J. G. Frazer, 『황

요는 '문'과 '꽃'과 '피'와 '숨', 그리고 '사랑'과 '존재의 초월'이라는 서정주 초기시의 핵심적인 상상력의 원형을 모두 담고 있다.

소녀들에게 상처를 치료받았던 기억을 회상해낸 시적 자아는 현실의 상처를 치료하기 위해 소녀들을 현실로 끌어오려 한다. 그는 소녀들의 숨소리가 전보다 똑똑히 들린다면서 '무슨 꽃으로 문지르는 가슴이기에 나는 이리도 살고싶은가'라고 말한다. 이는 시적 자아가 자신의 상황을 죽음의 상태와도 같은 것으로 인식하고 있음과 그것으로부터의 탈출이 절실함을 드러내고 있다. (6)에서 시적 자아는 소녀들을 불러일으키는데 성공하지만 '내가 아조 가는날은 도라 오련가?'로 끝나는 시의 마지막은 (6)의 부분이 '환상'이었음을 암시한다. 결국 시적 자아는 소녀들을 회상해내는 데 성공하지만 그들을 현실로 끌어오는 일에는 실패하고 있다.

「무슨꽃으로 문지르는 가슴이기에 나는 이리도 살고 싶은가」는 서정주가 상상적인 차원이 아니라 현실적인 차원에서 존재의 유한성을 극복하려는 의지를 가지고 있음을 드러내고 있다는 점에서 중요하다. 그리고 그 방법으로 그가 택한 것이 현실적인 삶과 존재를 초월한 삶을 동시에 살았던 대상을 찾아내고, 그것을 자신의 현실로 끌어오려는 것이라는 점도 주목해야 한다. 이런 작업들은 중기시에서 집중적으로 이루어지는데 이 시는 그런 작업들의 시초로 볼 수 있다. 그리고 시인이 실제로 존재를 초월한 삶을 살았다고 지목한 소녀들이 자연의 소리를 들을 수 있고, 그 힘을 느끼며 이용할 줄 아는 존재들이라는 점도 중요하다. 존재의 유한성을 여는 '문'은 이제 '자연'으로 열림을 추구한다.

금가지』, 을유문화사, 1983, p. 43.).

한송이의 국화꽃을 피우기위해
봄부터 솥작새는
그렇게 울었나보다

한송이의 국화꽃을 피우기위해
천둥은 먹구름속에서
또 그렇게 울었나보다

그립고 아쉬움에 가슴 조이든
머언 먼 젊음의 뒤안길에서
인제는 돌아와 거울앞에 선
내 누님같이 생긴 꽃이여

노오란 네 꽃닢이 필라고
간밤엔 무서리가 저리 네리고
내게는 잠도 오지 않았나보다

- 「菊花옆에서」 전문53)

「국화옆에서」는 시인의 자기성찰이 잘 드러난 시다. 1·2·4연에서 반복되는 '~었나보다'는 종결어미는 각 연의 내용이 시적 자아가 과거에 대해서 느끼는 깨달음에 대한 것임을 나타낸다. 시인에게 '솥작새'는 젊은 날 짝사랑했던 '서울여자'와 '보들레르'(「수대동시」)적 삶으로 체험된 근대성을 의미하는 개인적 상징이다. 치명적이면서도 매혹적인 '화사'의 이미지로도 나타났던, 시적 자아가 젊은 날 사랑했던 그것들은 시적 자아에게 분열감과 유폐감을 주었다. 그것을 사랑하는 일이 자아를 '사형집행'하는 행위가 되어 심각하게 자아를 훼손

---

53) 「국화옆에서」는 1947년 11월 9일 ≪경향신문≫에 발표되었지만, 『귀촉도』(1948)에서 누락되었다가 『서정주시선』(1956)에 수록된다.

하는 수준에 이르자, 시적 주체는 '인제 죽거든 저승에서나' 이야기하
자면서 단호히 자신의 짝사랑을 정리한다. 그러나 자꾸만 들려오던
'파촉의 우름소리(「엽서」)'는 그것을 잊는 일이 쉽지 않음을 드러내고
있다. 이런 맥락에서 '봄부터 솥작새가 울었'다는 것은 솥작새로 상징
되는 근대성에의 매혹을 단호히 거부하기로 했으나 그것이 쉽지 않았
음을 의미한다.

버리기로 했으나 버려지지 않던 마음의 '쳐들어옴'을 의미하는 소
쩍새의 울음소리는 제2연에서 '천둥'의 울음소리를 불러일으키는 원
인이 된다. 시적 주체는 소쩍새가 주었던 유폐감과 분열감을 '먹구름'
으로 보고 있는 것이다. '천둥'의 울음소리는 그것으로부터 벗어나기
위한, 육신과 혼을 다한 자아의 몸부림을 의미한다. 시인은 '솥작새의
울음' 그리고 '천둥과 먹구름'으로 상징되는 젊은 날의 고통과 방황을
부정하기 위해 애써왔다. 그러나 「국화옆에서」에서 이런 울음들은 모
두 '한송이의 국화꽃을 피우기위해' 필요했던 '과정'으로 인정되고 긍
정된다.

과거형 종결어미와 더불어 제3연의 '머언 먼 젊음의 뒤안길에서 인
제는 돌아'왔다는 말로써 화자는 자신의 과거와 충분한 시간적, 심리
적, 미적 거리를 확보하고 있음을 알 수 있다. 그리고 자아를 '거울'
앞에 세우고 과거 세월의 흔적이자 '축적된 과거'인 '현재'를 돌아본
다. 국화꽃은 봄에 꽃망울을 터뜨리는 일반적인 경우와 달리 봄과 여
름을 견딘 후에 피는 꽃이라는 점에서 시인이 발견한 새로운 단계의
꽃이다. 이전의 꽃들이 막연한 '꽃'이거나 붉은 생명력을 상징하는
'진달래꽃' 또는 태양을 상징하는 '해바라기'였던 것에 비하면 '국화
꽃'의 발견은 새로운 존재 지향을 의미한다. 그것은 단순한 꽃이 아
니라 소쩍새의 울음과 천둥의 울음의 결과로 핀 것이다. 국화꽃은 과

거는 사라지는 것이 아니고 쓸모없는 것도 아니며 의미 있는 것으로 가치화됨을 상징한다.

화자는 국화꽃을 '내 누님' 같다고 표현하였으나 '노오란 네 꽃닢이 필라고 내게는 잠도 오지 않았나보다'는 제4연의 내용으로 보아 사실상 그것을 자신과 동일시하고 있음을 알 수 있다. 제3연에서 꽃을 '누님'에 비유한 것은, 오랜 세월 고단하고 한스러운 삶을 견딘 중년 여인의 이미지를 꽃에 결합할 때, 시인이 그리고자 하는 '국화'의 이미지가 극대화되기 때문이라고 볼 수 있다. 또한 그 여인이 '누님'일 경우는 적절한 심리적 거리를 확보함으로써, 대상을 자신과 완전히 동일시할 때 빠질 수 있는 자기연민 등의 감정을 피하면서도 '혈육의 정'이 닿는 거리에서 충분히 안쓰러운 마음과 애정을 드러낼 수 있기 때문이다. '누님'은 시인의 아니마라고 할 수도 있다.

이 시를 통해 시인은 자아를 긍정하는 두 가지 방향을 추구하고 있다. 하나는 유기체론적 세계관이다. 이는 세계를 하나의 살아있는 전체(whole)로 보고, 그 구성물인 부분들을, 각기 살아있으면서 동시에 전체의 의미있는 한 부분으로서 인식하는 것을 의미한다. 이런 유기체론적 세계관에서 볼 때 모든 사물과 사건은 상호간에 영향을 주고받으며 의미있게 존재하는 것이다. 즉, 소쩍새의 울음과 천둥, 무서리가 내리고 꽃이 피는 일들은 낱낱의 무의미한 현상이 아니라 상호 연관되어 잇달아 일어나는 일들이 된다. 다른 한 가지 방향은 유기체론적 세계관을 통해 얻어진 것이라 할 수 있는데, 바로 현재를 과거의 축적으로 보는 것이다. 이런 인식을 통해 자아는 부정하고자 했던 젊은 날의 고통을 긍정하고, 단절을 느낄 수밖에 없었던 유년과 고향(「무슨꽃으로 문지르는 가슴이기에 나는 이리도 살고 싶은가」)과의 연속성을 회복하게 된다. 유년과 고향은 단절되거나 소멸된 것이 아니라 '현재의 자아'

에 축적되어 있다고 보기 때문이다.

「국화옆에서」에는 '유기체론적 세계관'과 그것에서 파생된 '축적된 과거로서의 현재'라는 두 가지 인식이 교직되어 있다. 이런 새로운 깨달음과 세계관은 성찰 매개체인 자연에서 발견하고 습득한 것이다.

꽃밭은 그향기만으로 볼진대 漢江水나 洛東江上流와도같은 隆隆한 흐름이다. 그러나 그 낱낱의 얼골들로 볼진대 우리 조카 딸년들이나 그 조카딸년들의 친구들의 웃음판과도같은 굉장히 질거운 웃음판이다.

세상에 이렇게도 타고난 기쁨을 찬란히 터트리는 몸둥아리 들이 또 어디 있는가. 더구나 서양에서 건네온 배나무의 어떤것 들은 머리나 가슴팩이뿐만이아니라 배와 허리와 다리 발ㅅ굼치 에까지도 이뿐 꽃숭어리들을 달었다. 맵새, 참새, 때까치, 꾀꼬 리, 꾀꼬리새끼들이 조석으로 이많은 기쁨을 대신 읊조리고, 數 十萬마리의 꿀벌들이 왼종일 북치고 소구치고 마짓굿 올리는 소리를허고, 그래도 모자라는놈은 더러 그속에 묻혀 자기도하 는것은 참으로 當然한 일이다.

우리가 이것들을 사랑할려면 어떻게했으면 좋겠는가. 무쳐서 누어있는 못물과같이 저 아래 저것들을 비춰고 누어서, 때로 가 냘푸게도 떨어져네리는 저 어린것들의 꽃닢사귀들을 우리 몸우 에 받어라도 볼것인가. 아니면 머언 山들과 나란히 마조 서서, 이것들의 아침의 油頭粉面과, 한낮의 춤과, 黃昏의 어둠속에 이 것들이 자자들어 돌아오는-아스라한 沈潛이나 지킬것인가.

하여간 이 한나도 서러울것이 없는것들옆에서, 또 이것들을 서러워하는 微物하나도 없는곳에서, 우리는 서뿔리 우리 어린 것들에게 서름같은 걸 가르치지말일이다. 저것들을 祝福하는 때까치의 어느것, 비비새의 어느것, 벌 나비의 어느것, 또는 저 것들의 꽃봉오리와 꽃숭어리의 어느 것에 대체 우리가 행용 나 즉히 서로 주고받는 슬픔이란것이 깃들이어 있단말인가.

이것들의 초밤에의 完全歸巢가 끝난뒤, 어둠이 우리와 우리
어린것들과 山과 냇물을 까마득히 덮을때가 되거던, 우리는 차
라리 우리 어린것들에게 제일 가까운곳의 별을 가르쳐 뵈일일
이요, 제일 오래인 鍾소리를 들릴일이다.

— 「上里果園」 전문

‘꽃’은 『화사집』 시절부터 시인의 지향을 응축해온 핵심적 상징이다.
그것은 시적 자아가 도달하고자 하는 타오르는 생명력의 이미지인
‘진달래꽃’(「벽」)이고, 시적 자아에게 유폐감을 주는 ‘화사’(「화사」)이
며, 좌절했을 때 가슴에 문지르면 다시 살고 싶어지던 ‘꽃’(「무슨꽃으
로 문지르는 가슴이기에 나는 이리도 살고 싶은가」)이기도 하다. 그런
데 이제 자아의 지향은 ‘꽃밭’으로 나타난다. ‘꽃밭’은 ‘누이의 어깨
넘어 누이의 繡틀 속의 꽃밭을 보듯 세상을 보자(「학」)’에서 처음 등
장한 것이다.

근대문명의 말단에서 근대성에 은폐된 부정적 속성을 감지하는 자
아는 현대적 주체의 자아다. 신범순은 생활과 사유의 깊이 침투된 근
대성에 매혹되면서도 그것의 부정적 속성에 대해 거부감을 갖는 산책
가적 시선의 지형도를 그린 바 있다[54]. 그에 따르면 산책가적 시선을
내면화하여 가장 극단적인 분열감을 보여주는 시인은 이상(李箱)이다.
현상의 내부에 은폐된 부정적 속성까지 꿰뚫어 보는 시선이 산책가적
시선이라면, 이상은 근대의 설계도부터 투시하며 조감(鳥瞰)하고 있
다. 그는 거기서 나아가 근대의 조감도를 오감도(烏瞰圖)로 바꿔치기
함으로써 분열감과 유폐감을 주는 세계 안에 존재하기를 거부하고 지
적 유희의 세계로 탈출한다. 이상이 매혹적 속성과 부정적 속성을 가

---

54) 신범순, 『한국현대시사의 매듭과 혼』, 민지사, 1992.

진 근대의 설계도를 투시하는 시선을 가지고 있었다면, 서정주는 그
것이 그 자신의 육체로 육화(肉化)된 상태를 보여준다. '육벽'의 문을
열기 위해 몸부림치던 시인은 세상을 조감하는 '학'이 되어 날아오르
고자 한다. 그리고 그것을 부정하거나 벗어나려 하지 않고 누이의 수
틀 속의 꽃밭을 보듯 바라보는 시선을 확보하고 있는 것이다.

꽃밭은 유기체론적 자연의 이미지이며 세계의 압축이다. 이 세계는
한강수나 낙동강상류와 같은 융융(隆隆)한 향기의 흐름으로 표현되는
데, 낱낱의 꽃이 내뿜는 생명력의 상징인 향기가 어우러져 하나의 거
대한 흐름을 이루고 있다는 표현은 그것이 하나의 전체를 구성하고
있음을 나타내는 유기체적 세계관을 보여준다. 또한 그 낱낱의 꽃들
을 '조카딸년들이나 조카딸년들의 친구들'과도 같다고 보는 것은 세
계를 구성하는 만물을 자신과 친족관계로 생각하는 마이크로코즘
(microcosm)[55]적 사유에 접근하고 있는 것이다.

두 번째 문단에서 시적 자아는 꽃밭을 이루고 있는 낱낱의 개체들
을 살피고 있다. 꽃밭에서 꽃나무들은 타고난 기쁨을 찬란히 터트리
는 몸둥아리-육체 이미지로 나타난다. '온몸'에 꽃숭어리들을 달고 있
는 나무들은 '육벽'을 돌파하고 삶의 기쁨을 터트리는 존재들이다. 그
리고 꽃밭에 깃든 뱁새 참새 때까치 꾀꼬리와 같은 새들이 우는 것은
꽃을 터트리는 나무들의 기쁨을 대신 읊조리는 것으로, 수십만 마리
의 꿀벌들이 일을 하는 것은 잔치를 하고 굿을 하는 소란스러운 축제
의 이미지로 그려진다. 세계를 꽃밭으로 보는 시인에게 세상에서 일
어나는 모든 일은 꽃밭이 상징하는 생명의 기쁨을 축제지내는 일로

---

55) 애니미즘(animism)과 범심론(panpsychism)도 세계를 살아있는 것으로 파악하고 있지만,
마이크로코즘은 세계의 모든 생명체와 사유들이 상호 연합된 친족관계임을 강조한다는
점에서 구분된다. 마이크로코즘은 우주 전체를 지배하는 호흡, 예를 들어 인간과 다른
모든 것들을 연합시키는 영혼과 같은 것이 존재한다는 사유이다.(*The Encyclopedia of
Philosophy*, vol. five, "MACROCOSM AND MICROCOSM", p. 122.).

받아들여진다.

그러나 이 시에서 화자는 이 축제적 자연을 보고 듣고 느낄 수 있지만 그 한 구성원으로 온전히 참여하고 있지 못하다. 화자는 '관찰자'의 입장에서 '우리가 이것들을 사랑할려면 어떻게했으면 좋겠는가', 하고 문제를 제기하고 있다. '우리가' 라는 주어는 꽃밭으로 상징되는 세상이 유기체론적 자연에 화자가 아직 참여하지 못한 채, 다만 발견자 혹은 관찰자의 위치에 있음을 드러낸다.

앞서 시적 주체가 「무슨꽃으로 문지르는 가슴이기에 나는 이리도 살고 싶은가」에서 자연의 소리를 들을 줄 아는 '소녀들-문'을 발견했음을 살펴보았다. 이 '문'은 시적 주체가 '지금은 돌아올 수 없는' 것으로 인식하는 '고향'으로 통하는 문이다. '고향'은 시적 주체의 유년 시절을 의미하는데, 유년 시절 시적 주체는 소녀들처럼 하늘의 상제님의 고동 소리를 들을 수 있었다고 한다. 즉 시적 주체가 그토록 열고자 하는 '문'은 자연의 소리를 들을 수 있는 유기체적인 세계로 가는 문이다. 유기체론적인 자연관을 통해 그는 지금은 단절된 것들을 회복하고 자신을 긍정할 수 있기 때문이다. 소녀들은 상처를 낫게 하는 신비로운 치유력을 가진 것으로 묘사되었는데, 이는 유기체론적인 자연관이 분열된 현대적 주체를 치유할 수 있음을 형상화한 것이다. 화자는 유기체론적 자연관을 통한 총체성을 상실한 자신의 상태를 '죽음'의 상태로 보고 소녀들을 흉내내며 '꽃'을 가슴에 문지른다. 시적 주체는 소녀들을 현실에서 '불러일으킴'으로써 유기체적 자연관을 통해 총체성을 회복하고자 하고 있다. 그러나 화자는 소녀들을 회상할 수 있을 뿐, 현실에서 불러일으키는 일은 불가능함을 '내가 아조 가는날은 도라 오련가?'라는 말로 표현하고 있다.

시적자아가 「상리과원」에서 '꽃밭'으로 상징되는 유기체적 자연-총체성의 세계를 발견하고 관찰하면서도 그것의 일부분으로 참여하지 못하는 것은, 「무슨꽃으로 문지르는 가슴이기에 나는 이리도 살고 싶은가」에서 소녀들을 회상할 뿐 현실로 이끌어오지 못하는 것과 같다. 총체성의 세계에 참여하지 못하고 있음은 「상리과원」의 세 번째 문단에 더욱 분명히 나타난다. 시적 자아는 유기체적 자연을 사랑하기 위해 두 가지 방법을 제시한다. 하나는 못물과 같이 꽃밭의 아래에서 누워서 그것을 비추고 이따금 떨어져 내리는 꽃잎을 몸으로 받아보는 것이다. 이는 자연을 바라보고 그것을 되비추어 재생하는 것으로 플라톤적 이데아 지향과도 같은 것이지만, 이따금 떨어지는 꽃잎을 몸으로 받아본다는 점에서 그것과의 교감이 이루어지고 있음을 알 수 있다. 그런데 떨어지는 꽃을 몸으로 받거나 줍는 행위는 시인에게 시를 쓰는 행위와 같은 것(「나의 시(詩)」)이다. 다시 말해 첫 번째 방법은 자연과 유기체적인 합일을 이룰 수는 없지만 그것을 사랑하고 이따금 교감하며 그것에 대한 시를 쓰는 일을 의미한다. 다른 하나는 먼 산들과 나란히 마주서서 이것들의 아침과 낮과 저녁을 지키는 것이다. 이는 축제적 자연 그것들을 지켜보는 자로서 한 자리 참여하는 것이지만, '머언' 거리를 두고 아스라한 '침잠'이나 묵묵히 지키는 역할이라는 점에서 완전한 참여라 할 수 없다.

시적 자아가 제시한 두 가지 방법 모두 축제적 자연을 지향할 뿐이지 그것에 참여할 수 있는 방법은 아니라는 점에서 한계가 있다. '하여간'이라는 말로 그런 것들에 대한 궁리를 접어놓는 것은 그에게 더 중요하게 느껴지는 일이 있기 때문이다. 더 중요한 일이란 '한나도 서러울것이 없는' 자연의 곁에서 섣불리 우리의 자식들에게 '서름'이나 '슬픔' 같은 것을 가르치지 않는 것이다. 그리하여 '이것들의 초밤에의 완전귀소가 끝난 뒤', 다시 말해 축제가 끝나고 어둠이 까마

득히 세상을 덮을 때가 되더라도 서름이나 슬픔보다는 '제일 가까운 곳'에서 빛나는 '별을 가르쳐' 보여주어야 한다고 말한다.

이 시의 가장 큰 특징은 유기체론적인 자연관을 드러내면서도 그것을 자신의 삶과는 분리된 것으로 인식한다는 점이다. 그리고 '우리는 우리 새끼들을 기를수밖엔 없다(「무등을 보며」)'는 인식의 연장선에서 다음 세대에 대한 생각이 드러나고 있다는 것도 중요하다. 시인은 자아라는 개체성을 넘어서기 위해 '자연'과 '다음 세대'를 생각하고 있다. 그리고 다음세대에게 어쩔 수 없이 닥칠 수밖에 없는 시련을 부정하지 않고 인정한다. 다만 그것에 좌절하거나 몸부림치기보다는 '제일 가까운곳의 별'로 상징되는 가능한 희망을 가지고 살아가야 함을 자연으로부터 '배워야'한다는 것이다.

이 시는 다음세대를 생각하고 있다는 점에서, 그리고 유기체론적 자연으로부터 '공동체'라는 주제를 이끌어 내고 있다는 점에서 주목해야 한다. 수십만 마리의 꿀벌들과 꽃나무들과 온갖 새들로 이루어진 공동체적 자연과 어린 것들로 나타나는 다음 세대는 자아의 개체성을 수평적·수직적으로 연장하는 것이기 때문이다.

이 시가 보여주는 유기체론적 자연의 모습은 그것들의 의미를 아는 '주체'에 의해 발견된 것이다. 그러나 그것을 발견한 '주체'는 그것을 관찰하려고 할 뿐 그것에의 일체감이나 소속감을 느끼지 못한다. 이는 「산하일지초」에서도 반복된다. 산 아래서 쓴 일기의 한 부분이라는 뜻의 이 시의 화자 역시 산과 구름의 어루만짐을 보고 산의 노래소리를 들을 수 있는 능력을 가지고 있지만, 철저히 관찰자의 입장에 국한된 모습을 보여준다. 이는 시적 주체가 유기체론적 자연관을 통해 개체성을 초월한 총체성을 추구하면서도 스스로 한계를 그어놓고 있음을 의미한다. 이는 서정주 초기시의 주체가 현대적 주체이기 때문이다.

　현대적 주체는 낭만적 유기체론을 통해, 근대주의가 세계와 자아, 자연과 자아를 분리함으로써 생겨난 인간소외를 극복하려 한다. 동양적 유기체론이 경험적 현실 내에서 자연합일을 이루고 있는 것과 달리, 낭만주의의 유기체론은 시인의 상상력을 통해서만 합일을 이룰 수 있다. 이미 세계와의 분리를 경험한 주체에게 총체성의 세계는 '현실'이 아닌 '동경'일 뿐이기 때문이다. 그는 총체성에의 합일을 통해 존재의 유한성을 극복하려는 노력을 '바람이 파도를 밀어 올리듯이(「추천사」)' 끝없이 추구하지만 매번 실패할 수밖에 없는 낭만적 아이러니를 가지고 있다.

　서정주는 초기시에서 부정적 근대성을 내면화한 현대적 주체의 자기초월 의지를 탐구하였다. 근대주의가 진행되면서 주체는 근대성이 가진 매혹적 속성과 부정적 속성에 대해 이중적 감정을 갖게 된다. 그리고 그것을 내면화한 존재의 양태에 대한 분열감을 갖게 된다. 그 내면화의 정도가 심화될수록 분열감 역시 심화되는데, 이 지점에서 현대적 주체가 탄생한다. 서정주 초기시의 시적 주체는 이런 지점을 분명히 보여준다. 그는 분열감과 구속감으로부터 벗어나기 위한 모색을 시작하는 것이다. 그는 자아를 구속하는 '벽'을 뚫고 나가기 위해 에로티시즘을 추구한다. 그러나 에로티시즘의 추구가 이 자기비하와 서러움을 초래하자 시인은 그것과 이별을 선언한다. 그리고 훼손된 자아를 회복하기 위한 보상작용으로 자아를 신적 이미지로 확장시키는 작업을 실행한다. 시적 자아의 확장은 자아를 회복하게 하였지만 광막한 유폐감을 직면케 한다.

　그는 설화 수용과 불교적 상상력의 도입을 통해 인간적 한계와 운명을 인정하면서도 그것을 넘어서려는 니체적 초인을 추구한다. 그것은 한 마디로 '사랑'으로 표현되는데, 이는 신비적 합일의 경지까지 육체를 가지고 가려는 김소월적 '사랑'의 영향을 받은 것이다. 니체적 초인의식과 불교적 상상력, 그리고 설화 수용이 뒤섞인 서정주의 '사랑'은 '그네(「추천사」)'라는 상징으로 압축된다. 이 개체성 초월에의 의지를 통한 총체성(wholeness)의 추구는 전쟁체험 이후 유구한 자연, 끊임없이 생사소멸하면서도 영원한 존재인 자연에 대한 탐구로 이어진다. 그리고 거기서 유기체론적 세계관을 발견하는데 주체는 그것과 소통하면서도 분리를 실감하는 낭만적 유기체론을 통한 총체성 추구를 보여준다.

Ⅲ. '과정화로서의 존재'의 발견

1. 허무 극복 의지와 신라정신 탐구

일반적인 생각과 달리 『신라초』(1961)는 신라에 대한 테마시집이 아니며[1], '신라' 탐구 역시 서정주의 특허품이 아니다.[2] 시집의 후기에 밝혀놓았듯이 『신라초』는 '신라에 대한 약간의 모색'인 8편의 시를 포함하여 '근년에 시험삼아 써본 것들'을 모은 모색적·시험적인 시집이다. 『신라초』에는 지금까지 시인이 추구해온 시적 궤적을 되짚고 그 의미를 밝히는 자작시 해설적인 시들이 유독 많다.[3]

---

1) 『신라초』는 38편의 작품들이 1부와 2부로 나뉘어 수록되어 있는데 1부는 신라초라는 장의 제목아래 8편이, 2부에는 고조(5편), 귀촉말(5편), 무제(14편), 인연설화조(6편)라는 4개의 장 제목으로 나뉘어 30편의 작품이 수록되어 있다.

2) '신라'는 우리민족이 통일을 이루어 국력과 문화면에서 최고의 전성기를 맞았던 황금시대라는 점에서 1920년대 최남선부터 시작하여 식민지 말기 전통주의로 이어지고 다시 전후 전통주의자들에 의해서도 신라 바람이라할 탐구가 계속되었다. 전통주의자들의 불교와 신라에 대한 탐구에 대해서는 김옥성의 「한국현대시의 불교적 시학연구」(서울대학교 박사학위논문, 2005.) Ⅱ장 참조.

3) 「사소 두 번째의 편지」, 「무제(p. 163)」, 「한국성사략」, 「여수(旅愁)」 등의 작품은 모두 이런 계열로 볼 수 있다.

千五百年 乃至 一千年 前에는
金剛山에 오르는 젊은이들을 위해
별은, 그 발맡에 내려와서 길을 쓸고 있었다.
그러나 宋學 以後, 그것은 다시 올라가서
추켜든 손보다 더 높은 데 자리하더니,
開化 日本人들이 와서 이 손과 별 사이를 허무로 塗壁해 놓
았다.
그것을 나는 單身으로 側近하여
내 體內의 鑛脈을 通해, 十二指腸까지 이끌어갔으나
거기 끊어진 곳이 있었던가.
오늘 새벽에도 별은 또 거기서 逸脫한다. 逸脫했다가는 또 내
려와 貫流하고, 貫流하다간 또 거기 가서 逸脫한다.
腸을 또 꿰매야겠다.

— 「韓國星史略」 전문

　이 시는 『삼국유사』에 수록된 신라 향가 「혜성가」[4]를 모티프로 삼
고 있지만 금강산이라는 지명은 여러 가지 의미를 담고 있다. 금강은
금강석을 의미하는데 투명하고 단단한 보석인 금강석은 신라 젊은이
들이 얻고자 했던 마음의 한 형태일 것이다. 그리고 금강은 불교에서
대일여래(그 광명이 온 우주를 밝히며 덕성이 해와 같다 하여 비로자
나불을 일컫는 말)의 깨달은 지덕이 굳고 단단하여 모든 번뇌를 깨뜨
릴 수 있음을 의미하는 말이기도 하다. 즉, 천오백년 내지 천년 전에
화랑들이 그 수행을 금강산으로 떠났다는 『삼국유사』의 내용은 실제

---

4) 제5거열랑(居烈郎), 제6실처랑(實處郎), 제7보동랑(寶同郎) 등 삼화(三花)의 무리가 금강
　산으로 유람을 떠나려는데 갑자기 혜성이 심대성(心大星)을 범하였다. 낭도들이 의아하
　게 여겨 산행을 파하였다. 융천사(融天師)가 <혜성가>를 지어 부르니 혜성의 변괴가
　없어지고 때마침 일본병도 제 나라로 돌아갔다. 도리어 복이 되니 대왕이 기뻐하며 낭도
　에게 다시 금강산으로 유람을 떠나도록 하였다.(一然, 『三國遺事』, 「感通」 편 ‘融天師
　彗星歌’조)

금강산으로 신선 수행을 떠났던 것을 지칭할 수도 있지만, 젊은이들이 번뇌를 깨뜨릴 수 있을 만큼 굳고 빛나는 지혜와 덕성을 찾기 위한 수행을 떠났다고 해석할 수도 있는 것이다. 「귀촉도」나 <춘향연작> 등에서 설화의 도입을 통해 미적 거리를 확보하고 새로운 의미를 창출해냈던 것과 마찬가지로 시인은 이 시에서 『삼국유사』의 설화를 수용함으로써, 자신의 젊은 날의 번뇌와 방황과 시적 작업들을 금강산에 오르기 위한 수행으로 바꾸고 있다.

한편 『삼국유사』에 따르면 진평왕대에 화랑 삼천여명의 무리가 수행을 떠나려던 중 심대성(心大星, 심성의 세 개의 별 중 가운데 별)을 혜성이 범하자 화랑들은 이를 일본의 침략으로 인한 나라의 위기로 파악하고 산행을 파한 채 전쟁을 준비하였다. 그러나 융천사가 「혜성가」를 지어 부르자 혜성의 변괴가 없어지고 일본 병사도 돌아가서 화랑들도 다시 산행을 떠났다고 한다. 별자리의 변화를 실제 삶과 연결된 것으로 파악하는 이런 사유와 삶의 형태는 자아와 우주가 분리되기 이전, 즉 근대 이전의 고대적·원시적 사유이며 삶의 형태이다. 이런 사유와 삶의 체계 안에서 별자리의 변화는 실질적인 막강한 힘으로 작용한다. 신라 진평왕대의 사람들은 붉은 줄을 긋는 혜성이 출현하자, 그것을 흉조로 보고 일본병이 침입하여 나라가 망할 것이라고 불안에 떨었으며, 실제로 화랑들은 산행을 멈추고 전쟁준비를 하였던 것이다. 이런 실질적인 준비와 더불어 융천사는 일종의 문화적 대응[5]으로서 주술요를 지어 부르는데 그것이 「혜성가」이다. 융천사는 혜성의 붉은 줄을 긋는 모양에서 그것을 길(道)을 쓸어내는(掃)별, 길쓸별(道尸掃尸星)로 바꾸어 부른다. 흉조인 혜성을 화랑의 길을

---

5) 이도흠, 「역사담론에서 은유의 기능과 진실성에 관한 연구」, ≪기호학연구≫16, 한국기호학회, 2004, pp. 353-358.

쓰는 별로 바꾸어 부름으로써 그 의미를 바꾸어 놓은 것이다. 화랑의 사기를 북돋우고 사람들의 마음을 안심시키자 마침 일본병도 돌아갔고, 때문에 이 주술요는 허황된 것이 아니라 현실에 막강하게 뻗치는 힘이 되었던 것이다.

이 지점에서 시인의 수행과 화랑의 수행의 결정적인 차이가 생긴다. 화랑들은 그들의 삶에 위기가 닥쳤을 때, 주술적 힘을 가진 시를 지어부름으로써 그것을 극복할 수 있었다. 그러나 시인의 경우는 그것이 불가능하다. 그 주술이 힘을 잃었기 때문이다. 그것을 시인은 '별'을 천문학적으로 관찰하는 것과 주술요의 힘으로 발맡에 끌어당겨 길을 쓸게하는 것으로 표현하고 있다. 宋學, 즉 주자학이 사상과 삶을 지배하게 되면서 발맡의 별이 다시 올라갔다는 것은 별을 가까이 느낄 마음의 힘이 희미해졌음을 의미한다. 추켜든 손보다 더 높은 데 자리 했다는 데서 시인은 상실감을 드러내고 있다. 그것은 눈에 보이지만 잡히지 않고 달아나던, 소리는 들리지만 그 뜻을 알아들을 수 없었던 '소녀들의 소리'(「무슨꽃으로 문지르는 가슴이기에 나는 이리도 살고 싶은가」)가 들려오던 하늘을 향해 뻗었던 빈손의 상실감과 같은 것이다. 그리고 개화 일본인들이 와서 이 손과 별 사이를 허무로 도벽해 놓았다는 것은 완전한 단절을 말한다.

개화일본인들에 의해 단행된 근대화의 폭력성과 부정적 속성을 이 시에서 시인은 분명하게 지적하고 있다. 식민주의와 근대주의가 삶과 사유를 지배하는 시대에 태어나 그것의 이중적 속성이 몸으로 육화된 시인은 그것으로부터 벗어나기 위해 자기를 부정해야 하는 '벽'에 부딪쳐야 했었다. 자신이 부정해야 할 것이 자신의 사유와 삶에 불가분으로 혼융된 상태에서, 탈출은 늘 자아를 다치게 하거나, 상상적으로만 겨우 이룰 수 있었던 것이다. 그러나 이 시에서 시인은 '개체성

초월'을 통해 총체성에 도달하기 위해 부정해야 할 것이 무엇이며, 그 원인이 무엇인가를 분명히 지적하고 있다. 그것은 개화 일본인들이 도벽해 놓은 별과 나 사이의 단절을 뚫고 별을 당겨오는 힘을 회복하는 것이다.

시인은 별을 자신의 '體內의 鑛脈을 通해 十二指腸'까지 이끌어 오는데 성공하였다고 한다. 하늘에서 별을 끌어 당겨오는 것을 자신의 몸속으로 이끌어 들어가는 것으로 보는 것은 시인의 몸을 하나의 우주로 생각하는 마이크로코즘적 사유이다. 이는 우주를 자신의 신체와 동일시하는 고대적 사유를 드러낸 것이기도 하지만, 허무로 발라놓은 벽을 뚫고 그 너머에 존재하는 것과 자유로이 소통하는 자아를 확보하기 위해 육신으로 상징되는 인간성을 버리지 않았음을 의미하는 것이기도 하다. 자아가 별이 있는 하늘로 상승하려 하기보다는 별을 체내로 이끌어오려는 것은 신에의 귀의가 아닌 초인을 추구한 지금까지의 시적 궤적을 일컫고 있다.

'체내(體內)의 광맥(鑛脈)'은 「사소 두 번째의 편지 단편」에서 피의 변주로 나타난 바 있다. 그것은 신라의 시조인 박혁거세의 어머니인 사소가 그 아버지에게 쓴 편지의 내용을 시인이 상상적으로 구성한 것이다. 처녀로 잉태한 사소는 산으로 신선 수행을 가게 된다. 이 시는 사소의 아버지가 사소에게 매를 주며 그 매를 따라가다가 그것이 멈추는 곳에서 수행을 하라고 했다는 사소 설화를 차용하고 있다. 시에서 매는 진갈매(짙은 초록-인용자)의 향수의 강물과 같은 이내(嵐)의 밭을 찾아냈다고 한다. 이 향수의 강물과 같은 이내의 밭은 「상리과원」의 꽃향기가 강물처럼 융융한 꽃밭과 같은 것이다. 만물이 서러울 것 없이 생명의 기쁨을 터트리는 '꽃밭'과 같은 '이내의 밭'에서 사소는 대여섯 달을 가꾸어 지내며 수행을 하게 된다. 사소는 아버지

에게 보내는 편지에 '홍싸리의 수풀마냥 피는 서걱이다가 비취의 별
빛 불들을 켜고 요즈막엔 다시 생금의 광맥을 하늘에 폅니다'라고 쓰
고 있다. '피'가, 별빛이 되어 생금의 광맥을 '아버지에게로도, 내 어
린 것 불거내(弗居內)에게로도, 숨은 불거내의 애비에게로도, 또 먼
먼 즈믄 해 뒤에 올 젊은 여인들에게로도' 하늘에 뻗는다는 것이다.

여기서 피와 혈관은 금(金), 그리고 이어짐을 의미하는 '줄' 이미지
와 결합되어 있다. 그것은 매가 찾아낸 이내의 밭에서 신선 수행을
한 결과 '피'가 다스려져 '사랑'으로 거듭났기 때문이다. 신라 신모
(神母)인 사소는 자신의 '사랑'을 아버지와 자신의 어린 것과 그 아비
에게 뿐만 아니라 천 년 뒤에 올 젊은 여인들에게로도 뻗고 있다. 사
소설화를 통해 '피-광맥'의 이미지는 '후손에게로 이어지는 통로'라는
새로운 의미를 획득한다. 피를 통한 전해짐은 혈족에게 유전되는 이
어짐을 의미하기도 하지만, 사소가 '피=별=생금의 광맥'을 하늘에
펼쳤다는 점에서 그것은 오히려 '별=생금의 광맥'을 하늘에서 발견하
여 자신의 혈관에 이끌어 들어갈 수 있는 사람에게 이어지는 '마음의
차원의 이어짐'임을 알 수 있다.

시적 자아는 천년 전 사소가 하늘에 펼쳐놓은 별을 자신의 체내의
광맥으로 이끌어 들어가는 자이다. 십이지장이란 소장의 일부인데 12
마디와 길이가 비슷하다고(25-30cm)해서 붙여진 이름이다. 시인이 굳
이 십이지장이라는 특정한 장기를 택한 것은 그것의 명칭이 주는 길
이감과 그 위치로 말미암아 별을 끌어오는 시적 작업이 상당히 깊이
진행되었음을 적절히 표현할 수 있기 때문이라 판단된다. 그러나 '거
기 끊어진 곳이 있었던가'라는 말은 시인이 예상치 못한 곳에서 문제
가 발생하고 있음을 짐작케 한다. 십이지장 깊숙이 이끌어간 별이 거
기서 일탈한다는 것이다. 관류하다가 일탈하는 별은 완전한 합일이

이루어지지 않고 있음을 의미한다.

별은 시인에게 생금의 광맥을 펼쳤다가는 달아나고 다시 찾아왔다가는 달아나고 있다. '장을 또 꿰매야겠다'에서 '또'는 그간 시인이 별의 일탈을 막기 위해 끊어진 곳을 계속 꿰매고 메워왔음을 드러낸다. 이 시지프스적 반복6)은 「추천사」를 떠올리게 한다. 지상으로 떨어질 수밖에 없는 그네를 탄 인간이 그럼에도 '바람이 파도를 밀어올리듯이' 끝없이 하늘을 지향하겠다는 의지와 '장을 또 꿰매야겠다'는 말은 같은 것이다. 그렇다면 별이 일탈하는 이유는 무엇일까.

시인은 초기시의 여러 작업들을 통해 유기체론적 세계관을 획득함으로써 개체성의 한계를 벗어나는 법을 알게 되었지만, 그것을 경험적 현실로 가져올 수 없다는 점에서 자연의 관찰자, 기록자로 남아 있었다. 이것은 낭만적 유기체론이 갖는 어쩔 수 없는 한계이다. 시인은 개화 일본인들이 근대 이성주의와 계몽주의적 사유방식을 통해 도벽해 놓은 곳에 허무, 즉 텅빈 허공만이 있는 것이 아니라는 것을 깨닫고 그 너머에 빛나고 있는 별들을 발견한다. 그러나 그것을 자신의 체내로 가져오는 일, 즉 자신의 경험적 현실로 가져오는 과정에서 끊어진 부분을 발견한다. 이것은 현대적 주체가 느끼는 낭만적 아이러니에 다름 아니다. '두 향나무 사이, 걸린 해(「두 좀나무 사이」)'마냥 시적 주체는 현실만을 살 수도 없고, 초월할 수도 없는 처지에 놓인 것이다.

또 다른 이유라면 '피'로 상징되는 관능적 육체성을 치료하고 다스려야 할 '병'으로 여기고 지속적으로 그것을 제거해 온 작업이, 삶에 대한 애착과 열정을 메마르게 하고 허무로 나아가게 했다는 점을 들

---

6) 서정주는 하루살이의 일로서 허무를 사는 시지프스의 운명은 신라의 풍류도로서 회복되어야 한다고 한 바있다(서정주, 「신라문화의 근본정신」, 『서정주문학전집』2, pp. 303-304.).

수 있다. 시인은 생명충동이며 끝없이 생동하는 창조성이기도 한 관능성을 부정적으로 인식하고 지속적으로 그것을 제거하는 '탈성화(脫性化) 작업을 해왔다. 이는 '내 바랜 피 같은 물들 모여 서걱이는(「무제」 p. 163)' 것과 같은 메마른 이미지로 나타나며, '하여간 난 무언지 잃긴 잃었다'거나 '인젠 내게는 기다릴 사람이 없(「기다림」)'다는 상실감으로 나타나기도 한다. 특히 「무제」에서 '무슨 됫박이나 하나 들고 바닷물이나 퍼내고 여기 있어 볼까'라는 말은 열정과 생동력을 상실한 지친 자아상을 보여준다.

  窮하던 철의 眼鏡 알 摩擦工 스피노자 모양으로, 하늘은 내
가는 앞길의 石壁을 닦고,
  맨 늦가을을 나는, 많은 사람의 數없는 왕래로 닳아진-질긴
줄거리들만 남은, 누른 띠밭 길 위에 멎어버렸었다.
  갈매의 잔치였다가, 향기였다가 한 켤레 미투리로 우리 발에
신겨졌다가, 다 닳은 뒤에는 길가에 던져져서, 마지막 앙상한
날들만을 드러내고 있는-
  다 닳은 신날 같은 모양을 한 이 意志! 이 意志!
  이 속날들만이 또 한번 드러나 앉은 이 意志 때문이었다.

— 「어느 늦가을날」 전문

 이 시는 마찰의 이미지로 가득 차 있다. 맑은 가을 하늘마저 스피노자가 생계를 위해 어쩔 수 없이 갈아야 했던 안경알에 비유되어 있으며, 화자가 걷고 있는 가을 길 역시 수많은 사람들의 왕래로 닳아져 질긴 줄거리들만 남은 띠밭 길이다. 화자는 누렇게 시들고, 밟히고, 닳아져서 줄거리만 남은 띠밭 길을 보고 미투리의 신날을 떠올린다. 여름날 무성한 갈매빛의 잔치였으며, 향기였다가 베어지고 건조되

어 미투리로 짜여진 후, 발에 신겨져 닳아지고 길가에 던져져서, 또 다시 풍화되어 마지막 앙상한 날만 드러내고 있는 '신날'은 생명력을 상실한 지친 자아의 이미지이다. 자아가 걸어가야 할 길-띠밭 길은 이런 다 닳은 신날과 같은 모양을 하고 있다. 그런데 화자는 그 '다 닳은 신날-질긴 줄거리들만 남은 띠밭 길'에서 좌절을 발견하기 보다는 모든 것이 소멸되어도 사라지지 않는 '의지'를 발견한다. 이 의지는 '샘 속이라도 몇 萬里라도 갈 길이나 있다면/ 샛바람이건 무슨 바람이건 될 수라도 있다면/ 매달려서라도 자맥질해서라도 가기야 가마./ 門틈으로건 壁틈으로건 가기야 가마(「古調 壹」)'라는 절대적인 의지로 나타난다.

우주와의 합일을 경험적 현실에서 이룰 수 없다는 낭만적 아이러니와 창조적 열정의 메마름이 바로 장이 '끊어진' 이유이다. 그럼에도 불구하고 시적 주체는 '절대적 의지'를 통해 자연합일에 도달하고자 한다. 『신라초』는 바로 이를 위한 여러 가지 모색을 담고 있는데 가장 눈에 띄는 것이 바로 『삼국유사』의 모티프를 차용한 원시주의[7]의 추구이다.

> 노래가 낫기는 그중 나아도
> 구름까지 갔다간 되돌아오고,
> 네 발굽을 쳐 달려간 말은
> 바닷가에 가 멎어버렸다.

---

7) Michael Bell은 원시주의를 엘리엇적인 것과 로렌스적인 것으로 나누고 전자를 고도로 발달된 문화적 종교적 전통에서 파생된 모티프 차원에서의 전략적 상징적 사용으로, 후자를 작가자신의 정령적 감성에서 기인한 감성적 차원의 원시주의로 보았다. 그에 따르면 로렌스는 자연스럽게 문명화된 감성을 원시의 감성과 동화시키는 반면 엘리엇은 과거와 현재 사이의 거리를 끊임없이 인식하고 있다(로렌스적 원시주의에 대해서는 Michael Bell, 『원시주의』, 서울대학교출판부, pp. 15-34참조, 엘리엇의 원시주의에 대해서는 같은 책 pp. 54-59참조.).

활로 잡은 山돼지, 매(鷹)로 잡은 山새들에도

이제는 벌써 입맛을 잃었다.

꽃아. 아침마다 開闢하는 꽃아.

네가 좋기는 제일 좋아도,

물낯바닥에 얼굴이나 비춰는

헤엄도 모르는 아이와 같이

나는 네 닫힌 門에 기대 섰을 뿐이다.

門 열어라 꽃아. 門 열어라 꽃아.

벼락과 海溢만이 길일지라도

門 열어라 꽃아. 門 열어라 꽃아.

— 「꽃밭의 獨白-娑蘇 斷章」전문

　이 시에는 '娑蘇는 新羅始祖 朴赫居世의 어머니. 處女로 孕胎하여, 山으로 神仙修行을 간 일이 있는데, 이 글은 그 떠나기 전, 그의 집 꽃밭에서의 獨白.'이라는 각주가 붙어 있다. 사소가 신선 수행[8]을 떠나기 전 그의 집 꽃밭에서 독백한 것이라는 이 시의 내용은 물론 시인이 상상적으로 구성한 것이다. 설화를 수용한 이전의 다른 시들과 마찬가지로 이 시 역시 사소설화를 수용함으로써 미적 거리를 확보하고, 새로운 의미를 덧입고 있다.

---

8) "누가 가정인으로서 사회인으로서 무슨 일을 하다가 그 법에 위배되게 탈선을 한다. 그런 경우-가령 법에 어긋나게 처녀가 애를 밴다든지 하는 경우(新羅에서는 선덕왕 때 예를 보면 處女孕胎者는 불태워 죽이는 법이었지만, 上代에는 그냥 산으로 쫓아내는 정도였던 듯하다.) 여기 上代의 사상은 그 사람을 낙오시켜 낙오당하고 만는 것이 아니라, 재생의 길로서 「영원과 자연」의 넓고도 긴 생명의 영역을 택하게 했던 듯하다. 한 처녀 잉태자는 몹쓸년으로서 낙오할 필요가 없이, 비록 사람들의 법의 세계에서는 쫓겨나지만 매가 날아가서 닿는 深山峻嶺의 신선놀이터에서는, 즉 자연인, 영원인으로서는 다시 살아날 길이 부여되어 있었던 것이다. 지금도 우리 민족 속에 일부 아직 뿌리박고 있는 「뜨내기 정신」 같은 것도 그 근원은 여기 있는 거라고 나는 생각한다.(중략) 만일의 경우에는 自然人格으로 돌아가서 그들은 영생하는 생명으로 다시 살아났다"(서정주, 「신라의 영원인」, 『서정주문학전집』2, p. 316.).

시인은 사소의 퍼소나(persona)를 쓰고서 '벽'에 대해 이야기한다. '벽'을 넘어서기 위한 방법으로 노래가 그중 낫지만 '구름까지 갔다간 되돌아'오고, 네 발굽을 쳐 달려간 말은 바닷가에 가 멎어버렸다는 것이다. 이는 자아의 한계를 극복하려는 화자가 '노래'라는 미학적 방법과 '말을 달리는 것'과 같은 육체적 노력을 통해 상당한 수직적·수평적 확장을 시도했음을 보여준다. 그러나 화자는 구름과 바다로 상징되는 것마저 '한계', 즉 명백한 '벽'으로 인식하고 있다. 산돼지와 산새는 각각 지상과 천상을 상징하는데, '산'에 살고 있으므로 야생성과 신성성을 간직하고 있는 것들이다. 화자는 한 때 산돼지와 산새를 통해 하늘과 땅의 야생성과 신성성을 섭취하려 했지만 '이제는 벌써 입맛을 잃었다'고 한다. 노래나 말달리기, 산돼지와 산새를 통해서는 채워질 수 없는 화자의 욕망은 그럼 무엇으로 채워질 수 있을까.

화자는 '아침마다 開闢하는 꽃'에 주목하고 그것을 부르는 데에 이 시의 절반을 할애하고 있다. 꽃은 아침마다 벽을 열어젖히는 존재이다. 화자는 그 꽃들이 가득한 '꽃밭'에 있는데, 이는 시인이 「상리과원」에서 발견한 바로 그 '꽃밭-유기체론적 세계'이다. 유기체론적 세계인 꽃밭에서 모든 존재는 서로 영향을 주고받으며 '열려있는' 존재이기 때문이다. 시인은 자연에서 유기체론적 세계관을 발견하였지만 그것에 참여하지 못한 채 '관찰자'의 입장에서 그것들을 기록하는 데 그쳤었다. 이는 「한국성사략」에서 '벽' 너머에 존재하는 '별'의 존재를 깨닫고 그것에 측근하여 별을 가까이 끌어왔지만 그것을 자신의 '체내의 광맥'에 관류시키지 못했던 것으로 형상화되기도 했었다. 시인은 그 별을 관류시키기 위하여, 다시 말해 유기체론적 세계에 참여하기 위하여 '門'을 여는 법을 찾고 있다.

지금까지의 시인은 '문'을 열지 못한 채 '못물과 같이' '비춰고 누

위’있거나 ‘머언 산들과 마조 서서’ 그것들의 ‘아스라한 침잠이나 지’
키고(「상리과원」) 있었다. 이는 ‘헤엄도 모르는 아이’처럼 ‘물낯바닥에
얼굴이나 비춰는’ 것과 같은 행동이다. 그는 자연을 성찰 매개체로
삼을 뿐, 그것에 뛰어 들어가 볼 생각을 하지 못했던 것이다. 그는
다만 ‘문’을 발견하고 그 문에 ‘기대 섰을 뿐’이었다. 이는 자연과 우
주, 세계와 타자들로부터 ‘분리’를 경험한 주체의 어쩔 수 없는 한계
이다. 그러나 이제 현대적 주체가 파편화되고 원소화된 자아를 열고
자연과 우주, 세계와 연결되고 그것들의 우주적 율동에 참여할 수 있
는 방법의 문제가 제기되는 것이다. 화자는 아직 그 방법을 모르지만
그것을 찾기 위해 떠나고자 한다. 사소의 신선 수행에서 모티프를 따
왔기에 시적 주체의 시적 모험은 ‘영원성’에 도달하는 ‘신선 수행’으
로 그 의미를 덧입고 있다.

　이 시의 마지막 제3행은 ‘문열어라 꽃아’는 「무슨꽃으로 문지르는
가슴이기에 나는 이리도 살고 싶은가」에서 ‘소녀들’이 불렀던 주술요
의 반복이다. ‘문 열어라’라는 주술요는 가슴에 꽃을 문지르며 ‘문 열
어라 정도령님아(「문열어라 정도령아」)’하고 노래하자 죽었던 정도령
이 되살아났다는 ‘원이설화’에서 가져온 것이다. 이 노래는 시인의 어
린 시절 동네 소녀들이 상처에 꽃을 문지르며 불러준 것이다. 소녀들
은 꽃을 문지르는 행위를 통해 꽃의 생명력이 상처에 전이되기를 기
원하는 전염주술과, ‘원이설화’를 노래함으로써 설화 속 정도령이 재
생했듯이 상처가 치유되기를 기원하는 모방주술을 행한 것이다. 시인
의 기억 속에서 그것은 놀라운 치유력을 가진 것이었다. 시인 역시
‘문 열어라’는 주술요를 통해 자연과 우주, 타자들과 연결된 삶을 경
험적 현실로 가져옴으로써 분열된 주체를 치유하고자 한다. 그리고
그 시도가 ‘벼락과 해일’의 길일지라도 그 길을 가겠다는 강한 의지

를 표명하고 있다.

　유기체론적 세계에 참여하는 문을 열겠다는 시인의 의지가 사소설화의 수용을 통해 이루어지고 있다는 점은 중요하다. 시인의 모색이 신라정신에 도달하려는 신선 수행의 의미를 띠게 되기 때문이다. 시인은 총체성에 합일된 삶을 상상적으로가 아니라 현실로 살았던 시대, 유기체론적 사유와 삶이 현실이었던 시대를 찾아 신화를 탐색하는 시적 모험-신선 수행을 떠난다.9) 그는 주로 『삼국유사』에 수록된 설화들과 향가 등을 통해 나름의 '신라정신'을 추출해낸다.

　　(가) 영생하는 생명은 무엇으로 경영했느냐 하면, 물론 그것은 동양의 상대 큰 문명 제국에 있어 다 그랬던 것과 마찬가지로 그「靈魂」이란 것 바로 그것에 의해서였다. 육체는 죽어 땅에 떨어지지만 영혼은 하늘에 올라가 영원히 사는 것이라는 철저한 신앙을 그들은 가지고 있었다. 박 혁거세 왕의 죽음의 기록을 보아도 우리는 그걸 알 수가 있다.
　　영혼은 영원히 살아서 미래의 민족 정신 위에 거듭 거듭 재림한다고 그들은 생각했다.「靈通」하다든지,「魂交」하다든지 하는 것이 바로 그것이다.10)

　　(나) 세밀하게 말하자면 많은 紙面을 要하는 일이라 여기서는 그리 못 하거니와, 간단히 그 重要點만 말하자면, 그것은 하늘을 命하는 者로서 두고 地上現實만을 重點的으로 현실로 삼는 儒敎的 世界觀과는 달리 宇宙全體-卽 天地全體를 不治의 等級

---

9) 서정주는 신라정신을 천착해 들어가는 이유로 신라때와 현재의 차이를 자주 비교했다. "말하자면, 이렇게 살다가 몸이 죽은 것들을 없다고 못 해 있다고 하고-永遠히 있다고 하고, 또 그런 혼들이 있는 곳으로서의 空間을 靈的이라고 본 차이가 우리와의 차이이다. 이런 魂靈 붙은 時間과 空間이 저들에게는 계속되고 또 뻗치어 있었고, 우리에게는 그것이 虛無漠漠하게 느끼어지는 차이인 것이다(서정주,「한국적 전통성의 근원」,『서정주문학전집』2, p. 300.)."
10) 서정주,「신라의 영원인」,『서정주문학전집』2, pp. 315-320.

따로 없는 한 有機的 聯關體의 현실로서 자각해 살던 宇宙觀이
그것이고, 또 하나는 高麗의 宋學 以後의 史觀이 아무래도 當代
爲主가 되었던 데 反해 亦是 等級 없는 영원을 그 歷史의 시간
으로 삼았던 데 있다.[11]

　(다) 위의 鄕歌 중 融天師의 彗星歌는 第5章에서 이미 이것의
由緖와 그 내용에 대해서 자세한 설명을 했으므로 여기에서는
그것을 생략하거니와, 그의 정신으로 하고 있는 바는 人間的 秩
序의 것이 아니라, 별과 같은 위치이거나 그보다는 한 行列 윗
段階에 서는-한 宇宙的 秩序 위에 서는 정신인 것이다. 이것은
곧 쉽게 말하면 人間主義가 아니라, 宇宙主義的 정신의 표현이
요, 現生的 現實主義가 아니라, 사람을 永生해야 할 것으로 생
각한 데서 온 永遠主義 정신의 나타남인 것이다.(중략)
　우리가 月明師의 兜率歌에서 보는 것은 그 宇宙的 질서를 자
각하여 참가하는 怳惚 三昧의 지경이다.
　여기에서 보면, 꽃은 사람 사이에서만 거래되는 즐거운 일일
뿐더러, 사람에게서 해에게까지라도 전해지는 것이 되어 있음
을 보거니와, 이러한 거래, 이러한 交易은 儒敎的 휴머니즘의
정신에 의해서는 이해할 수 없는 道‧佛敎的 宇宙主義, 永遠主
義 정신의 표현인 것이다.
　말하자면, 이러한 自然主義, 이러한 永遠主義가 우리 詩精神
의 한 大動脈으로서 上代로부터 우리에게 전래해 오고 있었던
것이다. 이러한 경향은 문자로 표현된 세력을 본다면 麗朝 以後
많이 沈滯해 있으나, 그렇다고 해서 우리의 精神傳統에서 완전
히 거세되었거나, 없어진 것은 아니다. 精神의 전통이란, 文獻
속 아닌 實生活上의 言語行爲를 통해서도 綿綿히 전승되는 것
이니, 麗朝 以來에 성행해 온 儒敎的 저술들의 세력과 竝行해서
이러한 정신의 潮流는 그야말로 綿綿若存하여 전해 내려와서,
오늘날의 우리들에게도 은연중 도입되어 있는 것이라 보는 것
이 타당한 일일 것이다.[12]

---

11) 서정주, 「신라문화의 근본정신」, 『서정주문학전집』2, p. 303.

서정주가 신라정신에 대해 언급한 글들을 살펴보면 위와 같은 부분을 그 핵심으로 추출할 수 있다. (가)에서 그것은 육신의 사후에도 영혼은 영원히 살아서 거듭거듭 재림한다는 의미의 '혼교'와 '영통'이다. 이는 육신의 사후에도 지속하는 영혼을 이야기하는 것으로 '불멸성'을 의미한다. (나)에서 그것은 지상현실만을 중요시하는 세계관, 유교적 세계관, 고려와 조선이후 대두된 당대만을 중요시하는 세계관과 대조되는 것이며, 우주전체를 하나의 유기적 연관체로 보는 것이다. (다)에서 그는 향가를 분석함으로써 인간적 질서, 인간주의, 현생적 현실주의, 유교적 휴머니즘과 대립되는 '우주주의', '영원주의', '자연주의'를 신라정신으로 추출해내고 있다.

이는 초기시의 주체가 "'인간성'-그것은 늘 우리들의 뇌리(腦裏)와 심중에서 떠날 수 없는 것이었다'면서 '우리가 잠복(潛伏)한 세계는 자연도 아니오, 언어기교도 아니오, 다만 '사람' 그것 속이었다'[13]고 했던 것에 비하면 상당한 차이를 느끼게 한다. 시인은 인간주의를 표방하며 인간적 신성을 추구해왔다. 그러나 이제 그런 지상의 현실만을 중요시하는 세계관, 현생적 현실주의의 한계를 명백히 인식하고 있는 것이다. "니이체의 永劫回歸라는 것은 되면야 물론 좋지만, 디오니소스나 아폴로的 肉壁을 지니고선 不可能하다는 걸 짐작하게 되었다. 그래서, 니이체도 결국은 神醉한 채 미쳐 버리고 만 것이라고 생각한다"[14]는 말 역시 이런 한계의식을 토로한 것이다. 초기시의 주체는 인간주의의 추구를 통해 인간의 한계를 벗어나려는 노력을 지속해왔다. 그러나 이제는 우주주의, 자연주의, 영원주의에 참여하려고 한다. 이것은 시적 주체의 근본적인 전환을 의미한다. 우주와 자연과

---

12) 서정주, 「韓國 詩精神의 傳統」, 『서정주문학전집』2, pp. 116-117.
13) 서정주, 「현대조선시약사」, 『현대조선명시선』, p. 266.
14) 서정주, 「내 詩와 精神에 影響을 주신 이들」, 『서정주문학전집』5, p. 270.

영원으로부터 분리된 근대적 주체를 다시 그것에 참여하는 주체로 전환시키는 작업이기 때문이다.

서정주는 '신라정신'을 자연주의, 우주주의라고 정의한다. 이는 첫째, 우주 전체를 '등급 없는 유기적 연관체'로 보는 유기체론적 세계관을 의미한다. 둘째, 우주 전체와 등급 없는 유기적 연관체로 사는 삶을 '이상'이 아닌 '현실'로 사는 것, 다시 말해 동양적 유기체론을 의미한다. 그런데 서정주는 신라정신을 다시 '영원주의'라고 덧붙이면서 새로운 개념을 첨가하고 있다. 영원주의란 영원한 생명을 추구하는 것인데, 이는 현실을 과거와 미래로 연결된 시간으로 파악하는 사유이다. 과거는 소멸되지 않고 현실에 이어져있으며, 현재의 현실 역시 미래로 이어진다는 사유는, 육체의 죽음 이후에도 영혼이 남아 있으며 그것이 현재에도 미래에도 거듭 재생됨으로써 이어진다는 불멸성을 의미한다. '신라정신'은 총체성의 현실화와 불멸성이라는 두 가지 개념이 결합된 개념이다.

2. 원시주의적 교감 체험과 현실화 의지

시인은 초기시에서 추구했던 총체성이 현실에서 획득할 수 없는 것이라는 한계를 인식하며 허무감에 빠져든다. 그러나 허무를 극복하고 한계를 돌파하려는 강력한 의지를 통해 총체성을 실현하고자 한다. 그것은 신성을 가장하는 자아의 확장이나 유기체론적 자연을 동경하는 시적 작업을 그만 두는 일로 시작된다. 시적 주체는 유기체론적인 자연과 우주에 직접 참여하고 연관된 일부가 됨으로써 총체성을 획득하려고 하는 것이다. 상실된 총체성을 경험적 현실과 연결시키려는 노력은 그것이 현실로 실재했던 예를 찾는 일에 집중된다. 유기체론적 세계관에서 '현재'는 단절된 시간이 아닌 과거의 축적이며 그 인과관계로 성립된 것이다. 때문에 막힌 현재를 타개하기 위해서 시인은 현재의 저변에 축적된 과거에서 그것을 찾으려고 한다. 과거는 소멸되거나 현재와 분리된 것이 아니라 현재를 타개할 자료로서 축적되어 있는 힘이기 때문이다. 더 긴 과정으로 삶과 세계를 바라볼 때, 세계로부터의 분리와 소외라는 현실 역시 그것으로 완결된 끝이 아니라 과정의 한 단면에 불과하기에 타개할 수 있는 대상으로 파악된다. 이런 과정적, 유기체론적 사유를 그는 '신라'에서 발견한다.

> 朕의 무덤은 푸른 嶺 위의 欲界 第二天.
> 피 예 있으니, 피 예 있으니, 어쩔 수 없이
> 구름 엉기고, 비터잡는 데-그런 하늘 속.
>
> 피 예 있으니, 피 예 있으니,
> 너무들 인색치 말고
> 있는 사람은 病弱者한테 柴糧도 더러 노느고
> 홀어미 홀아비들도 더러 찾아 위로코,
> 瞻星臺 위엔 瞻星臺 위엔 그중 실한 사내를 놔라.
>
> 살(肉體)의 일로써 살의 일로써 미친 사내에게는
> 살 닿는 것 중 그중 빛나는 黃金 팔찌를 그 가슴 위에,
> 그래도 그 어지러운 불이 다 스러지지 않거든
> 다스리는 노래는 바다 넘어서 하늘까지.
>
> 하지만 사랑이거든
> 그것이 참말로 사랑이거든
> 서라벌 千年의 知慧가 가꾼 國法보다도 國法의 불보다도

늘 항상 더 타고 있거라.

朕의 무덤은 푸른 嶺 위의 欲界 第二天.
피 예 있으니, 피 예 있으니, 어쩔 수 없이
구름 엉기고, 비 터잡는 데-그런 하늘 속.

내 못 떠난다.

- 「善德女王의 말씀」부분

『신라초』의 1부에는 신라의 설화를 모티프로 쓴 시 8편이 수록되어 있다. 시집의 처음에 수록된 「선덕여왕의 말씀」은 선덕여왕의 '혼령'이 하는 말을 담고 있다. 이 시의 화자는 선덕여왕의 혼령이지만, '선덕여왕의 말씀'이라는 제목을 통해 선덕여왕의 혼령이 하는 말을 듣고 전하는 영매적 위치에 숨은 청자-화자가 있음을 암시하고 있다. 시인은 화자(선덕여왕의 혼령)의 청자이면서 화자의 말을 전하는 숨은 화자를 만듦으로써, 선덕여왕의 혼령과 동일시되지 않고 상당한 거리를 확보하고 있다. 시인은 이런 미적 장치를 통해 선덕여왕의 혼령이 실제로 존재하며 자신은 그 이야기를 듣고 전하고 있다는 의도를 효과적으로 담아내고 있다. 이런 미적 장치는 서정주가 신라정신으로 꼽은 '혼교(魂交)' 또는 '영통(靈通)'을 시적 형식으로 형상화하기 위해 고안한 것으로 보인다.[15]

시인이 신라의 설화에서 발견한 신라정신 가운데 가장 특징적이며 핵심적이라고 할 수 있는 '혼교' 또는 '영통'은 두 가지 차원으로 나누어 볼 수 있다. 그 하나는 먼저 '국화꽃이 피었다가 사라진 자리

---

15) 이런 형식은 후에 『산시』(1991)에 수록된 시편들에서 다시 집중적으로 사용된다. 이는 Ⅳ장 2절에서 살펴볼 것이다.

국화꽃 귀신이 생겨나 살고 싸리꽃이 피었다가 사라진 자린 싸리꽃
귀신이 생겨나(「古調 貳」)' 산다고 보는 불멸성에 대한 인식의 차원
이다. 이는 '살다가 몸이 죽은 것들을 없다고 못해 있다고 하고-영원
히 있다고' 하는 영혼 불멸관이다. 다른 하나는 '이런 魂靈 붙은 시
간과 공간이 저들에게는 계속되고 또 뻗치어 있'[16]다고 보고 그것을
실감하는 하는 차원이다. 「구름다리」에서는 신라18대 왕인 實聖임금
때, 사람들이 영혼을 실감했던 이야기를 시로 쓰고 있다. 산에 구름이
이는 것을 본 사람들이 그것을 과거에 마을에 살았던 영혼이 산에 별
저(別邸)를 마련하여 들른 것이라 생각하였다. 이것은 영혼 불멸의 차
원에서 이루어진 생각이다. 그런데 계림(신라) 사람들은 이것을 잔치
하고 구름과 수풀을 성하게 하고 혼이 별저에 오르내리기에 힘이 덜
들게 돌로 빚어 다리를 그 아래에 놨다는 것이다. 이는 영혼의 힘이
사람들의 현실에 실제로 뻗치고 관여한 예인데, 다시 말해 사람들이
자신들의 현실에 영혼을 재생(rebirth)시킨 것이다. 특히 사람들이 '다
리'를 놓았다는 것은 영혼과 교통하는 삶의 상징이기도 하다. 영통이
란 이렇듯 후대의 사람들이 불멸하는 영혼들을 실존적 계속적 존재로
믿고 그것을 현재에 영향을 미칠 수 있는 힘으로 실감함으로써 재생
시키는 것을 의미한다.[17]

　「선덕여왕의 말씀」에서 시인이 선덕여왕의 혼령이라는 퍼소나를 통
해 신라정신에 대해 이야기하면서도, 스스로를 혼령의 말을 듣고 전

---

16) 서정주, 「한국적 전통성의 근원」, 『서정주문학전집』2, p. 300.

17) 우리는 죽은 사람의 魂에 대한 실감을 우리가 그 生前의 얼굴과 言行을 아는 사람에
　　限해서만 切實히 하고 있는 게 보통이지만, 우리 古代人 들은 魂의 영원한 實存的
　　繼續的 存在를 믿었기 때문에 얼굴을 알던 사람이 아닌 아주 먼 歲月 前의 사람들의
　　魂에 對해서도 懇切한 實感으로 接했었다. 그렇게 해서 過去史 속의 精神의 장점들
　　은 門 열면 바로 보이는 것 같은 實感力으로써 後世에 作用하여, 이런 힘으로 가령
　　新羅의 統一 같은 것도 이루어진 것이라고 생각한다(서정주, 「한국적 전통성의 근원」,
　　『서정주 문학전집』2, p. 300.).

하는 영매적 화자의 위치로 옮겨놓는 미적 장치는 선덕여왕의 혼령으로 상징되는 신라정신을 현실과 가깝게 '영통'하기 위한 시적장치라 하겠다. 시에서 선덕여왕은 '피'로 상징되는 인간성을 버리고 해탈하지 않는 대신 죽어서도 애착심을 놓지 못한 사람들이 간다는 욕계의 第二天에 머물고자한다. 그 이유는 '피'로 상징되는 인간적 속성에 대한 애착심 때문이다. 그 애착심은 혼령으로 하여금 세상 가까이 머물게 하는데, 그럼으로써 영혼은 사람들의 현실에 영향을 미치며 재생된다.

선덕여왕의 혼령은 세상 사람들에게 삶의 방침 같은 것을 내리고 있는데 그 첫째는 '인색하지 말'라는 것이다. 병약자에게 식량과 땔감 같은 것을 나누어주는 경제적인 면뿐만 아니라, 홀어미 홀아비들을 찾아 위로하는 정(情)의 차원에서도 인색하지 말 것을 당부한다. 이는 선덕 여왕이 자신을 흠모하던 지귀라는 자의 마음을 짓밟지 않고 위로하기 위해 자신의 살에 닿았던 황금 팔찌를 벗어 그 가슴에 놓아줌으로써 실천했던 너그러움이기도 하다. 시인은 도저히 이루어질 수 없는 짝사랑에 대해서도 너그러움으로 위로해주는 것을 신라정신의 한 가지, 아니 적어도 신라적 사랑의 방식으로 보고 있다. 신라적 사랑은 「노인헌화가」에서 '자기의 흰 수염도 나이도' 잊은 노인이 '남의 아내인 것도' 다 잊고 젊은 여인에게 마음을 빼앗긴 것을 '꽃이 꽃을 보고 웃듯이 하는 마음'으로 비유하는 데에도 나타난다. 노인의 마음-사랑은 '꽃이 핀 벼랑'의 높이마저 잊히게 하는 힘인데 이런 마음의 힘은 그것이 짓밟히지 않고 너그럽게 통용되어지기에 가능한 힘이다. 시인은 '한없이 맑은 공기'가 그들을 적시면서 '한없이 친한 것이 되어가는 것을 알고 느낄 수 있을 따름'이라는 말로 이런 '너그러움의 통용'을 표현한다. 이는 비물질적이지만 실재하는 요소-공기를 통해 전이되고 교류되는 것으로 표현함으로써, 그것이 가진 현실적 힘을 강조하려는 의도를 담고 있다.

이런 '너그러움'이 '통용'되는 곳에서 짝사랑에 실패한 자는 크게 좌절하지 않고 살아갈 수 있다. 서정주는 사소설화를 예로 들며 처녀잉태자와 같이 법도에 어긋나는 경우가 발생할지라도 몹쓸년으로 낙오시키지 않고 심산준령(深山峻嶺)으로 수행을 감으로써 다시 살아날 길이 부여 되었다면서[18] '신선도'와 '뜨내기 정신'을 '영원인'으로 살게 하는 힘으로 꼽았다. 이는 간접적으로 '낙오자'나 '실패자'에 대한 '너그러움'을 '영원인'을 살게 하는 '신라정신'으로 꼽고 있는 것이라 하겠다. 다시 말해 한 세상에 실패하더라도 그것을 끝이나 파탄으로 여기지 않고 계속 살아갈 통로를 마련하는 것이 신라정신이라는 뜻이다.

한편, '살의 일로써 미친 사내'는 '샤알·보오드레-르처럼 설ㅅ고 괴로운 서울여자(「수대동시」)'에 대한 짝사랑에 실패한 바 있는 시인 자신을 의미한다고 볼 수 있다. 살 닿는 것 중 빛나는 황금 팔찌를 가슴에 얹어주었다는 지귀(志鬼) 설화는, 젊은 날 심신을 요양하기 위해 시인이 찾았던 '지귀도(地歸島)'[19]라는 섬과 우연히도 그 이름이 일치한다는 점이 주목된다. 시인은 <지귀도시편>들에서 상처입고 축소된 자아를 회복하기 위해 '내 살결은 수피의 검은 빛 황금 태양을 머리에 달고(「정오의 언덕에서」)'와 같은 나르시즘적이고 신적인 이미지로 자아를 확장시켰었다. 선덕 여왕이 지귀의 가슴에 황금 팔찌를 놓아 위로한 것은, 『화사집』시절 지귀라는 섬에서 스스로를 태양신의 이미지로 그린 시를 씀으로써 위로했던 것을 의미한다 하겠다. 그러

---

18) 서정주, 「신라의 영원인」, 『서정주문학전집』2, p. 316.
19) 서정주는 『화사집』에 <지귀도시>라는 소제목하에 4편의 시를 수록하고 있다. 그 첫 번째로 수록된 「정오의 언덕에서」에는 시인이 1937년 제주도 남단의 작은 섬인 지귀도를 찾아 심신의 상흔을 말리우며 쓴 시들을 수록하였다는 각주가 달려있다(서정주, 『미당 시전집』1, p. 53.).

나 그것은 순간적인 자기위안일 뿐 자아의 구속감을 해소하는 방법이
되지 못했기에 시인은 그것을 '실패'로 인식한다. 그런 '실패'에의 인
식은 그의 시 「바다」에서 광막한 유폐감과 허무감으로 나타나고 있
다. 그러나 시인은 실패로 치부했던 과거를 지귀설화에 투사함으로써
그것을 신라적 '너그러움'의 실천으로 바꾸어 놓고 있다. 인신적 육체
성의 추구를 통한 자아 확장은 유치한 자기위안이나 실패로 끝난 일
이 아니라, 훼손된 자아에게 계속 살아갈 통로를 마련해준 '신라정신'
으로 긍정되고 있다.

　또한 선덕 여왕은 황금 팔찌를 통해 너그럽게 위로된 마음이 그래
도 스러지지 않고 '어지러운 불'로 나타난다면 '다스리는 노래'를 바
다 넘어서 하늘까지 부르라고 한다. 이것은 죽음으로 설정된, 극복할
수 없는 한계를 넘어서까지 뻗치던 '귀촉도'의 울음소리를 의미한다.
그러나 제4연에서 선덕여왕의 혼령은 그것이 '사랑'이라면 '서라벌 천
년의 지혜가 가꾼 국법보다도 국법의 불보다도 늘 항상 더 타고 있거
라'고 한다. 혼령은 '살(육체)의 일'과 '사랑'을 구분하고 있는데, '사
랑'은 '국법'으로 상징되는 인간적 질서보다 더 타오르는 불이 되어야
한다고 강조한다. 관능적 육체성-살의 일은 다스려야 할 불이지만 개
체성을 초월하는 사랑의 불은 타올라야 하는 불이라는 것이다. 이 시
에서 관능적 육체성은 '살'로 이야기되고 있으며, 선덕여왕이 말하는
'피 예 있으니'에서의 '피'는 개체성 초월에 대한 의지로서의 '사랑'
을 의미한다. 이 때의 '피'는 초기시의 '피'와는 내포가 달라졌음을
알 수 있다.

　이 시에서 시인은 실패로 끝났다고 생각했던 자신의 과거를 긍정하
고 있다. 이 긍정은 실패나 낙오를 끝으로 보지 않고 계속 살아갈 통
로를 마련했던 신라인들의 '너그러움'을 발견해내고 그것과 '교감'함

으로써 가능해진 것이다. 시적 주체는 신라와의 교감을 통해 그것으로부터 자아를 긍정할 힘을 얻고 있으며, 신라는 시적 주체의 삶에 영향을 미침으로써 '재생'되고 있다. 이를 시인은 '영통'이라고 하였는데, 그는 '영통'을 선덕여왕의 혼령이 실제로 존재하는 듯한 미적 장치를 통해 형식적으로도 시도하고 있음을 살펴보았다.

언제든가 나는 한 송이의 모란꽃으로 피어 있었다.
한 예쁜 처녀가 옆에서 나와 마주 보고 살았다.

그 뒤 어느날
모란꽃잎은 떨어져 누워
메말라서 재가 되었다가
곧 흙하고 한세상이 되었다.
그래 이내 처녀도 죽어서
그 언저리의 흙 속에 묻혔다.
그것이 또 억수의 비가 와서
모란꽃이 사위어 된 흙 위의 재들을
강물로 쓸고 내려가던 때,
땅 속에 괴어 있던 처녀의 피도 따라서
강으로 흘렀다.

그래, 그 모란꽃 사원 재가 강물에서
어느 물고기의 배로 들어가
그 血肉에 자리했을 때,
처녀의 피가 흘러가서 된 물살은
그 고기 가까이서 출렁이게 되고,
그 고기를, ―그 좋아서 뛰던 고기를
어느 하늘가의 물새가 와 채어 먹은 뒤엔
처녀도 이내 햇볕을 따라 하늘로 날아올라서

그 새의 날개 곁을 스쳐다니는 구름이 되었다.

그러나 그 새는 그 뒤 또 어느날
사냥꾼이 쏜 화살에 맞아서,
구름이 아무리 하늘에 머물게 할래야
머물지 못하고 땅에 떨어지기에
어쩔 수 없이 구름은 또 소나기 마음을 내 소나기로 쏟아져서
그 죽은 샐 사 간 집 뜰에 퍼부었다.
그랬더니, 그 집 두 양주가 그 새고길 저녁상에서 먹어 消化하고
이어 한 嬰兒를 낳아 養育하고 있기에,
뜰에 내린 소나기도
거기 묻힌 모란씨를 불리어 움트게 하고
그 꽃대를 타고 올라오고 있었다.

그래 이 마당에
현생의 모란꽃이 제일 좋게 핀 날,
처녀와 모란꽃은 또 한 번 마주 보고 있다만,
허나 벌써 처녀는 모란꽃 속에 있고
前날의 모란꽃이 내가 되어 보고 있는 것이다.

— 「因緣說話調」 전문

이 시는 불교의 인연연기설과 윤회전생설을 시로 번역해 놓았다거
나 그것을 지루하게 반복하고 있다는 부정적인 평가를 받기도 한다.
그러나 이 시가 보여주는 윤회는 일반적으로 생각되는 불교의 윤회와
는 다른 모습을 띠고 있다. 일반적으로 윤회는 육체가 죽은 뒤에도
영혼이 지속한다고 믿는 불멸성의 관념에서 파생된다. 윤회[20]란 그

---

20) 여기서 윤회는 무아론를 주장하는 불교에서의 윤회가 아니라 좀더 일반화된 유아론적
    세속적 윤회의 관념을 의미한다. 무아론과 유아론, 그리고 윤회, 환생, 소생의 개념에

영혼이 다른 몸으로 태어난다고 보는 것이다. 힌두교와 자이나교는 어떤 존재가 죽어 육체가 사라지면 영혼과 같은 존재인 아뜨만(ātman, 自我)이나 지와(jīva, 생명원리)가 윤회를 하는 것이라고 본다. 이 경우는 모두 윤회의 주체인 혼, 또는 자아를 인정하고 있다. 이때 자아의 윤회는 환생(reincarnation)이라 할 수 있다. 환생은 전생과 현생의 자아형식이 같다는 특징이 있다. 그러나 이 시에 나타난 윤회는 혼이 몸을 갈아입는 형태의 환생과는 전혀 다른 것임에 주목해야 한다.

1	2	3	4	5	6	7	8
모란(나)	흙 (에 섞인 재)	강물 (로 간 재)	물고기	물새	두 양주	영아	처녀
시듦	억수 내린 비	섭취	섭취	사냥꾼에 잡혀 팔려감/섭취	잉태와 출산	성장	
처녀	흙 (에 묻힘)	강물 (로 간 피)	물살	구름	소나기	모란의 싹	모란
죽음	억수 내린 비	물에 흘러 섞임	증발	소나기로 쏟아짐	뜰의 모란씨를 불림	꽃대를 타고 오름	

시에서 나타난 모란의 윤회는 위와 같이 8단계로 나누어 볼 수 있다. 표의 세 번째 줄은 모란의 윤회가 이루어지는 과정에 대한 설명으로, 윤회가 '자아'의 지속임을 말하는 근거가 된다. 꽃이 시들고 그 시들어 마른 재가 흙에 섞여 흙이 되고, 그것이 빗물에 흘러 강물에 섞여 강물이 되고, 그 강물을 마시고 자란 물고기의 피와 살이 되고, 다시 그 물고기를 잡아먹은 물새의 혈육을 이루고, 그 물새를 잡아먹은 사람의 혈육이 되고, 그 사람이 낳은 갓난아이의 혈육이 된다는

대해서는 1장 2절 참조.

것이다. 그런데 이 과정에서 '나'라는 '자아'가 지속된다고 판단하는 것은 과학적·물리학적인 사유에 근거한 유기체론적 사유와 비슷하다는 것을 알 수 있다.[21] 이런 사유체계에서 한 존재의 죽음은 그 존재를 구성하는 요소들이 더 이상 그것으로 존재하기를 멈춘 것일 뿐이다. 각 요소들은 그 존재로부터 해방되어 다른 요소들과 결합하면서 지속된다. 그러므로 우주의 모든 존재들은 서로가 서로의 부분이고 구성요소이며 또한 전체 우주를 구성하는 요소라는 유기체론적 사유와 연결된다.

무아(anātman)를 주장하는 불교에 의하면 인간 존재란 비실체적(非實體的)인 몇 개의 요소들(五蘊)이 어떤 조건에 의해서 임시적으로 모여 있는 하나의 집합체에 불과하다. 온(蘊)이란 모임, 집합이라는 뜻이며, 오온이란 색(色)·수(受)·상(想)·행(行)·식(識)의 5가지 요소가 한데 합쳐 있는 것을 의미한다. 색(色)은 육체를, 수(受)는 감정과 그 작용, 상(想)은 개념과 그 작용, 행(行)은 의지작용, 식(識)은 분별작용을 뜻한다. 육체를 의미하는 색은 지(地)·수(水)·화(火)·풍(風)의 4대(四大)로 이루어져 있는데, 지는 육체의 딱딱한 부분을, 수는 액체 부분을, 화는 체온, 풍은 기체 부분을 의미하는 것이다. 불교에서 육체는 이런 물질적인 것들의 합일뿐이며 이들은 늘 생성소멸하는 변화를 겪는다. 또한 정신을 의미하는 수·상·행·식 역시 항상 변화한다.[22] 불교의 무아사상은 이런 면에서 현대 물리학적 사유와 상통하는 면이 있다.

---

21) 프리초프 카프라는 뉴튼적 데카르트적 사유방식이 세계로부터 인간을 분리해 낸 과학의 패러다임이었다면, 그 이후의 새로운 과학의 패러다임으로 생태학을 제시한다. 그는 현대물리학과 유기체론적·생태론적 사유, 그리고 동양철학의 유사성을 지적한다(F. Capra, 이성범·김용정 역, 『현대물리학과 동양사상』, 범양사출판부, 1983, pp. 67-98.).
22) 동국대학교 불교문화대학 불교교재 편찬위원회, 「오온(五蘊)-무아(無我)」, 『불교사상의 이해』, 불교시대사, 2004, pp. 95-101.

「인연설화조」의 윤회는 '모란'이라는 존재-오온(五蘊)을 구성하고 있는 색(色)이 변화하는 과정이라 할 수 있다. 그러나 이 시에는 존재가 변화하며 계속한다는 개념 이외에 두 가지의 윤회의 개념이 더 포함되어 있다. 그 하나는 '나'라는 영혼 또는 자아가 옮겨간다는 개념이다. '언제든가 나는 한 송이의 모란꽃으로 피어 있었다'로 시작하는 이 시는 분명히 모란꽃으로 피어있기 이전부터 존재하면서 시 속에 드러난 모든 윤회의 과정에서 옮겨가는 '나'의 실체를 전제하고 있다. 이는 불교의 무아론과 결정적인 차이점이다. 무아론의 핵심은 고정불변하는 실체, 자아(ātman)와 같은 것은 없다는 것을 깨닫는 것이다. 무아(anātman)를 깨달을 때, 즉 '내가 존재한다'는 생각을 깨뜨릴 때 애착과 욕심에서 비롯된 근심과 슬픔 같은 고(苦)를 사라지게 할 수 있다. 이 경우 윤회는 변화하며 지속하는 과정에 불과하다. 「인연설화조」에서 윤회는 존재 그 자체가 변화하면서 계속하는 것이라는 무아론적 윤회의 외연을 따르고 있지만, 결정적으로 '나'라는 자아의 불멸성이 나타나고 있다는 점에서 유아론적 환생의 개념을 내포하고 있다.

지금까지 「인연설화조」의 윤회의 특징으로 존재가 변화하며 계속한다는 유기체론적, 물리학적, 무아론적 특징과, 그럼에도 '불멸하며 옮겨가는 자아'가 존재한다는 불멸성의 사유를 살펴보았다. 마지막 특징은 바로 '나'와 '너'의 관계의 반복이다. 무아론을 주장하는 불교에서는 '나와 너'의 구분이 무의미한 것이 된다. 그렇기 때문에 변화하며 계속하는 존재의 윤회에서 '나와 너의 관계'라는 것도 무의미한 것이다. 애초에 '자아'란 없다고 본다면 '나와 너'의 구분이나 관계라는 것도 무의미한 것이 된다. 그러나 「인연설화조」는 무아론적 외연을 취하면서도 그 과정에서 끝없이 '나'와 '너'를 검출하고, '나와 너' 관계가 반복되며 지속됨을 증명하는데 모든 노력이 쏠려있다고 해도 과

언이 아니다.

인연(因緣)에서 인(因)은 결과를 내는 직접적인 원인이고, 연(緣)은 주변에서 이를 돕는 간접적인 원인을 말한다. 흔히 '원인과 조건'이라고 하는데, 모든 것은 인연에 의해서 성립하고 소멸한다고 본다. 인연과 함께 이야기 되는 연기(緣起)는 '…의해서 생기는 것'이라는 의미이다. 모든 현상(諸法, 모든 존재)은 무수한 원인이나 조건(인연)이 서로 관계를 가짐으로써 성립하게 되고(연기) 그 조건과 원인이 없어지면 결과도 사라지게 된다는 것이다. 인연이 원인이라면 연기는 인연에 의한 결과이다. 이 인연연기는 윤회의 원리라고 볼 수도 있다. 이 시에서 '나'인 모란의 꽃잎이 떨어져 재가 되고 흙이 되는 데는 수많은 '인연-원인과 조건'이 존재할 것이며 처녀가 죽어 흙에 묻혀 흙이 된 것에도 수많은 인연이 존재한다. 그런데 이 각각 진행되는 인연으로 인한 연기(緣起-생겨남) 속에서 '나'와 '너'를 검출하고 그것들 간의 관계를 발견하는 것은 '시인의 의도-의지'이다. 심지어 구름이 소나기로 쏟아지는 원인을 새가 사냥꾼의 화살에 맞아 땅에 떨어졌기 때문이라고 연결지음으로써 구름의 인연연기의 원인을 새에게서 찾는 것 역시 '시인의 의도-의지'이다.

이는 「신라의 상품」에서 '매'의 능력으로 나타나기도 한다. '밝은 눈'을 가진 존재인 '매'는 '어느 사 간 사람의 집에서라도' 그것을 '되채어 올릴 수'있는 능력을 가지고 있다. '매'는 다른 장소에 다른 형태로 놓여있는 것 속에서 그것의 '자아'를 꿰뚫어 보는 존재이다. 팔려간 목화솜 속에서 그것이 제 고장의 목화꽃이었음을 알아볼 뿐만 아니라 청자에게 '눈을 뜨고 봐라'라고 일깨워주고 있는 것이다. 이런 면에서 「신라의 상품」에 나오는 '매'는 「인연설화조」의 '나'와 같다. '나'는 흙, 강물, 구름, 소나기, 모란꽃 등등의 세상의 수많은 존재들에게서 '너'를 검출해내는 '밝은 눈'을 가지고 있다. 이 눈이야말로 '문(「꽃밭의 독백」)'을 여는 열쇠가 된다. 이는 어떤 '어려운 주소(「부활」)'라도 단번에 '도련님 곁(「춘향유문」)'으로 만드는 능력이다.

　신라인들은 영혼을 자신의 삶에 영향력 있게 받아들임으로써 그것을 재생시키는 능력을 가지고 있다. 시인은 신라인들의 이런 능력을 교감함으로써 그것을 현실에서 재생시키려고 한다. 이것은 사소가 하늘에 펼쳐 후대로 뻗어가게 한 '생금의 광맥(「娑蘇 두 번째의 편지 斷片」)'으로 상징되는 '불멸성에 참여'하는 일이다. '불멸성'은 '나와 너'의 구분이 무의미한 초월적 지평인 '총체성' 추구와 두 가지 면에서 다르다. 하나는 '나'라는 '자아'의 존재를 분명히 인정한다는 것이다. 이는 동양적 유기체론이나 무아론적 불교에서 자아와 우주가 분리되지 않은, 분리되는 것이 무의미한 '총체성'의 상태에 있는 것과 변별되는 지점이다. 다른 하나는 그 '자아'가 자신의 삶에서 영혼과 교감함으로써 그것을 재생시키고 이어나간다는 점이다. 이는 세계와의 '분리'를 통해 성립된 근대적 주체가 파편화된 자아의 한계를 극복하고자 추구한 유기체론, 즉 오직 상상적 합일만이 가능할 뿐이라고 보는 낭만적 유기체론과 변별된다.

　'영원주의'를 추구하는데 가장 핵심적인 요소는 '너'를 발견-교감할 수 있는 '주체의 능력'이다. '너'란 '신라'로 상징되는 총체성의 세계, 원시적 감수성의 세계이다. 그것과 교감하고 자신의 현실에 반영하는 '주체의 의지-능력'에 의해서 신라는 재생되며, 주체 역시 단생(單生)을 초월하여 그것에 접속된다.

　　내 어느해던가 적적하여 못견디어서
　　나그네 되여 호을로 산골을 헤매다가

스스로워 꺾어모은 한웅큼의 꽃다발-
그 꽃다발을 나는
어느 이름 모를 길 가의 아이에게 주었느니.

그 이름 모를 길 가의 아이는
지금쯤은 얼마나 커서
제 적적해 따모은 꽃다발을
또 어떤 아이에게 전해 주고 있는가?

그리고 몇십년 뒤
이 꽃다발의 선사는 또 한 다리를 건네어서
내가 못 본 또 어떤 아이에게 전해질 것인가?

그리하여 천년이나 천오백년이 지낸 어느 날에도
비 오다가 개이는 산 변두리나
막막한 벌판의 해 어스럼을
새 나그네의 손에는 여전히 꽃다발이 쥐이고
그걸 받을 아이는 오고 있을것인가?

– 「나그네의 꽃다발」전문

시적 주체는 '아조 할수 없이 되었을 때' 살아날 길을 찾기 위해 '신선 수행'을 떠나던 '풍류도'가 오늘날 '떠돌이' 또는 '뜨내기'정신으로 남아있다고 한 바 있다. 이렇게 놓고 보면 '적적하여 못견디어서 나그네 되어 호을로 산골을 헤매'었다는 것은 시인이 삶의 시련과 한계에 직면하여 탐구해 들어 간 신라정신을 의미한다. 그는 거기서 '한웅큼의 꽃다발'을 꺾어 모으는데, '꽃다발'은 서정주에게 특별한 개인적 상징이다. '꽃-밭'은 초기시부터 추구해온 생명력의 궁극이며, 그 궁극으로서의 '총체성'을 의미해왔기 때문이다. 또한 시인에게 '꽃

을 주워 모으는 일’은 서정시를 쓰는 일(「나의 시(詩)」)로 여겨진다는
점에서, ‘산속을 해매다가 꺾어 모은 꽃다발’은 신선 수행에 비유되는
신라탐구를 통해 쓴 ‘신라정신’에 대한 시를 일컫는 말이다.

시인은 꽃다발을 꺾어 모은 데서 그치지 않고 그것을 길 가의 아
이에게 주었다고 한다. 이 시는 이 꽃다발의 ‘건네줌의 반복’을 통한
같은 행위의 ‘재생’에 초점이 맞추어져 있다. 시적 주체는 신라와 교
감함으로써 그것을 재생해낸 것에 낸 것에 그치지 않고 그것이 후대
에도 반복적으로 재생되어 이어져야 한다는 생각을 드러내고 있다.
그런 능력을 가진 ‘아이’들이 스스로 ‘꽃다발을 따모아’ 후대에 전하
는 일이 반복될 때 ‘불멸성’은 진정한 의미를 갖기 때문이다.

그러나 여기에 중요한 문제가 제기되는데, 그것은 바로 ‘신라’를 교
감하는 것은 가능하지만 그것을 자아의 ‘현실’에 영향력 있게 받아들
임으로써 그것을 ‘재생’시키는 일이 쉽지 않다는 것이다. 「한국성사략」
에서 밝혔듯이 허무의 ‘벽’ 너머에 존재하는 ‘별-신라정신’을 발견하
고 그것을 ‘체내의 십이지장까지 이끌어’ 갔지만 ‘별’은 거기서 자꾸
만 ‘일탈한다’. 이는 ‘체내의 십이지장’으로 표현된 자신의 경험적 현
실 속으로 그것을 끌어 들이는 일에 장애가 있음을 의미한다. 이 장
애는 자주 ‘잠든 님’의 이미지로 나타난다.

> 내 戀人은 잠든지 오래다.
> 아마 한 千年쯤 전에……
>
> 그는 어디에서 자고 있는지,
> 그 꿈의 빛만을 나한테 보낸다.
> 분홍, 분홍, 연분홍, 분홍,
> 그 봄 꿈의 진달래꽃 빛깔들.

다홍, 다홍, 또 느티나무 빛,
짙은 여름 꿈의 소리나는 빛깔들.

그리고 인제는 눈이 오누나…….
눈은 와서 내리 싸이고,
우리는 제마닥 뿔뿔히 혼자인데

아 내곁에 누어있는 여자여.
네 손톱속에 떠오르는 초생달에
내 戀人의 꿈은 또 한번 비친다.

- 「눈 오시는 날」전문

 '잠들었다'는 것은 '님'의 부재와 현존을 모두 의미하는 경계적인
이미지이다. '잠든 연인'은 분명히 존재하고 있지만, '천년쯤 전에 잠
들었다'는 말에는 님의 현존을 느끼기 힘든 자아의 고뇌가 담겨있다.
천년쯤 전에 잠든 님은 '송학(宋學) 이후(以後), 추켜든 손보다 높이
올라가' 버린 '별-신라-원시적 감수성의 세계'라 하겠다. 화자는 연인
의 현존을 느끼기 힘듦을 이야기하면서도 그가 보내는 '그 꿈의 빛'
을 발견한다. 봄에는 진달래꽃에서, 여름에는 다홍 꽃과 느티나무의
빛에서 그가 보내는 꿈의 빛깔을 받아본다는 것이다. 그러나 겨울이
되어 눈이 내리면 다시 '혼자'라는 단절감을 느끼고 있다. 이는 자신
의 현실에서 '신라'를 재생시키는 것이 어려운 일임을 의미한다[23]. 그

---

23) 이런 점에서 본고는 김종길이 「시와 이성」(문학춘추, 1964, 8)에서 미당의 시 「한국성사
　　략」을 두고 '이 시는 시인 자신이 영매가 되어버린 듯한 작품이고 이성이나 현실감각
　　을 완전히 무시한 일종의 섬어(헛소리 譫語)이며 광인의 잠꼬대'라고 비판한 것에 의견
　　을 달리한다. 본고는 서정주가 「한국성사략」을 비롯한 『신라초』에 수록된 여러 시편들
　　에서 자신이 탐구한 신라와 합일하는 데에 실패하고 있으며, 그것은 '현실감각'이나 '이
　　성'이 장애가 되고 있기 때문이라고 파악한다. 또한 본고는 「한국성사략」의 시적구조가

것은 때론 부재하는 것으로 느껴지며 자아에게 단절감을 준다는 점에서 문제적이다.

「눈 오시는 날」의 ‘눈’은 「한국성사략」의 ‘십이지장의 끊어진 곳’과 같이 ‘단속(斷續)’적 이미지를 만들어내고 있다. ‘잠든 님’으로 인한 단속적 이미지는 「님은 주무시고」에서 ‘님이 자며 벗어놓은 순금(純金)의 반지’로 나타나기도 한다. 『신라초』 이후 등장한 ‘금(金)’의 이미지는 ‘살(肉滯)의 일(「선덕여왕의 말씀」)’을 다스리기 위해 가슴에 놓아 준 황금 팔찌이고, 신선 수행을 간 사소가 ‘피가 잉잉거리는 병’을 다스린 후 얻은 ‘불멸성의 피-생금의 광맥(「사소 두 번째 편지 단편」)’이기도 하다. ‘금’은 ‘불멸성으로서의 생명력’을 의미하는 ‘피’ 이미지인 것이다.

다시 말해 ‘님’은 ‘생금의 광맥’인 ‘영원주의’를 의미하는데, 그 님이 잠들었을 뿐만 아니라 ‘자며 순금의 반지’를 벗어 놓았다는 것이다. 순금의 반지는 ‘내’가 님의 손가락에 끼워준 것일 것이다. 님의 손가락에 순금의 반지를 끼워주는 일은 ‘내’가 현실에서 ‘님’과 결합함을 의미하며, 님이 자며 반지를 벗어놓았다는 말은 님의 부재로 인해 그 결합이 깨어졌음을 의미한다. 님과 나의 관계는 일방적인 것이 아니라 이렇게 상호적인 관계로 나타난다.

「無의 의미」에서 시인은 꽃나무의 씨들은 누구누구가 받아다가 심었는지, 어디어디 몇 집에서 피었는지 그 씨들 간 데를 하나도 빼지 않고 물어 가려던 것을 미루고 말았다고 한다. 시인에게 영원주의를 현실화하는 일은 ‘꽃씨들 간 곳을 물어가는 일’처럼 피로하고 불가능한 일로 느껴지기도 한다. 이런 어려움과 피로함은 시적 주체의 머리

비이성적인 구조를 가지고 있지 않으며, 내용상 신비적 합일을 추구하고 있다고 본다. 그리고 이것을 부정적 근대성을 극복하려는 현대적 주체의 시적 모색으로 파악하고 있다.

를 짓누르는 무게감으로 작용한다. 때문에 시적 주체는 '애인이여 너를 맞날 약속을 인젠 그만 어기고 도중에서 한눈이나 좀 팔고 놀다 가기로 한다(「가벼히」)'면서 '가벼운' 삶에 대한 '한눈 팔이'를 꿈꾸기도 한다. 하지만 시적 주체는 이런 피로함과 어려움에도 불구하고 '븨인 금가락지 구멍(「븨인 金가락지 구멍」)'에 '梧桐꽃 내음새 나는 피리소리를 불어 넣어 보내는 너'를 궁금해 하거나 '곁에 누워있는 여자의 손톱 속에 떠오르는 초생달(「눈 오시는 날」)'에서 '잠든 연인의 꿈'을 보면서 '님-신라'를 끝없이 교감하고 있다.

> 내 마음 속 우리님의 고은 눈섭을
> 즈문밤의 꿈으로 맑게 씻어서
> 하늘에다 옴기어 심어 놨더니
> 동지 섣달 나르는 매서운 새가
> 그걸 알고 시늉하며 비끼어 가네
>
> ― 「冬天」전문

「동천」은 짧은 시이지만 이 시기 시인의 시적 작업을 선명한 이미지로 담아내고 있다. '님'으로 상징되는 '신라-원시적 감수성의 세계'는 교감할 수 있지만 '지금 여기'에 없기에 자주 '잠든 님' 혹은 '벗어놓은 순금 반지'로 나타난다. 지금 여기에 부재하는 님은 이 시에서 '내 마음 속'에 있는 것으로 긍정된다. 긍정의 근거는 밤하늘에서 '님의 고은 눈썹'을 발견하였기 때문인데, 밤하늘에서 발견한 님의 눈썹이 '달'이라는 것은 형태적 유사성으로 인해 쉽게 알 수 있다. 하늘의 초생달에서 님의 눈썹을 발견하는 것은, 지금 시적 주체의 옆에 잠든 여자의 손톱 속의 초생달에서 님이 보내는 꿈을 발견하는 것(「눈 오시는 날」)

과 같은 것이다. 이 시에서 '달-님의 눈썹'은 김소월의 「예전엔 미처
몰랐어요」에서처럼[24] 늘 거기 있는 것이 아니라 '사랑하는 주체'에
의해 '발견'되는 것이다. 때문에 시인은 하늘의 '달'에서 '님'을 떠올
린 것이 아니라, 님의 눈썹을 하늘에 '옴기어 심어' 놓았기에 달이 거
기 있다고 표현할 수 있게 된다. 시인이 '님'을 발견-교감할 때에만
'달'도 유의미하게 존재할 수 있기 때문이다.

  이런 맥락에서 '즈문밤의 꿈'의 주어가 명확치 않음에 주목해 볼
필요가 있다. '즈문밤의 꿈'에 님의 눈썹을 씻은 것은 시적 자아이지
만, 그 꿈이 자아의 꿈인지는 확실치 않다. 오히려 '천년쯤 전에 잠든
애인'이 그 '꿈의 빛만을 내게 보(「눈 오시는 날」)'내고 있다는 점에
서, 이 꿈은 시인의 꿈이라기보다는 '잠든 님의 꿈'으로 보는 것이 타
당하다. 천년 전에 잠든 님은 '宋學 이후' 하늘 높이 올라간 '별'과
같은데, 그 '별-님'과 '나'와의 간극을 넘어서려는 시인의 의지는 님의
존재를 교감-확인하는 것으로 나타난다. 즉, 시인이 자신의 현실에서
'님의 꿈의 빛'을 발견하는 것이 '주무시는 님'의 꿈이 계속될 수 있
게 지탱하고 있다. 이는 「님은 주무시고」에서 자신을 '님'의 '꿈을 고
이는 벼갯모'에 '繡놓여 날으는 한 마리의 학'(「님은 주무시고」)'이라
고 지칭하는 데에서도 분명히 나타난다. 그러므로 '즈문밤의 꿈'은,
잠들어 있는 '님'의 꿈이지만 동시에 시적 자아에 의해 유지되고 발
견되는 꿈이라는 점에서, '님과 시적 자아'가 함께 만든 상호적인 꿈
이라고 볼 수 있다. 이는 시적 자아가 님의 눈썹을 발견하지 않았다
면 존재하지 않았을 '달'에 적용되는 것과 같은 원리이다.

---

24) 서정주는 그의 김소월론에서 '사랑'을 논하며 「예전엔 미처 몰랐어요」를 예로 들고 있
   다(서정주, 「金素月과 그의 詩」, 『서정주문학전집』2, pp. 142-143.). 서정주는 6차례에
   걸쳐 김소월론을 쓴 바 있는데, 서정주 시에도 그 영향이 짙게 드러난다. 이는 고를 달
   리하여 본격적으로 고찰해볼 문제이다.

'님과 내가 만든' '즈문밤의 꿈'에 님의 눈썹을 맑게 씻어서 하늘에 옮겨 심은 것은 '님'으로 상징되는 신라를 발견-교감했음을 의미한다. 이는 「한국성사략」에서 '별'을 체내 십이지장까지 가까이 당겨오는 것과 같은 것이다. 다만 「한국성사략」이 우주를 체내로 끌어오는 상상력을 보여주고 있다면, 「동천」은 자아의 현실을 우주로 확장시킨 상상력을 보여준다는 점이 다르다 하겠다. 이 시의 제목인 '冬天'은 시간적 공간적 배경을 나타내고 있다. 겨울은 '꽃'이 피지 않는 계절로, 시인이 '님'의 꿈을 발견하기 힘든 계절이다. 그는 '님'의 꿈을 현실에서 계속 발견하는 것의 어려움과 그 단속(斷續)적 끊어짐을 '겨울'로 나타낸 바 있다. 동지섣달은 음력 열한 번째 달인 동짓달과 열두 번째 달인 섣달이 합쳐진 말로 겨울 가운데 가장 깊은 한겨울을 의미한다. 그러므로 「동천」은 '님-별-신라'를 가장 현실에서 교감하기 힘든 상황에서, '님의 눈썹'을 발견-교감해낸 시인의 의지와 그 결과에 대한 시라고 볼 수 있다.

이 '동지 섣달'을 '나르는 매서운 새'는 님과 나의 합일을 찌르고 잘라내는 공격적인 이미지이다. '님'과 '나'의 '간극-허무'를 메우고 님을 가까이 당겨오려는 노력을 매섭게 공격하는 '새'는 시적 주체가 느꼈던 '낭만적 아이러니'의 표상이다. 님과의 합일을 욕망하지만 경험적 현실에서의 합일이 불가능하기에 느꼈던 '낭만적 아이러니'가 '매서운 새'의 형상으로 표현되어 있는 것이다. 동천에 심어놓은 님의 눈썹은, 시인이 현실에서 '신라-원시적 감수성의 세계-총체성의 세계'를 발견하고 교감하고 있음을 의미하는데, '매서운 새-낭만적 아이러니'는 그것을 공격하지 않고 '시늉하며 비끼어'가고 있다.

다시 말해 '매서운 새'는 현대적 주체의 퍼소나이다. 「동천」에서 '매서운 새'의 등장은 몹시 중요한 의미를 갖는다. 만약 시인이 전근대로의 퇴행을 통해 자아와 우주가 미분화된 '동양적 유기체론의 세계관'을 추구하였다면 이 시에 '매서운 새'가 등장할 이유가 없다. 매서운 새가 등장하지 않는 제3행까지 만으로도 시는 님과 나의 교감을 선명한 이미지와 우주적 상상력을 통해 보여주는 훌륭한 작품이 된다. 그리고 실제로 이 시는 그런 면에서만 높이 평가되어 왔다. 그러나 '매서운 새'가 등장함으로써 '교감'은 위협되며 상당한 긴장감이 조성된다는 부분은 논외 되어 왔다. 바로 이 긴장감이 다른 전통주의 시인들과 서정주가 변별되는 결정적인 부분이다. 이 긴장감은 '우주와의 행복한 합일'을 위협하는 현대적 주체의 이성적·계몽적 세계관에서 오는 것이기 때문이다. '매서운 새'는 계몽적 이성에 의해 세계와 분리를 경험한 현대적 주체의 퍼소나이다. 하지만 '매서운 새'는 '님의 눈썹-달'을 찌르거나 가로지르지 않고 비끼어 날아간다. 이는 시인이 '님'과의 합일을 현실적으로 가능케 하는 어떤 작업을 모색하고 있기 때문이다.

3. 신라정신의 파지

　원시적 감수성의 세계-총체성을 현실과 연결시키기 위해, 시인은 그것이 경험적 현실에 실재했던 예를 찾아 신라를 탐구한다. 그리고 그것과의 교감을 통해 총체성으로 통하는 문을 여는 작업을 시도한다. 이는 선덕여왕과 관련된 지귀설화나, 사소설화 등에 나타난 신라-원시적 감수성의 세계를 자신의 삶과 시적 작업들에 연관짓는 것으로 추구된다. 그런데 시인은 '잠든 님'이나 '빈 순금반지의 구멍' 등의 이미지를 통해 이런 작업의 어려움을 표현한다. 천 년 전의 문헌에 기록된 이야기속의 신라를 교감할 수는 있어도, 그것을 시적 주체의 경험적 현실에 연결하는 것이 쉽지 않기 때문이다. 이런 어려움과 장애를 줄이기 위해 그는 유년시절 자신의 고향 마을인 '질마재'라는 매개체를 찾는다. 질마재에서 시인은 '장을 꿰맴(「한국성사략」)'으로써 신라와 시적 주체 사이에 존재하는 간극을 좁히려고 시도하고 있음을 살펴보고자 한다.

이 땅 위의 場所에 따라, 이 하늘 속 時間에 따라, 情들었던 여자나 남자를 떼내 버리는 方法에도 여러 가지가 있겠읍죠.
그런데 그것을 우리 질마재 마을에서는 뜨끈뜨끈하게 매운 말피를 그런 둘 사이에 좌악 검붉고 비리게 뿌려서 영영 情떨어져버리게 하기도 했읍니다.
모시밭 골 감나뭇집 薛幕同이네 과부 어머니는 마흔에도 눈썹에서 쌍긋한 제물舂이 스며날 만큼 이뻤었는데, 여러해 동안 도깝이란 別名의 사잇서방을 두고 田畓 마지기나 좋이 사들인다는 소문이 그윽하더니, 어느 저녁엔 대사립門에 인줄을 늘이고 뜨끈뜨끈 맵고도 비린 검붉은 말피를 좌악 그 언저리에 두루 뿌려놓았습니다.
그래 아닌게아니라, 밤에 燈불 켜 들고 여기를 또 찾아들던 놈팽이는 금방에 情이 새파랗게 질려서 「동네 방네 사람들 다 들어 보소…… 이부자리 속에서 情들었다고 예편네들 함부로 믿을까 무섭네……」 한바탕 왜장치고는 아조 떨어져 나가 버렸다니 말씀입지요.
이 말피 이것은 물론 저 新羅적 金庾信이가 天官女 앞에 타고 가던 제 말의 목을 잘라 뿌려 情떨어지게 했던 그 말피의 效力그대로서, 李朝를 거쳐 日政初期까지 온 것입니다마는 어떨갑쇼? 요새의 그 시시껄렁한 여러 가지 離別의 方法들보단야 그래도 이게 훨씬 찐하기도 하고 좋지 안을갑쇼?

― 「말피」전문

화자는 김유신 설화를 질마재 마을에 있었던 통속적인 사건과 연결 짓고 있다. 설막동이네 과부어머니와 도깝이란 별명의 샛서방의 연애와 이별과 관련된 사건이 그것이다. '도깝'이라는 별명은 도깨비의 방언인 도까비를 연상시키기도 하고, 소꿉질의 방언인 '도깝질'을 연상시키기도 한다. '도깝'이와의 연애와 이별은 화자의 '~안을갑쇼?'와 같은 어조와 어우러져 도깨비와의 소꿉질을 연상시키며 해학성 있게 그려지고 있다. 이런 해학성은 「姦通사건과 우물」에서 간통사건이 온 마을에 부정이 든 듯한 사건으로 여겨지며 사람뿐만 아니라 가축들과 하늘마저도 아파야 하는 것으로 묘사되는 것과 대조적이다. 이는 '누구네 마누라허고 누구네 男丁네(「간통사건과 우물」)'로 표현되는 배우자 있는 사람들의 간통과 달리, 질마재마을이 남편과 사별한 여인들의 '성(性)'에 대해 상대적으로 관대하기 때문이라고 볼 수 있다.[25] 또한 질마재 마을은 법도에 어긋나는 행동을 하거나 삶에 실패한 사람에 대해서도 완전히 배척하지 않으며 살길을 터주는 '너그러움'을 가진 곳이기 때문이기도 하다.

설막동이네 과부어머니는 대사립문에 인줄(금줄)을 늘이고 검붉은 말피를 뿌려놓았는데, 밤에 등불을 들고 찾아들던 '도깝'이 이를 보고 새파랗게 질려서, 마을에 한바탕 소란을 피우고는 아주 떨어져 나갔다는 얘기다. 화자는 이를 대뜸 김유신이 천관녀와 정을 끊기 위해 말목을 잘랐다는 설화로 연결시키고 있다. 김유신의 설화가 비장한 어조로 그의 위대함과 남다름을 증거하고 있다면, 화자는 김유신 설화를 '도깝'이의 이별사건과 연결시킴으로써 그것이 가진 신성함을 깎아내고 있다. 이는 '사소'나 '선덕여왕'과 같은 인물들의 신성함과,

____

25) 이런 관대함는 홀어미가 된 알묏집(「알묏집 개피떡」)이나 당산나무 밑 여자들인 朴푸접이네와 金서운니네(「堂山나무 밑 女子들」)의 경우에도 나타나는데, 이런 여성들의 '성(性)'에 대해서는 뒤에 다시 논하겠다.

그들 설화의 틀을 그대로 유지하면서, 그것을 시인 자신의 시적 작업이나 생애와 연결시키려 했던 기존의 작업들과 비교하면 큰 변화라 하겠다. 시인은 시 속의 말피 사건을 '李朝를 거쳐 日政初期까지 온' 것이라고 명시하고 있다. 이는 시인이 신라와 자신의 현실 사이의 매개적 시간, 매개적 공간, 매개적 인간상으로서 '질마재'를 선택하고 있음을 밝히는 부분이다.

김유신과 천관녀라는 설화 속 특별한 인물들은 각각 설막동이네 과부 어머니와 도깝이라는 속인들로, 이야기의 비장함은 해학성으로 바뀜으로서 질마재에서 신라의 설화는 거뜬히 재생된다. 신라정신의 신성성을 깎아냄으로써 속인들의 통속적인 삶에서 그것은 재생되는데, 이 속인들의 삶은 시인이 유년시절과 공유되는 부분이 있기에, 유년을 품고 있는 어른으로서의 시인의 현실과 바짝 가까운 것이 된다. 이렇듯 시인은 신라를 자신의 현실로 끌어오는 과정에서 부딪친 현실적인 어려움들을 극복하기 위해, 그가 가진 자료인 '설화'의 신성함을 조금씩 깎아내서 그 매개체인 질마재에 가깝게 당겨오고 있다.

> 질마재 上歌手의 노랫소리는 답답하면 열두 발 상무를 젓고,
> 따분하면 어깨에 고깔 쓴 중을 세우고, 또 喪輿면 喪輿머리에
> 뙤약볕 같은 놋쇠 요령 흔들며, 이승과 저승에 뻗쳤읍니다.
> 그렇지만, 그 소리를 안 하는 어느 아침에 보니까 上歌手는
> 뒤깐 똥오줌 항아리에서 똥오줌 거름을 옮겨 내고 있었는데요.
> 왜, 거, 있지 않아, 하늘의 별과 달도 언제나 잘 비치는 우리네
> 똥오줌 항아리, 비가 오나 눈이 오나 지붕도 앗세 작파해 버린
> 우리네 그 참 재미있는 똥오줌 항아리, 거길 明鏡으로 해 망건
> 밑에 염발질을 열심히 하고 서 있었읍니다. 망건 밑으로 흘러내
> 린 머리털들을 망건 속으로 보기좋게 밀어넣어 올리는 쇠뿔 염
> 발질을 점잖게 하고 있어요.

明鏡도 이만큼은 특별나고 기름져서 이승 저승에 두루 무성
하던 그 노랫소리는 나온 것 아닐까요?

- 「上歌手의 소리」전문

질마재 상가수는 마을의 축제와 초상 같은 특별한 경우에 노래를
불러주는 사람인데, 그 노랫소리가 이승뿐만 아니라 저승에까지 뻗치
는 힘을 가지고 있다. 화자는 어느 날, 상가수가 뒤깐의 똥오줌 항아
리에서 똥오줌 거름을 옮겨 내는 일을 하는 모습을 우연히 목격한다.
마을에 축제가 있을 때나 초상이 났을 때 이승과 저승을 넘나드는 능
력을 발휘하던 모습과는 전혀 다른, 똥오줌을 옮겨내는 상가수의 모
습은 어린 시절 화자의 호기심을 자극했을 것이다. 화자는 똥오줌 항
아리를 '명경(明鏡)'삼아 '흘러내린 머리털들을 망건 속으로 보기 좋
게 밀어넣어 올리는 쇠뿔 염발질을 점잖하게' 하고 있는 상가수의 모
습을 본다. 사람들이 얼굴을 찡그리며 피하기 마련인 '똥오줌 항아리'
를 자연스럽게 거울로 사용하면서 점잖을 잃지 않는 상가수의 모습은
화자에게 꽤나 예사롭지 않게 비친다.

「祈禱 壹」에서 '저는 시방 꼭 텡븨인 항아리같기도하'다고 했듯이
시인에게 '항아리'는 인간 존재를 의미한다. 항아리는 그 자체로 어떤
속성을 갖고 있지 않으며 그 안에 무엇을 담느냐에 따라 그 존재의
속성과 가치가 결정된다. 항아리에는 똥오줌이 담길 수도 있고 꽃이
담길 수도 있다. 항아리가 인간 존재의 비유라면 자신의 항아리에 똥
오줌을 담고 싶어 하는 이는 없을 것이다. 시인은 '시방 제 속은 꼭
많은 꽃과 향기들이 담겼다가 븨여진 항아리와 같'다면서 항아리에
꽃과 향기를 담으려 했음을 고백한다.

반면 상가수는 시인이 꺼려했던 '똥오줌'을 가득 담고서도 하늘의

별과 달을 잘 비추는 맑은 거울이 되는 항아리의 속성을 잘 알고 사용하는 사람이다. 지붕도 없이 허술하게 대접받으며 비와 눈 달빛과 햇살을 받아들이며 하늘과 소통하고 그것을 비추는 이 항아리는 세속적이고 인간적인 삶을 살면서 동시에 초월적 삶을 사는 존재의 은유이다. 화자는 그 항아리의 비밀을 알고 사용할 줄 아는 것이, 바로 '이승과 저승에 뻗치는' 노래를 할 수 있는 상가수의 '재주-힘'의 비결이라고 판단하고 있다. 상가수는 「무슨 꽃으로 문지르는 가슴이기에 나는 이리도 살고 싶은가」에서 나물을 캐면서 하늘의 상제님께 절을 하는 '소녀들'처럼 이승의 삶과 초월의 삶을 동시에 사는 존재이다. 이는 「내가 심은 개나리」에서 '그래 나는 이 개나리 꽃나무에서 또다시 이승과 저승의 두 가지를 나란히 갖는다'26)고도 나타난다. 여기서 세속적 삶은 부정하고 버려야 할 대상이 아니라 초월적 삶과 공존하고 소통하는 대상이다.

똥오줌으로 상징되는 세속성은 「小者 李 생원네 마누라님의 오줌기운」에서 엄청난 생산력과 생명력을 가진 '성(性)'으로 나타난다. 마을에서 제일 무성하고 밑둥거리가 굵다고 소문난 이 생원네 무우밭의 비밀은 그 집 마누라님의 오줌기운이 세기 때문이라는 것이다. '기운이 세다'는 말로 비유되듯이 여기서 오줌은 '힘'으로 여겨진다. 그것은 무우밭을 고무(鼓舞)시키는 이 생원네 마누라님의 '성(性)적 에너지'로 충천한 물인 것이다.

이런 '성(性)'적 에너지가 가진 풍요로운 생산력과 생명력은 「알뫼집 개피떡」에서는 남다른 창조력-재능으로 거듭난다. 홀어미인 알뫼댁은 보름달이 뜰 무렵이면 행실이 궂어져서 서방질을 한다는 소문에 마을사람들에게 외면당했지만, 하늘에 달이 없는 그믐께에 개피떡을

---

26) 서정주, 「내가 심은 개나리」, 『서정주문학전집』1, p. 463.

만들어 마을에 팔러 다니면 그 맛과 맵시에 반한 사람들은 그를 찬양한다. 이 시는 논자들에 의해 두 가지 면에서 주목받은 바 있다. 그 첫째는 알묏댁의 성적이 방종에도 불구하고 '떡맛과 맵시'를 내는 재능을 높이 사서 '이해'하고 찬양하는 질마재 사람들의 특징에 대한 것이다. 즉, 질마재 사람들은 사람의 '재주'와 '재능'을 높이 평가한다는 특징을 지적하고 있다. 둘째는 달의 변화에 따라 변화하는 알묏댁의 소우주적 속성에 대한 것이다. 알묏댁의 성(性)적인 변화와 리듬이 달의 변화와 리듬에 일치함을 달과 물, 여성에 관련된 원형적 상상력으로 접근하고 있다. 본고는 이런 점 외에도 알묏댁의 '창조력-재능'과 '성적인 방종'의 '관계'에 주목한다. '별다른 연장'도 없는 알묏댁네 살림살이에 어떻게 그런 떡이 만들어지는지, 혹시 다른 비결이 있는 것은 아닌지 궁금히 여겨졌던 '딴손'의 정체가 바로 그녀의 '서방질'임을 화자는 암시하고 있다.

'달 좋은 보름 동안의 서방질'은 우주와의 '영통'을 의미한다고 볼 수 있다. 알묏댁은 달 좋은 보름간은 하늘과의 교통하는 능력, 즉 영통하는 능력을 통해 우주와 합일하는 삶을 살고, 달 없는 보름간은 생계를 위해 떡을 만들어 팔며 현실의 삶을 산다. 이는 상가수네 항아리가 똥오줌을 담고 있으면서도 하늘의 별과 달을 잘 비추이는 명경이 되기도 하는 것과 비슷하다. 다만 알묏댁의 경우에는 자연인·우주인으로서의 삶을 '서방질'에 비유함으로써 세속성과 그것을 전도시켜 놓고 있다.

세속인으로서의 삶과 자연인·우주인으로서의 삶을 동시에 영위하는 알묏댁은 '서방질'이라는 영통과 혼교의 산물로 남달리 개피떡을 맛있게 예쁘게 빚어내는 특별한 재능을 갖고 있다. 영통하는 능력과 '특별한 재능-창조력'은 서로 떼어낼 수 없는 것이다. 이는 알묏댁을

'예술가'의 은유가 되게 한다. 알뫼댁은 접신술가라는 비판을 받으며 외면받다가도 시의 미학적인 면에서는 칭송을 받는 서정주 자신의 퍼소나라 하겠다.

「알뫼집 개피떡」에서 알뫼집에게 '성(性)-세속성-현실적 삶'은 '원시적 감수성의 세계-우주적 삶'과 뒤섞여있다. 알뫼집에게 우주적 삶은 현실적 삶이고, 현실적 삶은 우주적 삶인 그런 경지이다. 그리고 그것이 예술적 창조력의 근원이며 비결로 나타난다. 시인은 『화사집』 이후 '피'로 상징되는 '관능'과 '성'을 다스려야 할 '병'으로 보고 그것을 치유하고 제거하기 위해 노력해왔다. 초기시에서 '피'는 자아를 강력하게 구속하고 옥죄어 오는 것들이 자아의 삶에 스며들어 자기자신과 불가분의 상태가 되었을 때, 유일하게 믿을 수 있는 자아의 근거였다. 자아의 존재론적인 근거를 보장하고 자신을 구속하는 벽을 허물기 위한, '휴머니즘'으로써 추구되었던 초기시의 '에로티시즘'은 생산적인 힘을 가진 에로스로서 작용하지 못하고 자아를 훼손하는 결과를 초래한다. 그가 돌파하려는 '벽'이 자신의 삶과 사유에 융합되어 있는 '육벽'이었기에, 그 시도는 '스스로를 사형집행'하는 형국이 되었기 때문이다.

이후, 시인은 '관능적 육체성-열정'을 제거하면서 자아의 한계인 '벽'을 넘어서기 위해 노력해왔다. 그 결과 '신라'를 탐구하는데 이르지만, '피'의 제거와 동반된 '신라'와의 합일은 어려움을 겪는다. 시인은 '신라'를 질마재로 가져옴으로써 그것에 '피'로 상징되는 '육체성-세속성-인간성'을 섞어 놓고 있는 것이다. 이를 통해 '性'은 풍요로운 생산력과 창조력의 근원으로 다시 긍정되고 있다.[27]

한편, 시적 주체가 질마재를 통해 현실에 가까이 끌어오고 있는

---

27) 신범순은 미당이 정지용이나 이상과 갈라지는 지점을 성(性)적인 육체가 지닌 생명력이라고 본다(신범순, 「용의 바다와 짜라투스트라의 바다」, ≪애지≫, 2001, 여름, pp. 291-302.).

'신라'는 '전통과 역사'라는 상징적 아버지이기도 하다. 그러나 시인 은 법률과 질서로서의 '전통과 역사'를 끌어오려는 것이 아니다. 기존 의 아버지와는 근본적으로 다른 이 새로운 아버지를 시인은 '외할아 버지'로 표현한다.

> 바닷물이 넘쳐서 개울을 타고 올라와서 삼대 울타리 틈으로 새어 옥수수밭 속을 지나서 마당에 흥건히 고이는 날이 우리 외 할머니네 집에는 있었읍니다. 이런 날 나는 망둥이 새우 새끼를 거기서 찾노라고 이빨 속까지 너무나 기쁜 종달새 새끼 소리가 다 되어 알발로 낄낄거리며 쫓아다녔읍니다만, 항시 누에가 실 을 뽑듯이 나만 보면 옛날이야기만 무진장 하시던 외할머니는, 이때에는 웬일인지 한 마디도 말을 않고 벌써 많이 늙은 얼굴이 엷은 노을빛처럼 불그레해져 바다쪽만 멍하니 넘어다보고 서 있었읍니다.
>
> 그때에는 왜 그러시는지 나는 아직 미처 몰랐읍니다만, 그분 이 돌아가신 인제는 그 이유를 간신히 알긴 알 것 같습니다. 우 리 외할아버지는 배를 타고 먼 바다로 고기잡이 다니시던 漁夫 로, 내가 생겨나기 전 어느 해 겨울의 모진 바람에 어느 바다에 선지 휘말려 빠져 버리곤 영영 돌아오지 못한 채로 있는 것이라 하니, 아마 외할머니는 그 남편의 바닷물이 자기집 마당에 몰려 들어오는 것을 보고 그렇게 말도 못 하고 얼굴만 붉어져 있었던 것이겠지요.

— 「海溢」 전문

「해일」의 첫 문단에서 화자는 해일이 외할머니네 마당에까지 밀려 왔던 날 느꼈던 기분과 평소와 달랐던 외할머니의 모습에서 느꼈던 의아함을 묘사하고 있다. 여기서 화자는 자신의 감정은 생생히 묘사하면서도, 외할머니에 대해서는 관찰자에 머물고 있다. '그때에는 왜 그러시는지 나는 아직 미처 몰랐'다는 말은 '그때'에 대해 말하는 부분에서는 판단 능력이 결여된 '어린이 화자'로서 이야기했음을 의미한다. 화자는 어린이 화자로 전이되었다가 다시 현실의 화자로 돌아오고 있는 것이다.

두 번째 문단에서 화자는 어부였던 외할아버지가 바다에 나가 돌아오지 않았다는 이야기를 듣고 난 뒤, 그때의 사건을 의미화하고 재구성하고 있다. 외할아버지의 영혼이 바다를 타고 집을 찾아왔다고 실감했기에 할머니는 처녀적처럼 얼굴을 붉히고 있었을 것이라는 해석이다. 외할머니가 실감하는 '남편의 바닷물'은 「인연설화조」에서처럼 유기체론과 영혼의 지속성을 결합하여 구성된 윤회의 방식이다. 그것을 자신의 현실에 영향력 있게 받아들이는 '외할머니'는 신라적 '영통'을 재생하고 있는 예이다. 그리고 화자는 어린 시절 그것을 바로 옆에서 목격했는데, 뒤늦게 그 의미를 발견하고 깨달음으로써 '영통'을 자신의 경험으로 끌어당기고 있다.

이야기꾼 화자는 어린이 화자와 어른 화자 사이의 애매한 경계에서 있다. 이는 과거로의 침잠이나 퇴행이 시인의 목표가 아님을 증명하는 것이다. 시인은 자신이 경험한 유년 시절에서 신라를 발견함으로써 그것을 현실의 자아에 바짝 당겨오려는 것을 목표로 하고 있다. 현실의 자아는 유년기로부터의 축적이자 유년을 담고 있는 존재이기에, 유년기는 신라와 현실의 자아를 연결시켜주는 확실한 매개체가 되기 때문이다.

「해일」은 「자화상」에 폭로되었던 시인의 가족사에서 부재하는 '아버지'의 상징인 '외할아버지'를 복원하고 있다는 점에서도 중요하다. 상징적 아버지는 역사 혹은 민족이라고 볼 수 있는데, 「자화상」에서 아버지와 외할아버지로 나타나는 상징적 아버지들은 돌아오지 않는다. 그러나 「해일」에서 외할아버지는 할머니의 '영통'을 통해서 재생되고 있다. 이는 신라정신을 통해 상실된 민족적 역사적 정체성을 복원하고 있는 것이라 볼 수 있다.

외할아버지는 부계 중심의 전통적 아버지의 상징과는 다른, 모계적 속성(외가)을 가지고 이어진 역사와 전통을 상징한다. 시인이 추구하는 역사와 전통의 모계적 속성은 「외할머니의 뒤안 툇마루」에 잘 나타나 있다. 외할머니네 툇마루는 '외할머니와 그네 딸들'이 날마다 닦아온 것이다. 이 툇마루는 오랜 세월 때묻음과 때닦음을 겪으면서 '먹오딧빛' 반짝이는 거울로 거듭난다. '거울'은 그것을 들여다보는 사람을 비춘다는 점에서 '정체성'의 문제와 밀접히 연관된 사물이다. 누구나 거울을 통해서 자신이 누구인지 어떻게 다른 사람과 변별되는지 확인할 수 있으며, 타인에게 어떻게 보이는지도 알 수 있다. '외할머니의 얼굴과 내 얼굴이 나란히 비치어 있는' 툇마루의 거울은 '자아'에게 안전하고 굳건한 정체성을 부여하는 거울이다. 이런 까닭에 '외할머니의 툇마루-거울'은 자아가 무언가 꾸지람을 들을만한 잘못을 한 경우에도, 좌절하지 않거나 불안해하지 않고 '숨을 바로' 할 수 있도록 하는 치유와 위안의 힘을 가지고 있다. '외할머니의 툇마루-거울'은 자아의 정체성을 부여하며 보호해주는 보호고치(protective cocoon)[28]이다.

모계로 이어지는 혹은 모계적 속성을 가진 전통과 역사를 발견하고 재생하는 일은 융융(隆隆)한 '생금의 광맥'인 불멸성에 참여하는 일이다. 이를 통해 시적 주체는 무엇에도 침범당하지 않는 강한 자아-정체성를 획득하면서 동시에 자아의 한계성을 극복하며 불멸성에 접속된다. 불멸성에 참여, 혹은 접속된다는 것은 과거의 현재화를 의미하

---

28) A. 기든스, 권기돈 역, 『현대성과 자아정체성』, 새물결, 1997, pp. 87-92.

는데, 그것은 신라를 현재로 끌어오는 일이다.

시적 주체에 의해 우주적 삶과 세속적 삶은 결합되며, 이 결합을 통해 신라는 생생히 재생된다. 신라의 재생은 시적 자아에게 강력한 정체성을 보장하는 것이다. 자아에게 정체성을 부여하는 이 전통과 역사는 모계적 속성을 갖고 있기에, 시적 주체는 그것을 문헌에 기록된 설화뿐만 아니라 실제 마을 사람들의 언어 행위와 습속에서 찾아 내려 한다. 문헌에 기록된 설화는 그것을 현실과 결합시켜야만 재생되는데 비해, 사람들의 언행과 습속에서 찾아낸 신라는 바로 현실에 살아있는 것이기 때문이다. 이런 작업은 신라의 직접적인 현실화라고 이름 붙일 수 있다.

<싸움에는 이겨야 멋이라>는 말은 있읍지요만 <져야 멋이라>는 말은 없사옵니다. 그런데, 지는 게 한결 더 멋이 되는 일이 陰曆 正月 대보름날이면 이 마을에선 하늘에 만들어져 그게 1年 내내 커어다란 뻔보기가 됩니다.

勝負는 끈질겨야 하는 거니까 山海의 끈질긴 것 가운데서도 가장 끈질긴 깊은 바다 속의 민어 배 속의 부레를 끄내 풀을 끓이고, 또 勝負엔 날카론 서슬의 날이 잘 서 있어야 하는 거니까 칼날보다 더 날카로운 새금파리들을 모아 찧어 서릿빨같이 자라란 날들을 수없이 만들고, 勝負는 또 햇빛에 비쳐 보아 곱기도 해야 하는 것이니까 고은 빛깔 중에서도 얌전하게 고은 梔子의 노랑 물도 옹기솥에 끓이고, 그래서는 그 勝負의 鳶실에 우선 몇 번이고 거듭 번갈아서 먹여야 합죠.

그렇지만 選手들의 鳶 자새의 그 긴 鳶실들 끝에 매달은 鳶들을 마을에서 제일 높은 山 봉우리 우에 날리고, 막상 勝負를 겨루어 서로 걸고 재주를 다하다가, 한 쪽 鳶이 그 鳶실이 끊겨 나간다 하드래도, 敗者는 <졌다>는 歎息 속에 놓이는 게 아니라 그 반대로 解放된 自由의 끝없는 航行 속에 비로소 들어섭니

다. 山봉우리 우에서 버둥거리던 鳶이 그 끊긴 鳶실 끝을 단 채
하늘 멀리 까물거리며 사라져 가는데, 그 마음을 실어 보내면서
<어디까지라도 한번 가 보자>던 전 新羅 때부터의 한결 같은
悠遠感 에 젖는 것입니다.
　　그래서 그들은 마을의 生活에 실패해 한정없는 나그네 길을
떠나는 마당에도 보따리의 먼지 탈탈 털고 일어서서는 끊겨 풀
려 나가는 鳶같이 가뜬히 가며, 보내는 사람들의 인사말도 <팔
자야 네놈 팔자가 상팔자구나> 이쯤 되는 겁니다.

― 「紙鳶勝負」전문

음력 정월 대보름날이면 마을에서 특별한 일이 벌어진다. 달은 시
인이 '즈문밤의 꿈으로 맑게 씻어서 하늘에 옮기어 심어'놓은 '님의
눈썹'(「동천」), 즉 신라정신을 의미한다. 그 달-님-신라정신이 가장 밝
아지는 보름날에는 알묏집의 '서방질'과 같은, '영통'하는 일이 질마
재 마을에 벌어진다. 그것은 한 해를 여는 첫 보름날인 음력 정월 대
보름에 행해지는 '연날리기' 시합이다.

　연날리기는 시합에 앞서 준비 과정이 필요하다. 자세하게 이야기되
고 있는 연의 준비과정은 '연실'에 정성을 들이는 과정에만 집중되어
있다. 연싸움에서는 연보다도 연실이 중요하기 때문이다. 이 연실을
만드는 과정은 질마재 사람들의 인생의 알레고리로 비쳐진다. 인생이
란 싸움이며 그 싸움에 임하기 위해서는 긴 과정을 거쳐야 한다. 화
자는 승부는 끈질겨야 한다면서 연실에 민어풀을 먹이는 과정을 이야
기한다. 민어풀은 민어의 부레를 끓여 만드는 것인데 거친 바다에서
가라앉고 떠오르는 것을 조절하는 민어의 부레는 바다에 맞서는 끈질
김을 연실에 더하고 있다. 또한 사금파리들을 찧어 연실에 먹이는 과
정은 삶에는 날카로운 서슬로 임해야 한다는 진지함과 준엄성을 이야

기하고 있다. 그러나 또한 승부는 이런 서슬퍼런 진지함과 끈질김만
으로는 안되고 햇빛에 비쳐보아 곱기도 해야 한다. 그래서 화자는 치
자의 노랑을 물을 끓여 연실에 곱게 먹이고 있다. 삶에는 멋과 미학
이 빠져서는 안되는 것이다. 그리고 이것을 몇 번이고 반복하여 거듭
먹이는 정성이 필요하다.

　서정주는 질마재 사람들을 儒者(유학파), 자연파(노장파/신선파), 심
미파로 나눈 바 있는데,29) 「지연승부」의 연실을 만드는 과정에도 질
마재 사람들의 인생이 고스란히 담겨있다. 민어풀의 끈질김이 자연파
의 삶이라면, 사금파리 가루의 서슬퍼런 진지함은 유자들의 삶이고,
노랑 치자물의 멋은 심미파의 삶을 상징하고 있다. 즉 이 연실은 질
마재 사람들의 삶의 방식들을 모아놓은 것이며, 대보름날 하늘에서
행해지는 연날리기는 질마재 사람들의 영통을 의미한다.

　또한 연실을 만드는 과정은 「외할머니네 뒤안 툇마루」의 먹오딧빛
툇마루 때거울이 만들어지는 과정과도 같다. 삶은 어느 날 거울이 되
는 것이 아니며 날마다 손때를 먹이고 닦아내는 과정을 통해서 맑은
거울로 거듭난다. 마찬가지로 끈질기고 강하고 아름다운 연실은 그것
에 끈적이는 풀과 서릿빨 같은 칼날들과 치자물을 계속 번갈아 먹여
야만 만들어 지는 것이다. 삶은 어느 순간 파탄나거나 훼손되는 것이
아니라 더 긴 과정으로 이어진다. 파탄이나 실패, 훼손으로 보이는
현상들은 그것으로 끝이 아니라 과정의 단면들일 뿐이다. 이는 시인
의 끈질긴 생명에 대한 의지와 삶에 대한 긍정을 담고 있다. 「지연
승부」의 연실은 이런 과정을 통해 질기고 힘있고 아름다운 존재로

---

29) "심미파의 힘으로 흥청거리고 잘 놀고 노래하고 춤추고, 유자들의 덕으로 다스리고 지
　　키고, 자연류-신선파의 덕으로 답답지 않은 소슬한 기운을 유지하면서, 아직도 일본이
　　가져온 신문화의 혜택에선 멀리 그전 그대로의 전통 속에 있었다"(서정주, 「질마재里의
　　사상들」, 『서정주문학전집』4, p. 142.).

거듭난다.

 선수들은 그렇게 각자 준비한 연실에 연을 매달아 마을에서 가장 높은 산봉우리 위에 날린다. 그들은 승부를 겨루어 서로 재주를 다하다가 한쪽의 연이 끊겨나가면 패자는 하늘로 날아가는 연을 바라보며 오히려 '해방된 자유의 끝없는 항행 속에 들어선다'. 하늘로 자유로이 날아가는 연을 보며 그것을 자신과 동일시하기 때문이다. 끈 떨어진 연이 되는 것, 즉 최선을 다해 진지하게 삶에 임했지만 생활에 실패한 사람이 마을을 떠나 '뜨내기'가 되는 것은 패배가 아닌 해방인 것이다. 화자는 이런 '뜨내기' 정신을 신라정신과 연결시키고 있는데, 이는 사소의 신선 수행과 같은 것이라 볼 수 있다. 또한 '자유의 항행에 들어선' 연은 죽음을 의미하기도 한다. 이승의 삶이 끝나더라도 그것을 끝으로 보지 않고 새로운 삶의 시작으로 보는 사유이기도 하다.

 이런 승부의 세계에서 패배자는 없다는 것을 마을 사람들은 알고 있다. 질마재는 이런 인생의 원리가 적용되는 곳이다. 시인은 마을 사람들의 습속이나 언행에 남아 전해 내려오는 신라를 찾는 데 주력한다. 「石女 한물宅의 한숨」은 마을 사람들의 언행에 담긴 신라정신을 이야기하고 있다. 마을사람들은 밝은 아침에 이는 솔바람 소리가 들리면 '하아 저런! 한물宅이 일찌감치 일어나 함숨을 또 도맡아서 쉬시는구나! 오늘 하루도 그렁저렁 웃기는 웃고 지낼라는 가부다!'고 말하며 하루를 시작한다. '단단하게 살찐 玉'같이 단아하고 힘도 실했던 한물댁은 아이를 낳지 못해 스스로 남편에게 소실을 얻어주고 언덕 위 솔밭에서 살았던 여인이다. 순탄치 못한 삶임에도 한물댁은 늘 웃음을 짓고 살았는데 사람들은 그것을 한물댁의 특별한 힘으로 보았다. 그녀를 보고 누구나 웃지 않을 수 없었는데 그 역시 사람들의 입술을 올리게 하는 '막강한 힘' 때문이라 여겼던 것이다. 늘 웃으며 사

람들을 웃게 만드는 힘을 가진 한물댁이 병으로 일찍 세상을 뜨자 사
람들은 한물댁이 살던 집 뒷산의 솔밭에서 부는 솔바람 소리에서 한
물댁의 한숨 소리를 듣고 되살려낸다. 그리고 솔바람 소리가 들리면
한물댁의 '막강한 힘'이 되살아나서 사람들의 마음 속에 그 영향을
미치는 것이다.

이외에도 '박꽃 때(「박꽃 時間」)'라는 시간 단위가 마을 아낙들 사
이에서 통용되는 것, '풍편(「풍편의 소식」)'이라는 말, 농부가(農夫歌)
의 한 구절에 들어 있는 '걸궁배미(「걸궁배미」)'의 의미 등을 추적하
는 시들은 모두 질마재 사람들의 언어습관에 남아있는 신라를 찾아내
는 작업들이다. 또한 2-3백년 이상 수저(水底)에 가라앉혀야만 쓸 수
있다는 침향(「침향」)을 만드는 전통, 대나무를 엮어 창틀을 만드는 관
습(「竹窓」), 음력 정월의 첫 뱀날 뱀을 쫓기 위해 마을 사람들이 '이
삼만'의 이름을 붓글씨로 받아다 집안 기둥에 붙여두는 습속(「李三晚
이라는 神」) 등을 추적하는 시들은 질마재 사람들이 행하는 풍속에서
남아있는 신라를 찾아내는 작업이다. 이는 거꾸로 질마재를 비성화
(desacralization)[30]된 신라로 보고 그것의 원형을 신라에서 찾아내는
작업이라고 말할 수도 있다.

질마재를 전근대적인 삶의 가치와 습속에 의해 지배되는 곳이라고
평가하는 기존의 논의들은 그것을 신비에 싸인 특수한 공간으로 정의
하고 있다. 그러나 질마재는 그 자체로 신비로운 곳이 아니며 시인의

---

30) 오세영은 엘리아데의 개념을 적용하여 서정주의 중기시를 성현(聖顯)체험으로, 후기시를
신화의 세속화라고 보았는데 본고는 중기시에서부터 신화의 세속화가 이루어지고 있다
고 본다(오세영, 「영원과 현실」, 『한국현대시인연구』, 월인, 2003, pp. 314-344).
엘리아데는 모범이 되는 모델이 없는 단순한 속의 행위와, 신화를 원형으로 한 속
(profane)의 행위를 구분하고 후자를 비성화(非聖化, desacralization)의 오랜 과정을 겪어
속화된 것으로 보았다(신화의 세속화에 대해서는 M. 엘리아데, 『우주와 역사』, 현대사상
사, 1995, pp. 49-58 참조.).

의지에 의해 신비롭게 발견되고 해석되고 꾸며진 공간이다. 그곳의 비근한 일상은 이야기꾼화자-시인의 미학적 매개[31]를 통해 신비로운 것으로 거듭나고 있는 것이다.

시인은 천년 전의 신라를 질마재와 결합함으로써 자신의 현실에 가깝게 당겨오는 데 성공하고 있다. 때문에 '질마재'라는 의미항과 '신화'라는 의미항은 자연스럽게 결합되어 '질마재 신화'가 탄생한 것이다. 신화를 만들어 내는 것(mythopoeic)이 인간이 우주에 접근하는 방법이라는 점에서 질마재 신화는 질마재를 통해 우주에 접근하는 방법을 현실화하고 있다 하겠다. 물론 질마재에서 재창조된 신화들이 시인의 현실과 일상으로까지 접목된 것은 아니지만 그것이 질마재와 결합되고 해석되고 미학적으로 변용되면서 시인의 경험 속으로 진입해 들어온 것은 분명하다. 이는 시적 주체가 '파지'를 통해 '신라'를 사유화(appropriate)하고 있는 것이다.

'교감'이 지금은 없는, 다만 회상의 자료들인 과거와의 신비주의적 합일인 반면, '파지'는 축적된 과거인 현실을 '붙잡음'으로써 그것을 주체의 '현실'로 삼는다는 차이점이 있다. 주체가 파지하고 있다는 것은 더 이상 고정불변의 실체(substance)로서의 주체로 존재하지 않음을 의미한다. 실체로서의 주체는 다른 모든 것들과 단절된 채 파편화된 존재를 의미한다. 과정적 주체는 이런 실체개념을 부정하고 '파지'를 통해 끊임없이 변화하는 존재이다.

'신라-원시적 감수성의 세계'는 시인의 경험 속으로 진입해 들어오면서 감수성 차원에서 재창조되고 있다. 이는 서정주가 낭만적 유기체론에서 상상적으로 이룬 총체성의 획득을 현실로 끌어오려는 의지

---

31) Michael Bell은 정령주의건 자연에 대한 외경이건 신화건 제식이건 원시주의적 자료는 절대적 의미를 갖고 있지 않으며 오직 예술가 자신의 비젼이라는 견지에서만 중요성을 갖는다고 본다(Michael Bell, 『원시주의』, 서울대학교출판부, 1985, p. 101.).

의 산물이다. 다시 말해 경험적 현실 내에서 다시 마법에 걸리기 (reenchantment without supernaturalism)의 실천을 위한 작업, 그의 말로하면 '체내로 이끌어온 별이 일탈했던 장을 꿰매는 작업'인 것이다. 이를 두고 접신술이라 폄하한 비판은 그것이 미학적 작업이었다는 논의를 통해 극복되었으나, 이는 다시 현실을 떠난 예술지상주의적 도피라는 결론으로 이어진 바 있다.[32] 그러나 본고는 서정주 시의 시적 주체가 파지를 통해 총체성을 자신의 경험적 현실 속으로 끌어오는 작업을 하고 있다는 시각에서 이와 의견을 달리한다.

한편 『질마재 신화』에 수록된 시편들과 같은 시기에 창작된 많은 시들이 『떠돌이의 시』[33]로 묶여 나온다. 『질마재 신화』[34]는 서정주의 회갑을 기념하여 그 해에 묶어낸 시집인데, 이 때 '질마재 신화' 시편들과 묶이지 않는 다른 경향의 시들은 따로 두었다가 다음해에 다시 출간한 것으로 보인다. 즉, 이 두 시집에 수록된 시들은 같은

---

32) 최현식은 질마재를 심미적 영원성의 공간의 완성으로 보고 논의를 마침으로써 인간 존재나 역사현실 고유의 다양성과 복합성 이질성과 차이성을 눈감고 일상적인 것에서 비밀스러운 것을, 비밀스러운 것에서 일상적인 것을 발견하는 범속한 트임을 약화시킨다고 보았다. 미당의 영원성의 현실성과 잠재성이 활성화될 수 없는 한계에 자가당착함으로써 질마재 신화 이후로 현격히 감퇴하는 영원성에 대한 형이상학적 열정과 시적 긴장 약화로 평가하고 있다(최현식, 『서정주 시의 근대와 반근대』, 소명출판, 2003, pp. 269-270.).

33) 『떠돌이의 시』는 몇 개의 장으로 나눌 수 있다. 진정한 자유를 노래하기 위한 시적 출발로서의 '떠돌이의 시' 시편과 '정말'이라고 이름 붙인 시편들, 그리고 『질마재 신화』의 연장성산이라고 보여지는 '산문시'편과 행사시는 축시가 포함된 '시사시편'이 그것이다. 그러나 각 시편들은 명확하게 구분을 갖고 있는 것은 아니고 어떤 점에서 『떠돌이의 시』에 실린 시편들은 이전에 시인들이 써왔던 시들의 여적을 모아놓은 것이 아닐까 의심이 되는 측면도 있다. 다른 측면에서 보자면 각 시편들은 이후의 시인이 지향하는, 아직 구체화되지 않은 시세계의 청사진이라고 볼 수도 있다. 그런 과도기의 밑그림이 시집 『떠돌이의 시』에 얼비치는데 그런 의미에서 그의 시세계가 갖고 있는 내부의 미약한 균열이 감지되기도 한다.

34) 『질마재 신화』에는 <질마재 신화>와 <노래>라는 두 개의 소제목하에 시들이 나뉘어 수록되어 있다. 이중 '노래'는 일년 12개월의 각각에 대한 시 12편으로 구성되어 있는데, 시인 자신의 말에 의하면 작곡되어져 불려지길 바라며 지은 시들이다. 이는 제11시집인 『노래』(1984)에 재수록된다.

시기에 창작된 것들로 같은 시기 시인이 추구한 다른 경향의 시라고
할 수 있다.

> 바다속에서 전복따파는 濟州海女도
> 제일좋은건 님오시는날 따다주려고
> 물속바위에 붙은그대로 남겨둔단다.
> 詩의전복도 제일좋은건 거기두어라.
> 다캐어내고 허전하여서 헤매이리요?
> 바다에두고 바다바래여 詩人인 것을……

— 「詩論」 전문

『떠돌이의 시』 처음에 수록된 「시론」은 지금까지와는 다른, 시에
대한 시인의 발언이다. 그것은 '시의전복도 제일좋은건' 바다 속에 남
겨두어야 한다는 것이다. 시의 전복이란 무엇일까. 시인은 지금까지
자신의 한계를 극복하려는 노력을 줄기차게 추구해왔다. 그 결과 총
체성이 현실로 실재했던 신라를 발견하고, 그것을 파지함으로써 자신
의 현실로 끌어오는 작업을 추구하게 된다. 이는 또한 '생금의 광맥'
으로 상징되는 '불멸성에 참여'하는 일이기도 하다. 시적 주체는 신라
를 질마재와 결합함으로써 자신의 경험 속으로 진입시키는 데 성공한
다. 이제 그는 이를 조금만 더 당겨와 현실에서 신라를 재생해내면
완성되는 시점에 와 있다. 그렇다면 '다캐어내면 허전할' '제일좋은'
시의 전복이란 바로 시인의 현실에서 원시적 감수성의 세계인 신라를
재생해내는 작업을 의미할 것이다.

  이 시는 시인이 등단한지 40년이 되는 해인 1976년 5월에 ≪현대
문학≫지에 발표되었다. 시인은 40년간 집요하게 추구해온 자신의 시
적 작업의 결실을 눈앞에 둔 상황에서 그것을 그만하겠다는 선언을

하고 있다. 그는 '시의 전복'을 모두 캐어내면 '허전'할 것이라면서 다만 그것을 '바라는' 시인으로 남고자 한다.

– 「雨中有題」 전문

「우중유제」의 주인공인 '신라의 어느 사내'는 '계집'에 대한 긴장감 있는 몰입으로부터 갑작스럽게 엉뚱한 대상으로 관심을 전환하고 있다. 『화사집』을 연상시키는 제1행과 제2행의 에로티시즘적 몰입은 그 주체가 '신라의 어느 사내'라는 점이 눈에 띤다. 화자는 '신라의 어느 사내'와 '님'과의 에로티시즘적 합일의 순간만을 남겨두고 있는 긴장된 순간을 포착하고 있다. 그런데 그 순간 사내는 '떠러지는 홍시에 마음이 쏠'리는 엉뚱한 전환의 국면을 맞는다.

'떠러지는 홍시'와 '사내의 마음이 쏠리는 것'의 절묘한 조화는 이 시의 백미이다. 온갖 바람과 서리를 견디면서도 나무에 끈질기게 매달려 있었을 홍시가 어느 순간 툭 떨어지듯이, '님'과의 합일의 순간을 위해 끈질기게 온통 몰입해온 사내의 마음 역시 어느 순간 툭 떨어진다. '떠러지는 홍시'는 사내의 마음을 빼앗아간 대상이면서 '사내'

와 동일시된 사물이다. 사내와 홍시와의 동일시는 갑작스럽고 엉뚱한 전환을 자연스러운 것으로 만드는 힘을 가지고 있다. 이제 '사내'는 바로 '떠러진 홍시'가 되어 또그르르 굴러가버린다. 자연과 사내가 어느 순간 통하여 일치된 합일의 이 장면은, 갑자기 마음이 변해 다른 곳으로 굴러가는 것 역시 신라정신임을 보여준다. 이 사건의 주인공을 '신라의 사내'로 표현한 것도 그것이 신라정신임을 강조하려는 의도를 담고 있다.

시인은 '나도 이젠 고로초롬만 살았으면' 싶다면서 이 시가 자신의 지금까지의 시적 작업과 앞으로의 시에 대한 생각임을 숨기지 않는다. 더 이상 '시의 전복'을 따는 일, '님'과의 에로티시즘적 합일, 다시 말해 신라정신을 자신의 현실에서 재생해내는 일에 몰입하지 않겠다는 것이다. 그리고 다른 곳으로 마음이 쏠려 또그르르 굴러가는 것 역시 신라정신임을 역설하고 있다. 제2연은 제1연이 시인이 '쏘내기속 청솔 방울'을 바라보다가 떠올린 생각임을 암시한다. '쏘내기속 청솔 방울' 역시 '홍시'나 '사내'처럼 툭 떨어져 구를 수 있는 대상이기 때문이다. 그것을 '약'으로 보고 있다는 말은 청솔방울을 보고 떠올린 제1연의 내용이 시인에게 '위로'가 되고 있음을 의미한다. 그리고 '어쩌면 고로초롬은 될법도' 하다고 시를 마무리 지었는데, 이는 시인이 지금까지의 추구해온 것과 다른, 새로운 시에 대한 기대감과 함께 과연 그럴 수 있을까 하는 의문이 섞인 말이라 하겠다. 그렇다면 '홍시가 떨어지듯' 어느 순간 떨어지는 홍시에 마음이 쏠린 시인이 '또그르르 그만 그리로 굴러가버리'지 못하고, 주저하는 이유는 무엇일까.

시인은 '시의 전복'을 바다에 두고 그것을 바라는 일을 기꺼이 하고자 한다. 이는 다 캐어내고 나면 '허전하여서 헤매이(「시론」)'게 될 것을 두려워하기 때문이기도 하고, '정말 하기는 거북 하(「정말」)'기 때문이기도 하다. 그는 「정말」에서 '모두 바다 속에 갖다가 던져 버려'두자고 한다. 버리는 대상이 무엇인지는 밝히지 않고 있지만, '영아유기범(嬰兒遺棄犯)[35]의 엄마 팔에 안긴 애기와는 달라서 썩많은 나이값을 하노라고 소리 한마디도 지르지는 안을겝니다'라는 시구절로 보아 그것은 아주 오래된 것이다. 이는 40년간 추구해온 시인의 시적 생애를 암시한다고 볼 수 있다. 그러나 전반부의 유기충동(遺棄衝動)과 달리 후반부에서 시인은 '언제 어느 아이들이 어떻게 이것을 건져서 가질 수 있을 것인가'라고 걱정을 하고 있다. 바로 이 점이 시인을 '떠러지는 홍시처럼 또그르르 굴러가버'리기 전에 주저하게 하는 이유이다. 그는 다음 세대를 걱정하고 있는 것이다.

> 여름 海水浴이면
> 쏘내기 퍼붓는 해 어스럼,
> 떠돌이 娼女詩人 黃眞伊의 슬픈 사타구니 같은
> 邊山 格浦로나 한번 와 보게.
>
> 자네는 불가불
> 水墨으로 쓴 詩줄이라야겠지.
> 바다의 짠 소금물결만으로는 도저히 안되어
> 벼락 우는 쏘내기도 맞어야 하는
> 자네는 아무래도 굵직한 먹글씨로 쓴
> 詩줄이라야겠지.
>
> 그렇지만 자네 流浪의 길가에서 만난
> 邪戀 男女의 두어雙,

---

35) 민음사판 『미당 시전집』 1권의 407쪽에 수록된 「정말」에는 영아유엽범(嬰兒遺葉犯)으로 되어 있지만 이는 버릴 기(棄)자와 낙엽 엽(葉)자의 유사성으로 인해 혼동된 잘못된 표기이다.

또 그런 素質의 손톱의 반달 좋은 處女 하나쯤을
붉은 채송화떼 데불 듯 거느리고 와
이 雷聲 驟雨의 바다에 흩뿌리는 것은
더욱 좋겠네.

한줄 굵직한 水墨글씨의 詩줄이라야 한다는 것을
짓니기어져 짓니기어져 사람들은 결국
쏘내기 오는 바다에
이 세상의 모든 채송화들에게
豫行演習 시켜야지.

그런 龍墨 냄새 나는 든든한 웃음소리가
제 배 창자에서
터져 나오게 해 주어야지.

— 「格浦雨中」 전문

　「격포우중」에서 화자는 여름 해수욕을 하려면 '쏘내기 퍼붓는 해 어스름, 변산 격포로 와 보'라고 권하고 있다. 일반적인 해수욕과는 어울리지 않는 날씨와 시간을 제시하고 있는데, 때문에 격포는 '떠돌이 창녀시인 황진이의 슬픈 사타구니'와 같은 곳으로 비유된다. '바다'가 생명의 근원을 상징한다면 쏘내기 퍼붓는 해 어스름의 격포 바닷가는 그런 모성적 생명력이 결여되어 있기 때문이다. 황진이는 떠돌이 창녀시인으로 묘사되는데, 이는 성적인 법규로부터의 일탈로 인해 신선 수행을 떠나 떠돌아야 했던 신라신모인 '사소'의 비성화(非聖化)라 할 수 있다. 그러므로 격포로 와 보라는 것은 실패한 자, 낙오자 또는 상처받은 자들에게 신선 수행을 권하는 의미가 된다.
　제2연에는 대뜸 '자네'라는 말이 나오는데, 이는 '자네 유랑의 길'

Ⅲ. '과정화로서의 존재'의 발견　163

이라는 말로 보아 떠돌이 시인이었던 '황진이-격포'를 지칭한다고 보아야 한다. 화자는 해 질 무렵 비가 쏟아지는 서해바다의 어두운 풍경 속에서 '수묵으로 쓴 詩줄'을 떠올린다. 어두운 해변과 바다에 쏟아지는 검고 굵은 빗줄기와 그것이 남기는 흔적에서 굵직한 붓글씨를 연상하며, 화자는 자신이 바라보는 그 자연 풍경 자체를 굵직한 먹글씨로 쓴 '詩줄'로 보고 있다.

그는 이 묵직한 힘이 느껴지는 詩줄의 풍경에 붉은 채송화떼와 같은 사람들을 흩뿌려 놓으면 더욱 좋을 것이라고 제안한다. 채송화는 사련(邪戀) 남녀와 그런 소질의 손톱의 반달 좋은 처녀의 비유로 쓰이고 있다. 사련 남녀란 윤리적이지 못한 사랑을 하는 사람들을 의미한다. 황진이가 사랑으로 인해 '유랑'을 했던지라, 그 유랑길에서 만난 비슷한 떠돌이 사련 남녀와 같은 사람들을 격포로 불러들이는 것은 마땅한 일로 여겨지는 것이다. 또한 그런 소질이 있는 처녀란 사련을 할 법한 처녀를 말하는데, 그 처녀는 손톱의 반달 좋은 처녀이다. 시인에게 손톱의 반달이나 눈썹은 '달'이미지로서 '잠든 님-신라정신'을 떠올리게 하는 개인적 상징이다.

제4연은 문장의 호응이 얽혀 난해한데, 그것은 제4연 전체에서 가장 중요한 부분을 첫 행으로 뽑았기 때문이다. '한줄 굵직한 水墨글씨의 詩줄이라야 한다'의 주어는 제2행의 '사람들은'이며, 사람들이 '詩줄'이 되는 이유는 그들이 '짓니기어'지기 때문이다. 일차적으로 '짓니기어'지는 것은 '수묵'의 빛깔을 연상시키며, 해변과 바다에 새겨지는 먹글씨 역시 쏟아지는 쏘내기에 짓니기어져 생기는 것이라는 점에서 유사하다. 그리고 '짓니기어진 사람들'이 '떠돌이'가 되어 끈질기게 살아간다는 점에서 그것은 詩'줄'이 되는 것이다. 그리고 이 문장은 다시 뒷문장의 목적어가 되고 있다. 즉, '자네=황진이=격포'

는 '쏘내기 오는 바다'와 '세상의 모든 채송화들'에게, '짓니기어진 사람들은 결국 한줄 굵직한 수묵글씨의 詩줄이라야 한다는 것을' 예행 연습 시켜야 한다는 것이 제4연의 의미구조라 하겠다.

마지막 연에서 '詩줄'은 '용묵 냄새 나는 든든한 웃음소리'로 변주된다. 그런 웃음소리가 '제 배 창자에서 터져 나오게 해 주어야'한다는 구절은 詩줄을 완전히 자기 것으로 소화하여 합일된 상태가 되게 해주어야 한다는 의미이다. 그럴 때 이 연에 담긴 자신감과 통쾌함이 실현될 것이기 때문이다.

「격포우중」은 시인의 또 다른 시론(詩論)이라고 볼 수 있다. 물론 떠돌이 시인 황진이는 서정주 자신의 퍼소나이다. 이 시에서 시인은 신라를 재생해내는 '詩'를 이어가야 함을 다짐하고 있다. 그것은 詩가 아니라 '詩줄'이라는 말을 사용하는 것에서도 드러나는데, 이 詩줄은 시인이 발견했던 '생금의 광맥(「사소 두 번째의 편지 단편」)'과 같은 것이다. 시인은 신라의 현실화를 그만하고 새로운 관심사로 옮겨가고 싶다는 생각(「우중유제」, 「시론」)과 그러면 그것을 누가 어떻게 이어갈 것인가 하는 걱정(「정말」) 사이에서 주저하고 있었다. 시인은 『떠돌이의 시』 서문에서 '정말'과 '떠돌이' 사이에서 고민하다가 제목을 '떠돌이'로 붙였다고 쓰고 있다.36) 이 시집 자체가 떠돌이에 대한 욕

---

36) "이것은 내 꼭 40년의 이곳 시단생활에서의 일곱 번째 시집이 된다. 나는 대인관계에서는 마지 못하면 거짓말을 더러 해 왔지만, 시에다가 까지 그러지는 못했었으니까 그런 뜻으로 「정말」이라는 제목을 붙일까도 했지만, 그보다는 역시 「떠돌이」쪽이 마음 편하게 느껴져서 고로초롬 하기로 했다. 나는 아주 젊었을 때 한동안 떠돌이의 자유를 누려 보고는 가정과 직장에 매여 오랫동안 그걸 마음대로 못하고 지냈는데, 인제는 멀지 안 해 대학의 정년도 되고 하니 다시 그 자유가 가능할 듯해 그 예비연습을 조금씩 해보고 있는 중이다.
나는 아직도 많이 웃음이 서투른 사람이어서 이것을 좀더 원만히 되도록 노력하며 잘 흘러다녀 볼 생각이다. 그 다음에는 글세 좋은 노송 몇 그루의 송뢰(松籟 솔바람)소리나 벗해서 숨소리를 잘 그런데 맞추는 연습이나 하다가 씨익 한번 웃고 점잔하게 숨넘어가면 되는 것이 아닌가?"(서정주, 『떠돌이의 시』서문.)

망을 담고 있다는 점[37]에서 시인이 '마음이 쏠린' 새로운 관심사란 '떠돌이'에의 욕망이라 볼 수 있다. '새로운 욕망-떠돌이의 욕망'과 신라를 현실화하는 시를 계속 씀으로써 뒷세대들에게 그것을 '예행연습' 시켜줘야 한다는 생각이 「격포우중」에서 만나고 있는 것이다.

중기시에서 시인은 상실된 총체성을 경험적 현실과 연결시키려는 노력에 집중한다. 이는 총체성이 현실에 실재했던 예를 찾는 작업을 통해 추구된다. 과정적 유기체론의 세계관에서 '현재'는 단절된 시간이 아닌 과거의 축적이며 그 인과관계로 성립된 것이다. 원시적 감수성의 세계-총체성을 현실과 연결시키기 위해, 시인은 그것이 경험적 현실에 실재했던 예를 찾아 신라를 탐구한다. 그리고 그것과의 교감을 통해 총체성으로 통하는 문을 여는 작업을 시도한다. 그런데 시인은 '잠든 님'이나 '빈 순금반지의 구멍' 등의 이미지를 통해 이런 작업의 어려움을 표현한다. 천 년 전의 문헌에 기록된 이야기속의 신라를 '교감'할 수는 있어도, 그것을 시적 주체의 경험적 현실에 연결하는 것이 쉽지 않기 때문이다. 이런 어려움과 장애를 줄이기 위해 그는 유년시절 자신의 고향 마을인 '질마재'라는 매개체를 찾는다.

신라로 상징되는 원시적 감수성의 세계는 시인의 경험한 세계인 질마재와 결합되고 해석되고 미학적으로 변용되면서 시인의 경험 속

---

37) 이 시집은 <정말>, <시사시편>, <산문시>, <떠돌이의 시>의 네 파트로 나뉘어 시들이 수록되어 있다. <시사시편>이 『질마재 신화』시기부터 쓴 행사시들을 모아놓은 것이고, <산문시>는 『질마재 신화』간행 이후에 쓰여져 그것에 미처 수록되지 못했지만 다분히 질마재 신화적 성격을 띤 시들을 모아놓은 것이므로 『떠돌이의 시』의 변별적 시들은 <정말>과 <떠돌이의 시> 파트에 수록된 시들로 보아야 한다. <정말>에는 여러 경향이 있지만 주로 '신라'를 현실화하는 작업을 그만두려는 「시론」과 「정말」 같은 시들이 포함되어 있고, <떠돌이의 시>파트에는 서정주가 자신의 회갑기념 시화전을 계기로 전국을 떠돌아다니며 쓴 시들과 떠돌이에 대한 욕망을 드러낸 시들을 담고 있다는 점에서 이 시집은 '떠돌이'라는 새로운 시도를 욕망하고 있다고 판단된다. 그런 면에서 시인이 서문에 밝힌 대로 시집의 제목을 『떠돌이의 시』로 지은 것도 의미가 있다 하겠다.

으로 진입해 들어온다. 이는 시적 주체가 '파지'를 통해 '신라'를 사유화하는(appropriate)하고 있는 것이다. 이는 초기시에서 추구한 낭만적 유기체론을 통해 상상적으로 획득한 총체성을 경험적 현실로 끌어오려는 의지의 산물이다. 그런데 시적 주체는 그것을 조금 더 당겨와 현실에서 신라를 재생해내면 완성되는 시점에 도달하여 그것을 그만하고 '떠돌이'를 하고 싶다는 새로운 욕망을 품고 있다. 시적 생애 40년을 맞는 마당에서, 그는 자신이 집요하게 추구해 온 시적 작업을 '다 캐어내'기 보다는 다만 그것을 '바라는' 시인으로 남고자 하는 것이다. 그러나 이 '떠돌이' 욕망은 신라를 현실과 연결하여 재생시키는 시적 작업을 지속하여 '뒷세대' 사람들에게 그것을 가르쳐주고 이어주어야 한다는 생각과 갈등한다. 그리고 마침내 '떠돌이'를 하면서도 '詩줄'을 통해 그것을 이어가겠다는 두 가지 욕망의 상생을 추구하기로 한다.

Ⅳ. 자기초월체로서의 자아와 불멸성의 시학

이 장에서는 후기시에서 바로 이 두 가지 욕망이 추구되고 있음을 밝힐 것이다. 후기시집들은 거개가 기획 연작시들을 책으로 묶어낸 것들이다.[1] 이는 후기시 대부분이 특수한 목적을 위해 기획되었음을 의미하는데, 본고는 그것이 '떠돌이'의 욕망과 '詩줄'을 이어가려는 욕망을 실현하기 위한 기획임을 밝히고 그 양상을 추적하고자 한다.

1. 원시적 감수성과 우주적 합일

서정주는 1977년 11월 26일부터 1978년 9월 8일까지 10개월여의 기간 동안 세계일주 여행을 떠난다. 이 여행은 시인이 재직 중이던

---

1) 『西으로 가는 달처럼』은 ≪경향신문≫과 ≪문학사상≫에, 『학(鶴)이 울고 간 날들의 시』는 ≪문학사상≫에, 『안 잊히는 일들』과 『노래』는 ≪현대문학≫, 『팔할이 바람』은 ≪일간스포츠≫에 연재했던 시들을 묶은 것이다. 『산시』도 연재되었을 것으로 보이나 아직 발표지가 밝혀지지 않았다.

동국대학의 배려[2]와 경향신문의 후원[3]을 통해 이루어졌으며, 이 때 보고 들은 체험을 소재로 한 시들은 경향신문[4]에 연재 되었다. 이후 이 시들은 문학사상지에 1979년 5월호부터 1979년 12월호까지 여덟 번에 걸쳐 여행지 순서대로 다시 연재되었다. 이 때 첫 회분은 '서정주세계기행시집'으로 발표되었으나, 2회분부터 제목이 '西으로 가는 달처럼'으로 바뀌고 있다. 이것이 시집 제목으로 이어져 『西으로 가는 달처럼…』(1980)이 간행된다. 기획 단계에서부터 '원로시인의 야심작'이라는 광고를 달고 있는 이 시들은 서정주 자신이 『떠돌이의 시』(1976) 서문에서 밝혔던 '떠돌이'에의 욕망[5]을 단행한 것이라 볼 수 있다. 『질마재 신화』까지 줄기차게 달려온 '몰입'과 『떠돌이의 시』에서 보여준 '떠러지는 홍시에 마음이 쏠린' 전환은 그의 「격포우중」에서 두 가지 모두에 대한 지향으로 나타난 바 있는데, 시인은 이를 실천하기 위한 야심 찬 기획으로 '세계기행'을 떠났던 것이다.

美國 로키山脈의 요세미테 산중을 더듬어 가고 있을 때에도
徐廷柱 나는 하나가 아니라 열 대여섯 명쯤은 되어 있었읍니다.

---

2) 서정주의 회상에 따르면 이 기행을 위해 1년 휴직을 하였는데, 대학 측에서 그 기간에도 가족들에게 급여를 지급하기로 했다고 한다.

3) 경향신문에 기행문을 연재하기로 하고 여행경비를 후원받았다고 한다. 1977년 11월28일자 경향신문에는 "元老文人의 野心作 東西文學의 현장에"라는 광고가 게재되었다. 이 광고에는 "詩人 徐廷柱씨의 世界周遊記 내년 1월 1일부터 장기연재"라는 내용이 수록되어 있다.

4) 이 시들은 1978년 1월 1일부터 같은해 8월 1일까지 연재되었는데, 서정주가 여행 중에 쓴 시들을 경향신문사로 송고한 것으로 보인다. 여행을 마치고 돌아온 뒤 1978년 9월 29일자 경향신문에는 서정주와 경향신문사 문화부장과의 대담이 「東洋이 病든 西歐를 救한다」는 제목으로 게재되었다.

5) "나는 아주 젊었을 때 한동안 떠돌이의 자유를 누려보고는 가정과 직장에 매여 오랫동안 그걸 마음대로 못하고 지냈는데, 인제는 멀지 안해 대학의 정년도 되고 하니 다시 그 자유가 가능할 듯해 그 예비연습을 조금씩 해보고 있는 중이다.
나는 아직도 많이 웃음이 서투른 사람이어서 이것을 좀더 원만히 되도록 노력하며 잘 흘러다녀 볼 생각이다"(서정주, 『떠돌이의 시』서문.).

내 맘대로 못 다룬 强力들의 틈바구니에서 어느새 몸에 밴 술주
정뱅이로, 그보다도 더 좀스런 色骨 잡것으로, 그럭저럭 어리무
던한 會長이니 敎授니 家長이니 하는 것으로, 매우 여러 사람의
情實의 戀人으로, 서투른 유태인 같은 못난 수전노로, 그러다가
때로는 저 구름덩어리들로-작은 구름, 큰 구름, 중치 구름덩이
로, 또 永遠으로 永遠으로 울리는 鐘으로, 울리다간 멎고 멎고
하는 鐘으로…… 아마 열 대여섯 명도 더 되는 내 分身들의 한
團體가 되어 걸어가고 있었읍니다. 제각기 목청이 다른 딴소리
들을 하면서 말씀입죠.

그런데 말씀야, 어디선가 꼭 귀신들이 씨나락 까먹는 것 비스
름한 소리가 무더기로 들려서 좀더 잘 들어보니 그건 그게 아니
라 꿀벌떼가 몽땅 모여 윙윙거리고 있는 소리 같았읍니다. 내
分身들의 늘푼수 없는 충돌의 소란 때문에 咀呪할 걸로 처음은
들었던 것이 가까이 잘 들어보니 贊頌과 祝福의 소리인 것이에
요. 「날씨가 좋으니 꿀벌들이 찬송가를 꽤나 잘 부르는군」 같이
가던 내 弟子더러 나는 말했었지요. 그랬더니 나보다 그걸 더
잘 아는 제자는 「그건 벌떼가 아니라, 피도 심장도 아주 썩 좋
은 樂園의 새들의 콧노래」라 합디다.

내 제자가-아니 지금은 내 스승이 손가락질해 가리키는 큰
사이프러스 나무 쪽을 보니 사이프러스는 그저 사철청청키만한
한낱 상록수일 따름인 것인데, 그 속에서 무얼 보고 그러는 것
인지, 마치 큰 대추알 만큼씩한 자잘한 새떼들이 한 백마리쯤은
너끈히 되게 거기 떼지어 돌며 圓舞를 하면서 모두 다 똑같은
소리로 하나가 되어 무얼 열심히 찬양하고 있는 것이었읍니다.

<허밍 버드(Humming bird)>-그래 나도 이 허밍버드 떼들이
하고 있는 것 같은 찬송의 합창을 내 야단난 마음 속의 分身들
에게 연습해 보라고 권고할 마음을 내게되었는데, 그게 그리 잘
될 일일깝쇼?

- 「요세미테 山中에서」전문

시인의 '떠돌이'는 미국과 캐나다 중·남미와 아프리카를 거쳐, 유럽, 중근동, 호주, 동남아시아로 이어진다. 이 기행시들 대부분에서 시인은 자신의 목소리를 그대로 노출하며 자신의 생각과 감정을 드러내고 있다. 인용된 시에서 화자는 스스로를 '서정주 나'라고 분명히 함으로써 시와 시인의 현실의 경계를 허물어뜨리고 있다. 시인은 로키산맥의 요세미테 산을 오르며 열 대여섯이나 되는 분신들로 분열된 자신과 마주친다. '술주정뱅이, 색골잡것, 회장, 교수, 가장, 수전노, 여러 사람의 애인, 구름덩어리들, 영원에서 영원으로 울리는 종, 울리다간 멎고 멎고 하는 종' 등등의 '단체'가 되어 걷고 있다는 것이다. 술주정뱅이와 색골잡것이 세속성을 지향하는 자아에 대한 이름붙임이라면, 회장, 교수, 가장, 수전노 등은 현실의 자아가 맡고 있는 역할들이다. 작은 구름, 큰 구름, 중치구름의 구름덩이들은 초월성을 지향하는 자아이며, '영원성에서 영원성으로 울리는 종'이란 '총체성'을 거듭 되살려내려는 자아를 의미한다. 또한 '울리다가 멎고 멎고 하는 종'이란 그 작업에서 어려움을 겪는 자아의 모습을 나타내고 있다.

이 시는 『질마재 신화』에 수록된 「상가수의 소리」를 떠올리게 한다. 세속적 삶을 지향하는 분신들이 상가수의 '똥오줌 항아리'라면, 초월적 삶을 지향하는 자아는 하늘의 별과 달을 잘 비추는 기름진 '명경'으로서의 '똥오줌 항아리'이다. 상가수는 이 두 가지 중 어느 것을 취하고 어느 것을 버리는 태도를 취하지 않는다. 그에게 세속적 삶과 초월적 삶은 분리되어 있으면서도 세속적 삶에서 초월성을 발견할 수 있는 '주체의 능력'에 의해 소통하며 공존한다. 똥오줌 항아리가 차갑고 딱딱한 유리거울과 달리 햇살과 비와 바람을 받아들이는 유기체적인 거울이라는 것은 바로 이런 '소통'의 상징이며, 과정적 주체의 상징이다.

　그런데 「요세미테 산중에서」에는 세속성을 지향하는 자아와 초월성을 지향하는 자아가 분열되어 있을 뿐만 아니라, 현실의 다양한 역할을 수행하고 있는 자아들마저 여럿으로 분열되어 있다는 점에서 다르다. 다른 시인의 시에도 분열된 자아가 등장하는 경우는 있지만 이처럼 열 대여섯이나 되는 자아들의 분열을 보여준 예는 드물 것이다. 그의 분신들은 아예 '분신들의 한 단체'가 되어 '제각기 목청이 다른 딴소리들'을 하고 있는 것이다. 이런 까닭에 상가수처럼 세속적·인간적 삶과 초월적 삶을 두루 울리는 노랫소리를 갖지 못한 채, 자아의 '영원으로 영원으로 울리는 종'소리는 '울리다간 멎고 멎고' 하는 단속적 성격을 보여준다.

　이렇게 분신들의 한 단체가 되어 심란하게 산을 오르던 시인은 어떤 소리를 듣게 된다. 그 소리는 귀신들이 씨나락을 까먹는 소리같이 들리다가 다시 꿀벌떼의 윙윙거리는 소리처럼 들린다. 그는 자신의 분신들이 충돌하며 만드는 소란 때문에 꿀벌떼가 저주하는 것이라 생각했지만, 그 소리에 다가갈수록 그것이 '찬송과 축복의 소리'임을 알게 된다. 시인의 제자는 그것이 '벌떼'가 아니라 '낙원의 새들의 콧노래'라고 가르쳐준다. 시인은 그 말에 제자를 '지금은 내 스승'이라고 칭하고 있다. 이는 시인이 가진 다양한 정체성의 긍정적 성격을 보여준다. 시인은 '분신들의 한 집단'으로서의 정체성을 가지고 있는데, 그 중 무언가를 배제하고 무언가를 선택하여 통합해야 하는 대상으로 여기지 않는다. 그것들은 오히려 각각 다른 개체이면서도 하나의 전체를 구성하는 유기체적인 성격을 띤다. 시인은 하나의 정체성에 고착되어 딱딱하게 굳은 자아를 가지고 있지 않고 무수히 영향 받으며 변화하는 유기체적인 자아를 가지고 있다. 때문에 그는 가르침을 받았을 때 스승에서 제자로 변화할 수 있다. 분열된 자아를 어떤 이상화된 자아상으로 통합하여 고착시키지 않는 유기체적인 자아는 상가수의 '똥오줌 항아리'보다 훨씬 유기화된 과정적 주체에 다름 아니다.

과정적 주체인 자아는 떼지어 한 소리로 노래하는 '허밍버드(Humming bird)'의 풍경을 보고 그것을 자신을 다스리는 방법으로 수용하고자 한다. 자연의 소리를 듣는다는 점에서, 그리고 그것이 꿀벌떼의 찬송과 축복의 소리라는 점에서 이 시는 「상리과원」을 연상시킨다. 「상리과원」에서 시인은 '맵새, 참새, 때까치, 꾀꼬리, 꾀꼬리새끼들이 조석으로 이 많은 기쁨을 대신 읊조리고, 수십만마리의 꿀벌들이 왼종일 북치고 소구치고 마짓굿 올리는 소리를 허'는 것은 당연한 일이라고 노래한 바 있다. 그는 자연으로부터 축복의 노랫소리를 들으면서도 거기 참여하지 못한 채, 그것의 관찰자의 역할에 머물고 말았었다. 그러나 「요세미테 산중에서」에는 자연의 관찰자에서 벗어나 그것을 자신의 현실로 삼으려는 자아가 나타난다. 그리고 분열된-훨씬 부드럽게 유기화된 자아들의 '합창'은 시인의 삶의 모든 면모가 곧 총체성을 현실화하는 요소임을 의미한다.

> 치운 겨울날, 뉴올리언스에서 스라이들 사이의 세계에서 가장 긴 다리-판처트레인 湖水 위의 24마일이나 되는 다리를 건너, 그 한정없이 칙칙한 루이지애나 州立公園의 밀림지대에 내가 들어선 것은 결국 무슨 前生의 因緣으로 나를 거기서 기다리고 있었던 한 마리의 지극히 외로운 고양이를 만나기 위함이었읍니다.
>
> 한 사람의 僑胞有夫女 錢女史와 그네의 다섯살짜리 사내아이와 나 세 사람 밖에는 피 가진 어떤 목숨의 서성거림도 이 루이지애나 밀림 속의 겨울의 을씨년스런 너댓 시간 동안에는 전혀 없었던 것인데, 문득 「니야아웅……」 소리 하나가 어느 낙엽 깔린 오솔길로부터 일어나서 荒漠한 미국의 숲土에 잦아들며,

우리 세 사람 곁으로 흙이 참 오래 혼자 바래다가 빛이 엷어지
고만 것 같은 빛깔의 중키의 고양이 한 마리가 어슬렁어슬렁 벗
하자기 미안한 듯이 다가오고 있는 것이었읍니다. 다가와서는
우리 턱주가리 밑에 새로 돋아나려는 혹이랄까, 아니면 며누리
발톱이랄까, 또 아니면 우리 눈이 밝지 못해 아직은 잘 안 보이
던 우리 셋의 그림자의 그림자처럼 아주 겸손하디 겸손한 발걸
음으로 우리만 뒤따라 다니고 있었읍니다.

그래, 우리 셋 중에서 제일 먼저 이 고양이와 친구가 된 건
자연히 우리 셋 중에서 제일로 눈이 밝은 우리 다섯 살짜리 꼬
마여서, 꼬마는 말없이 그 고양이의 등을 쓰다듬어도 주고 고양
이는 또 그의 손등을 제 愛人 핥듯 핥아주고 있었는데, 우리 錢
女史께서는 턱주가리에 돋겠다는 혹도 며누리발톱도 그림자의
그림자도 함께 데불고 살기를 좋아않는 성질인 듯 「꼬마야 인
제 고양이한테 작별인사를 해라」하곤 車의 운전대에 올라 시동
을 걸기 시작했고, 나는 또 錢女史와 꼬마의 中間인 것이라 그
냥 침묵만 지키고 있을 수밖에 없었읍니다.

그리하여 잔 사설을 빼고 말하자면 그 고양이를 같이 데불고
가자고 울먹이며 떼쓰는 아이를 錢女史는 내 침묵 속에 억지로
車에 끌어들여 앉히고 투루루루 돌아가는 車의 機動의 톱날로
다가 그 고양이와 우리 사이의 그 紐帶랄 것을 싹둑 끊어버리며
돌진해 가기 시작했는데, 이건 역시나 아픈 것이어서 아이는 집
에 닿도록 흑흑거렸고, 錢女史도 집에 가선 「데불고 올걸……」
하고 뉘우쳤고, 나도 이 글을 쓰는 지금도 그 「니야아옹!」 소리
를 기억만 하면 골통이 휑뎅그르해지는 것입니다.

— 「루이지애나 密林 속의 외론 고양이」전문

이 시에서 시인은 루이지애나 주립공원의 밀림지대에 갔었던 경험
을 이야기하고 있다. 이 시에 나타난 밀림 탐방은 상당히 몽환적으로
그려져 있다. 밀림에 가기 위해서는 세계에서 제일 긴 다리를 건너야

한다는 말이나, 방문했던 날을 을씨년스런 겨울로 묘사하는 것은 그 여행을 저승에의 탐방처럼 느끼게 한다. 특히 그 밀림이 '피 가진 어떤 목숨의 서성거림도' 전혀 없는 곳으로 그려진다는 점에서 그러하다. 전여사와 꼬마와 시인 셋 만이 밀림을 헤매었는데, 이 일행에게 고양이가 다가온다. 시인은 그 고양이를 '흙이 참 오래 혼자 바래다가 빛이 엷어지고만 것 같은 빛깔'이라는 말로 묘사함으로써, '외로움과 기다림'을 부여하고 생명력을 탈색하여 신비로운 영혼 같은 느낌을 더하고 있다.

시인은 고양이를 '턱주가리에 새로 돋아나려는 혹', '며누리발톱(새끼발톱 뒤에 따로 있는 퇴화된 작은 발톱-인용자)', '우리 눈이 밝지 못해 아직은 잘 안 보이던 우리 셋의 그림자의 그림자'와 같았다고 말한다. 이는 '턱주가리에 새로 돋아나려는 혹'은 고양이가 시인의 새로운 일부가 될 수도 있음을, '며누리발톱'은 한 때 그의 일부였지만 이제는 퇴화된 것일 수도 있음을 의미한다. 한편 '우리 눈이 밝지 못해 아직은 잘 안 보이던 우리 셋의 그림자의 그림자'라는 구절은 「신라의 상품」을 떠올리게 한다. 「신라의 상품」에서 '매'는 '밝은 눈'을 가진 존재로 묘사되는데, 매의 밝은 눈이란 '어느 사 간 사람의 집에서라도' 그것을 되채어 올릴 수 있는 능력을 의미한다. 매는 팔려간 목화솜이 제 고장에 피었었던 목화꽃임을 알아보고 되채어 오는 능력을 가지고 있다. 이는 다른 장소에 다른 형태로 놓여 있더라도 그 것을 알아보는 능력을 의미한다. 시인은 루이지애나라는 낯선 장소에서 만난 고양이에게서 자신의 '전생의 인연'을 어렴풋이 느끼고 있다.

그것을 가장 먼저 알아 본 것은 '자연히' 셋 중에 가장 '눈이 밝은' 다섯 살짜리 꼬마로 나타난다. 꼬마와 고양이는 서로를 알아본 전생의 연인인냥 서로를 쓰다듬고 핥아주는 것이다. 반면 전여사는 꼬마와 고양이를 강제로 떼어놓고 차를 몰아 밀림을 빠져나오도록 하는 존재로 그려진다. 시인은 스스로를 '전여사와 꼬마의 中間'이라고 명명하고 있는데, 여기서 이 세 명의 일행은 시인의 세 가지 자아로도 읽을 수 있다. 이 셋은 밀림 속에서 늘 '우리 셋'으로 나타나며, 화자는 꼬마에게도 전여사에게도 공감하고 있기 때문이다. '돈'을 의미하는 '錢'여사는 세속성을 추구하는 자아로, 영혼과 쉽게 소통하는 꼬마는 원시주의적 감수성을 추구하는 자아로 볼 수 있다. 전여사는 어느 편도 들지 않는 화자의 침묵 속에서 아이를 억지로 차에 앉히고 투루루루 돌아가는 '차'의 기동의 톱날로 고양이와의 유대(紐帶)를 싹둑 끊어버리며 돌진하는 문명의 상징으로 나타나기도 한다. 그리고 시인은 이 유대의 상실이 '아픈 것'이어서 아이도 화자도 전여사마저도 후회했다고 쓰고 있다. 시인은 이 시에서 원시적 감수성 체험과 상실경험을 이야기하고 있다.

원시적 감수성-총체성의 현실화 외에 이 시에는 시인의 '원시주의적' 사유도 담겨있다. 낭만주의의 일종인 원시주의는 어른보다는 아이에, 문명보다는 원시에 더 높은 가치를 매기고 그것으로의 회복을 주장하는 사조이다. 문명의 기계를 모는 어른인 전여사보다는 다섯 살짜리 아이가 훨씬 뛰어난 존재로 나타나는 점이 그러한데, 이런 원시주의는 이 시집에 전반적으로 깔려 있다. 시인은 '라스베가스'의 퇴폐적 향락주의로 치달은 문명(「라스베가스」)을 비판하거나, 문명에 반항하는 히피들을 하와이 아줌마에 비해 유치하고 비린 것(「카우아이 섬에서」)으로 판단한다. 떠돌이 길에 그의 눈과 귀를 붙잡는 것은 자연풍경과 그 속의 원주민들의 삶이나 신화전설, 그리고 다섯 살 어린 아이의 웃음소리(「시카고의 나의 친구 미스 티클」)같은 것이다. 원시주의적 사유는 시인이 세계여행을 통해 각국의 풍물에서 원시적인 것을 찾아내고 그것에서 원시적 감수성의 흔적을 발견하려는 의도를 가지고 있음을 의미한다. 이는 원시적 감수성의 세계를 현실로 가까이 당겨오기 위해 시인의 유년시절이며, 문명이 침투하지 않은 '질마재'를 찾았던 것과 같다. 이제 시인은 세계의 각국을 여행하며 현실에서 그것을 찾고 있다.

그는 '우리가 겨우 아프리카 정글 속 같은데 살아남을 것이다! 살아서 씨앗을 퍼뜨려 가고 가고 갈 것이다!(「아프리카 흑인들의 근일의 자신만만」)'라는 어느 흑인의 말을 옮겨 적으며, 문명보다 강한 끈질긴 생명력을 발견한다. 또한 스위스 아펜젤 산 위에 페스탈로찌의 이름이 붙은 세계고아원을 방문하여서는 '한여름에도 눈발은 때때로 몰아'치는 그런 곳에서 '살아남아 단단해지면 지독한 놈은 될 것이(「아펜젤 山上의 세계고아원에서」)'라면서 질긴 생명력과 생명에의 의지를 이야기하고 있다. 이는 텔아비브에서 2천 3백원에 사 입은 혼방의 남방셔츠에 '할애비와 애비와 아들 삼대가 이어 입는대도 절대 떨어지지 않'게 달아놓은 단추를 보고 마음이 놓는 것(「이스라엘製의 옷단추 단 것을 보며」)에서 대를 이어 전해지는 끈질긴 이어짐을 강조하는 것으로 나타난다.

그러나 자신의 개체에 고착된 생명에의 집착은 시인에게 끔찍하고 미련스러운 것으로 여겨진다. 그는 이집트 카이로에서 본 피라밋을 보고 옛 이집트 왕들의 영생에의 욕망을 '그 욕심 참 한번 대단했었군'이라면서 탄식한다. 그는 미이라를 '굴비 같이 삐득삐득 말'려놓은 '죽은 송장', '알량한 육신'이라고 부르면서 그것에 산 숨결이 돌아오리라 믿었던 이집트의 왕들을 미련스럽다(「기자의 피라밑들을 보고」)고 쓰고 있다. 이는 미당이 그토록 열망했던 '푸른 숨결'을 되돌리고, '붉은 피'를 돌아오게 하는 불멸성이 개체의 육체적 소생(resurrection)

이 아님을 의미한다. 서정주에게 불멸성은 '되살아나는 영혼'의 문제가 아니라 '되살려내는 주체'의 문제이다. 그것은 선대를 자신의 현실로 받아들이는 주체의 이어짐에 의해서 이루어진다.

시인은 세계를 기행하며 원시적 감수성의 세계를 찾아내려 노력하고 있다. '신라'의 현실화가 이루어지고 있는 것이다. 세계를 떠돌며 낯선 타국의 풍물 속에서 총체성의 세계를 현실화해낸 시인은 그것이 특정한 시·공간에 존재하는 것이 아니라, 그것을 현실화할 수 있는 '주체의 능력'에 있음을 절실히 느낀다[6]. 그는 이 '능력을 가진 주체'를 키워 낼 필요성을 절감하고 세계여행에서 돌아와 <학이 울고 간 날들의 시>연작을 기획연재 하게 된다. ≪문학사상≫지에 1980년 2월호부터 1981년 9월호까지 20회에 걸쳐 연재를 마친 후『학이 울고 간 날들의 시』라는 제목의 시집으로 간행했는데, 시집에는 '시로 읽는 한국사 반만년'이라는 부제를 달았다. 『학이 울고 간 날들의 시』는 '신라의 현실화'와 '이행(transition)'으로 정의되는 '영원주의'의 기원을 '단군신화'로 끌어올리고 거기서부터 반만년의 한국사를 재해석하여 기술하고 있다.

> 곰같이 어리석기만 했던 처녀가 그 마음을 잘 닦아서 나오는 것을 桓雄이 보니, 비로소 하늘의 안 끝나는 마음을 그득히 그네 마음 속에 담아도 좋을 것 같아서 그렇게 하시고, 그러고 나니 그네의 으젓함에 환웅께서도 그리움이 생겨, 가까이 한 나머지에 곰 처녀는 마침내 애기를 갖게 되었는데, 그 이름이 당굴-檀君이었지요.
>
> 당굴은 아주 먼 우리 옛말로 하늘이란 뜻이니, 사람은 언제나

---

6) Michael Bell은 정령주의건 자연에 대한 외경이건 신화건 제식이건 원시주의적 자료는 절대적 의미를 갖고 있지 않으며 오직 예술가 자신의 비젼이라는 견지에서만 중요성을 갖는다고 했다(Michael Bell, 『원시주의』, 서울대학교출판부, 1985, p. 101.).

두루 하늘다와야 한다는 속셈을 이 이름은 간직하고 있는 것이
지요. 하늘다와야 하는 것이니까, 당굴(단군) 노릇으로 살자면
그 나이도 끝이 없어야 하는 것인데, 우리 처음 당굴님의 나이
를 왜 일천 구백 여덟살로 계산했느냐 하면, 그건, 사람의 살을
가진 목숨의 나이로서, 그 이름으로 왕 노릇을 한 그와 그의 후
계자들의 이 세상 나이를 얼추 모다 합쳤던 것으로 보이는구면
요. 그 핏줄이 간절하기 작정이라면 여러 대를 고로코롬 합쳐세
도 좋기사 좋은 일이니까…….

　　1920년 무렵까지도 이 <당굴>이란 이름으로 천대받으며 무
당 노릇을 하고 다니던 식구들이 이 나라엔 어느 만큼 있었던
것인데, 지금은 눈씻고 볼래야 보이지 않고, 그 대신 인제는 뿔
뿔이 홀로 되어 <떠돌이>란 이름으로 떠돌고 있는 남녀의 외
톨이들만이 남아 있소.

　　이들도 멀리 멀리 안 가는 데가 없이 뻗쳐 가려 하며, 또 그
런 하늘의 신바람도 간직하고 있는 점에서는 본래의 당굴과 아
조 딴 것도 아니건만, 어느 때부터인지 속이 그만 텡 비기 시작
하여, 거기 천만 가지 시름이니 뭐니 그런 걸 꼬작꼬작 집어넣
어 채우고, 비칠비칠 헤매고 다니다가 어언간에 그만 그리 외톨
이들이 되어 버리고 만 것이지요.

－「檀君」전문

『학이 울고 간 날들의 시』는 단군신화부터 조선조에 이르기까지의
우리 역사를 시인이 나름대로 재해석한 것이다. 그는 단군신화를 기
술하는 데에만 7편의 시를 썼다.[7] 「하느님의 생각」에서는 환웅이 조
선을 골라 태백산으로 내려오는 내용을 담고 있다. 이 시에서 시인은
환웅이 '서자'라고 폄하될 수 있는 부분에 대한 재해석을 보충함으로

---

7) 「하느님의 생각」, 「환웅의 생각」, 「곰색시」, 「단군」, 「조선」, 「흰 옷의 빛깔과, 버선코의
　곡선 이야기」, 「신시와 선경」.

써 그를 하느님의 '제일로 예쁜 아들'로 기술하는데 공을 들이고 있
다. 「환웅의 생각」에는 이 시집을 기획한 의도가 잘 드러난다. 바로
'몸이사 젊어서 죽건 늙어서 죽건, 그 마음으로 자자손손 이어가는
마음의 목숨만은 끝이 없는 것을 알아 살게 하리라'는 것이다. 여기
서 자자손손이란 끝없이 이어지는 시간을 의미하기도 하며, 자손으로
육신의 일부가 유전되며 이어진다는 유기체론적인 사유이기도 하다.
그리고 '마음의 목숨'이란 '마음'을 통해 이어지는 '생명'을 의미한
다. 여기서 '마음'이란 선행존재(predecessor)를 실감하고 그것으로 받
은 영향을 현실에 반영함으로써 과거를 '되살려내는 주체'를 의미한
다. 이런 후속존재(successor)의 이어짐을 통해 '끝이 없는 목숨', 즉
'생금의 광맥(「사소 두 번째의 편지 단편」)'인 불멸성이 이어지는 것
이다. 이 시집은 이런 불멸성의 시각에서 역사를 재해석하고 기술함
으로써 후대를 불멸성을 이어갈 주체로 교육하고자 하는 의도로 기
획된 것이다.

「단군」에서는 '불멸성'이 상당히 현대적으로 설명되고 있다. 시인은
당굴-단군이 먼 우리 옛말로 '하늘'을 의미한다고 한다면서 당굴의 나
이가 일천 구백 여덟살인 이유를 설명한다. '사람의 살을 가진 목숨
의 나이'로서는 너무 많고, '하늘'이라는 뜻을 담은 '끝없는 하늘의
목숨 나이'로서는 너무 짧은 당굴(단군)의 나이는 현대인들에게 이해
될 수 없는 것이기 때문이다. 화자는 이를 '그 이름으로 왕 노릇을
한 그와 그의 후계자들의 이 세상 나이를 얼추 모다 합쳤던 것으로
보'인다면서, 여러 대를 그렇게 합쳐 세도 좋은 일이라 평하고 있다.
시인은 '당굴(단군)'이 곰처녀와 환웅의 아들의 이름인 고유 명사일
뿐만 아니라 보통 명사임을 설명함으로써 문제를 해결하고 있다.

당굴은 무당을 일컫는 말이기도 한데, 시인은 개화기 이후 천대받

으며 명맥을 잇고 있는 당굴무당들을 당굴(단군)의 후계자로 보고 있다. 그들은 '영통'을 통해 현실에 선행존재를 영향력 있게 받아들인다는 점에서 불멸성을 잇고 있는 자들이다. 당굴과 당굴무당을 통해 신라를 단군신화로부터 1920년대 무렵까지로 확장시키고 있는 것이다. 화자는 이제 자취를 감춘 무당의 후계자로 홀로 되어 떠도는 이들, 다시 말해 '떠돌이'를 지목한다. 그 이유는 '떠돌이'들은 멀리 멀리 안 가는 데가 없이 뻗쳐가려 한다는 점에서 '하늘의 안 끝나는 마음'을 간직하고 있다 볼 수 있으며, 하늘의 신바람도 간직하고 있다는 점에서 당굴(단군)-하늘과 비슷하기 때문이다. 그러나 차이라면 이들은 '속이 텡' 비어 그 안에 시름 같은 것을 넣어 헤매고 다닌다는 점이다. '하늘의 안 끝나는 마음'을 담은 유랑은 단생과 개체성을 넘어서려는 것이다. 이는 삶의 기쁨을 찬양하고 삶에서 끝없이 의미를 발견하고 그것에 영향을 받는 것을 통해 이루어진다. 그러나 떠돌이들은 이런 생기있는 삶을 잃고 세계와의 연관성을 잃어버린 채 파편화되어 다만 헤매고 있다.

'떠돌이'는 신라 때 신선 수행에서 유래한 것인데 시인은 그 기원을 단군신화(「신시와 선경」)에서 찾고 있다. 환웅이 태백산 언저리에 그 부하들과 내려온 곳은 신의 마을(神市)인데, 그곳은 신의 마을이기에 살로 된 사람의 눈에는 보이지 않고, 맑고 밝은 사람들의 마음속의 눈에만 겨우 보인다고 한다. 신이었던 환웅의 아들인 단군은 우리 겨레의 살 가진 첫 어른으로 여겨지는데, 단군은 평양에서 이 나라를 다스렸지만 이따금 백두산으로 가 한때씩을 지냄으로써 '하늘의 신들과 가까이' 했다는 것이다. 시인은 단군의 '신선 수행'을 이를 유한한 이승의 삶(개체로서의 삶)과 동시에 초월적 삶(선대로부터 이어지는 불멸성의 삶)을 동시에 사는 방법으로 보고 있다. 그리고 개체로서의 삶과 선대로부터 이어지는 불멸성의 삶을 동시에 사는 방법인 단군의 신선 수행이 신라의 '風流'로 전해진 것이라고 쓰고 있다. 이는 신라 정신의 근원을 '단군신화'로 끌어 올리면서 그 방법으로 '신선 수행'으로 지목한 것이다.

다시 말해 '풍류'란 이승의 삶을 살면서 동시에 불멸성의 삶을 살기 위한 신선 수행을 말하며, 단군 때부터 전해오는 것이다. 시인은 '우리 나라에서 처음 생긴 이 풍류라는 생각은 인도의 석가모니의 불교와 중국의 노자의 도교와 공자의 유교를 아주 잘 포함하고 있다'는 최치원의 말을 끌어와 그것이 유·불·도의 유입 이전에 우리나라에서 먼저 생긴 고유의 사상이며 유·불·도를 모두 포함하고 있다는 것을 강조한다. 또한 '하늘의 밝음을 뜻하는 우리 옛말 <부루>의 소리에 맞추어 그 두 한문 글자를 붙인 것이다'라는 최남선의 해석을 가져와 풍류를 '당골(단군)'-하늘로 그 기원을 끌어올리는 근거로 삼고 있다(「풍류」). 이 외에도 시인은 고대사를 해석함에 있어 '풍류'의 기원을 찾는데 주력하고 있다. 그는 부여의 '영고'를 '그들의 본고향인 하늘 속의 신들을 불러 모으는 제사'로(「迎鼓」), 예맥의 '무천'은 '산에 올라 하늘의 신들을 마음 속으로 맞이해 들이며' '술을 마시고 춤을' 추는 추수감사의 제사로 설명하는데, 이는 모두 그들이 단군의 후예로서 하늘 숭배사상을 가지고 있었음을 설명하려는 것이다.

삼국시대와 통일신라 시기에 대해서는 『질마재 신화』의 소재가 된 신라의 이야기들을 포함하여 『삼국유사』 등에 수록된 이야기들을 기록하고 있다. 이 부분에서는 '끝없는 삶을 이어가는 여러 방책들'을 이야기하고 있다는 점이 주목된다. 이를 테면, 「천하복인 경문왕 김응염 씨」에서는 '꾀'를, 「왕건의 힘」에서는 '달보드레한 아양'을 끝없는 삶을 이어가는 방책으로 꼽고 있다. 또한 「충렬왕의 마지막 남은 힘」

에서는 강제로 끌려가 몽골황제의 딸에게 장가를 든 충렬왕이 얻어맞으면서도 살아남았던 것을 그의 성적인 힘 때문이라고 우스꽝스럽게 말하고 있다. 그런가 하면 거꾸로 별다른 명분 없는 일에 쉽게 목숨을 버리는 검군의 이야기(「劍君」) 역시 끝없는 삶을 사는 자의 방식으로 해석하고 있다.

그런데 끝없는 삶을 살기에 육신의 목숨에 집착하지 않을 수 있다는 것과 육신의 생명을 유지하고 때론 출세하기 위해 '슬기' 혹은 '요량'을 부릴 줄 알아야 한다는 것은 서로 상충되는 것 같다. 전자가 초월적 삶의 추구라면 후자는 세속적 삶의 추구이기 때문이다. 서정주에게 초월적 삶과 세속적 삶은 대립하는 것이 아니다. 오히려 초월적 삶(선대로부터 이어지는 불멸성의 삶)이란 세속적 삶을 끈질기게 이어가면서 거기서 발견되어야만 생명력을 갖는다는 점에서 세속적 삶은 더더욱 중요한 것이 된다. 즉 끈질기게 현실에서 살아남아서 자손을 남기며 그들에게 영원살이의 마음을 가르쳐야 하는 것이다.

> 『삼국유사』나 그 밖의 옛 역사책에서 이런 類의 이얘기들을 읽는 학생들에게 특히 간절히 당부하고 싶은 것은 「龍이 바다 속으로 업고 들어갔으면 어떻게 살아 남지? 그러니 이런 건 현대와는 관계가 있을 수 없는 케케묵은 옛날 이얘길 뿐이란 말이야」 어쩌고 해 버리지 말고, 「일테면 그럴 만큼 이뻤었다」는 上代 隱喩의 은근한 맛을 이해해 맛보아 내야 한다는 것이다.[8]

인용문은 시인이 「수로부인은 얼마나 이뻤는가?」에 달아놓은 각주이다. 여기서 시인의 의도가 분명히 드러난다. 이 시집은 '학생들'에게 읽히기 위한 것이며, 역사를 '현대와 관계' 있는 것으로 받아들이

---

8) 서정주, 「수로부인은 얼마나 이뻤는가?」각주, 『미당 시전집』2, pp. 332-333.

게 하려는 '교육의 목적'을 가지고 있다.

떠돌이를 통해 총체성을 현실화함으로써 과정적 주체는 그 목적을 달성했다. 목적을 달성한 시인은 '자기초월체(superject)'가 된다. 자기초월체는 후속존재(successor)들에게 스스로를 파지의 대상으로 내어준다. 이를 '이행'이라고 하는데, 시적 주체는 '이행'을 통해 세대를 거듭하여 현실화됨으로써 '생금의 광맥(「사소 두 번째 편지 단편」)'으로 상징되는 '불멸성'이 이어지길 욕망한다. 이제 시인은 그런 '이행'을 통해 불멸성을 추구하는데 그의 시적 작업을 집중한다.

2. 이행(transition)을 통한 보편적 불멸성

이행을 통한 불멸성 추구는 보편적 차원과 개체적 차원에서 이루어지는데, 서정주는 『노래』(1984)와 『산시』(1991)에서 보편적 차원의 불멸성을 추구한다. 시인은 『노래』를 기획한 의도를 서문에 밝혀두었는데, '유행가의 범람과 그 가사의 저질성에 대해 모른 체 할 수 없었다'면서 '가사의 질적 향상에의 책임감을 느껴서 시험삼아 써본 것'이니 '클래식뿐 아니라 유행가 작곡가들도 동조'해 달라는 요지를 담고 있다. 이 시집에 수록된 시들이 실제 작곡되어 불려지기를 기대하며 쓰인 것임을 밝히고 있는 것이다. 『노래』에는 봄노래, 여름노래, 가을노래, 겨울노래의 4부에 총 56편의 시가 수록되어 있는데, 그 중 8편은 『질마재 신화』(1975)의 <노래>부에 수록된 시들 가운데 골라서 약간 수정한 것이다9). <노래>는 1973년 1월부터 12월까지 ≪월간

---

9) 「새벽 애솔나무」, 「매화(에 봄사랑이」, 「노자 없는 나그넷길」, 「초파일의 버선(신발)코」, 「칠석」, 「무궁화에 추석달」, 「시월이라 상달되니」, 「오동지 할아버님」.

중앙≫에 권두시로 연재한 것인데, 『질마재 신화』의 자서에서도 그것
은 '작곡되어 불려지길' 바란다고 밝힌 바 있다. 서정주는 이 때부터
실제 작곡되어 불려질 '노래 가사'에 대해 생각했으며 그것이 십년
뒤에 시집으로 묶여 나온 것이다.

'클래식뿐 아니라 유행가 작곡가'들의 동조를 요청한 것은 서정주
가 '대중성'에 대해 생각하고 있었음을 의미한다. 이는 시인이 사람들
에게 불려짐으로써 입에서 입으로 널리, 그리고 대를 이어 전해지는
'노래'의 힘이 '이행'하는데 효과적이라 생각했기 때문이라 파악된다.

> 해 어스름 붉은 노을 곱게 탈 때면
> 초가집 지붕 위엔 박꽃 폈었지.
> 그러면 어머니는 그걸 보시고
> 저녁 지을 우물물을 길러 가셨지.
> 물동이 머리 이고 길러 가셨지.
> 하얀 하얀 박꽃은 울 어머니 꽃.
> 해질 무렵 어머니가 잘 아시던 꽃.
> 고요하고 깨끗하게 박꽃이 피는
> 그 박꽃 시간에 어머니 지은
> 보리밥도 쌀밥도 다 맛이 좋았지.
> 수수밥 누룽지도 맛이 좋았지.
> 아무렴 그 숭늉도 맛 참 좋았지.
> 하얀 하얀 박꽃은 울어머니 꽃.
> 해질 무렵 어머니가 잘 아시던 꽃.

— 「박꽃이 피는 시간」 전문

이 시는 노래의 1절과 2절로 구성되었음을 알 수 있다. 그것은 각
연의 끝에 행의 모양을 달리하여 구분해 놓은 후렴구가 달려 있기 때

문이다. 제1연은 박꽃이 핀 것을 보고 저녁 지을 물을 길러 가시던 어머니의 모습을, 제2연은 박꽃 시간에 어머니께서 지으신 밥맛이 좋았음을 노래하고 있다. 이 시는 노을이 내리는 시골 마을의 풍경을 아름답게 묘사하는데 그치지 않고 박꽃이 피는 '자연의 시간'을 실제 '삶의 시간'으로 받아들이는 존재인 어머니를 그리고 있다. 시계와 시간표로 하루를 잘라내고 규격화하여 그 속에서의 인간의 삶을 통제하고 규율하는 근대적 시간은 우주적 시간으로부터 인간을 잘라낸다. 하지만 이 시는 계절의 변화에 따라 낮과 밤의 길이가 달라지는 우주적 시간, 그 시간에 맞추어 피는 박꽃, 그리고 그 박꽃 피는 것에 맞추어 밥을 지으시는 어머니의 시간 운용과 삶을 담고 있다. 이는 자연의 율동적 변화를 현실의 삶에 받아들이는 합일을 보여주는 것으로, 이 때 어머니는 자연과 교통하는 존재, 즉 총체성을 획득한 존재이다.

박꽃 시간을 잘 아시던 어머니께서 그 시간에 지은 밥은 총체성을 삶으로 합일시키는 밥이기에 '보리밥도 쌀밥도, 수수밥 누룽지도, 숭늉도' 맛이 참 좋은 밥이 된다. 시인은 개체성을 초월하여 자연과 합일하는 총체성의 삶을 담은 '노래'를 사람들이 부르길 바라고 있다. '노래'를 통해 많은 사람들이 자연과 영통하는 삶을 깨우치고, 자손들에게 가르침으로써 그것이 '잊혀지지 않기'를 의도한 것이다. 그 '안 잊혀짐'을 통해 불멸성이 이어질 수 있기 때문이다. 「박꽃이 피는 시간」은 『질마재 신화』에 수록된 「박꽃 時間」을 변주한 것이며, 떠돌이 정신을 노래하고 있는 「연날리기」 역시 『질마재 신화』에 수록된 「지연승부」를 변주한 것이다.

우리나라 白磁 그릇엔 億萬里가 놓였네.
호랑이도 龍들도 鶴두루미도

뛰어가도 날아가도 못 구경하는
하누님의 안房門이 훤히 열렸네.

외씨 버선 신고서 合竹扇을 들고서
시나위로 風流로 마후래기로
노래에다 춤으로 신바람으로
빙그르르 가야 할 億萬里가 놓였네.

– 「우리나라 白磁 그릇」전문

　이 시의 화자는 백자를 들여다보며 거기서 '하누님의 안방문'이 훤히 열려 있는 것을 본다. '하누님의 안방문'은 시인이 그 닫힌 문밖에 기대어 서서 '문 열어라'(「꽃밭의 독백-사소 단장」)고 외쳤던 '문'이다. 우리 민족의 시조인 '당굴(단군)'은 '우리 먼 옛말로 하늘이란 뜻(「단군」)'인데, 그의 부모인 환웅과 곰 처녀가 겨레의 옷빛깔로 정한 것이 '흰 빛'이었다. 시인은 「흰 옷의 빛깔과, 버선코의 曲線 이야기」에서 '무슨 일이 있어도 아야 아야 아야야 치사스레 아파 하는 빛이어서는'안된다면서 '엉엉엉엉 울지도 않고, 늘 점잖고 의젓하게 웃고만 있는 그런 빛'인 '하늘의 빛'이 '흰 빛'이라고 쓴 바 있다. 화자는 '백자 그릇'에서 우리 겨레의 빛이며 하늘의 빛인 흰빛을 보고 '하누님의 안방문'이 열린 것이라고 보고 있는 것이다.

　그 안방문은 눈앞에 열려 있으면서도 '가야 할 억만리'로 여겨진다. '억만리'는 '마음의 거리'일 것인데 제 2연에는 그 거리를 극복하는 방법이 제시되어 있다. '외씨버선을 신고 합죽선을 들고 시나위로 풍류로 마후래기로 노래에다 춤으로 신바람으로' 갈 수 있다는 것이다. 외씨버선은 우리 민족 고유의 미학을 담은 곡선의 예쁘장한 버선(「흰 옷의 빛깔과, 버선코의 곡선 이야기」)이다. 또 합죽선은 얇게 깎은 대나무를 맞붙여서 살을 만든 손에 쥐는 부채인데, 시인은 합죽선을 '만파식적' 설화에서 유래한 것으로 해석하면서, 손으로 들고 부쳐서 '단군의 풍류의 바람을 갖다가 잘 일으켜야만 할 것'이라 쓴 바 있다 (「萬波息笛의 合竹 얘기에서 全州 合竹扇이 생겨난 이얘기」).

즉 외씨버선을 신고 합죽선을 드는 것은 모두 '풍류사상'에 다가가고 그것을 불러일으키는 것을 의미한다. 그것은 「상리과원」이나 「요세미테 山中에서」의 새들과 꿀벌의 떼처럼 삶의 기쁨을 찬양하는 노래와 춤을 통해 총체성에 참여하는 것을 의미한다. 이 시는 『학이 울고 간 날들의 시』에 수록된 「李朝 無紋白磁頌」를 변형한 것이다. 「李朝 無紋白磁頌」에서 시인은 백자에 '단군 할아버님'이 '하눌의 고향으로 돌아가시는'의 모습과 '또 나오시고 있는' 모습이 담겨 있다고 한 바 있다. 이를 변형한 것은 역시 '노래'로 만들어져 불리길 바란 것이라 하겠다. 이 시집에는 우리 민족 고유의 세시풍속과 풍경에서 발견한 '총체성'을 민요조의 운율로 노래함으로써 그것에 불멸성을 불어넣으려는 시인의 의도가 담겨 있다.

이런 시인의 시적 추구는 『산시』에서 보다 폭넓은 보편성을 추구하는 방향으로 나아간다. 『산시』는 기행시를 담은 것 같은 형식으로 구성되어 있다. 이 시집은 104편의 시들을 <아시아편>, <유럽편>, <오세아니아편>, <북아메리카편>, <남아메리카편>, <아프리카편>의 6부로 나누어 수록하고 있다. 시는 실제 세계일주 여행에서 보고 들은 이야기와 풍경을 바탕으로 한 것도 있지만, 대체로 그 산이 속한 나라의 신화와 전설, 풍속과 역사를 담고 있으며, 그것을 소재로 시인이 재구성한 한 경우도 있다. 뿐만 아니라 낯선 지명(地名)이나 외국어의 발음을 우리말과 연관짓거나 그것을 번역하여 의미를 재구성하는 등의 언어유희를 담은 경우도 있다. 『산시』는 세계 각국의 신화·전설

・민담・역사・풍속・지리・언어 등에 대한 실로 방대한 자료를 체
험하고, 공부하고, 유희하며 쓰인 시인 말년의 역작들이라 할 수 있다.
다시 말해 실제 기행을 바탕으로 하기도 하였지만, 그보다는 공부와
상상을 통한 정신적인 편력, '떠돌이'의 기록인 것이다.

　이런 자료들을 추적하여 그것이 시에 어떻게 반영되고 변주되었는가,
어디까지가 사실이고 어디부터가 상상 혹은 유희인가를 추적하는 작업
은 본고의 목표가 아니다. 그보다는 왜 이런 작업들을 했을까하는 문
제, 즉 그 의도와 의미를 밝히는 것이 보다 중요한 관심의 대상이다.

　　　옛날 中國 땅의 西南쪽에
　　　치완(壯)이란 한 겨레가 살고 있었는데
　　　여기 中國에서도 가장 낮은 곳이라
　　　중국의 해의 힘이 아직 거기까진 미치진 못해
　　　늘 침침하고 어두워서
　　　치완 사람들의 불편은 이만저만이 아니었네.

　　　그래 어느 날은 會議를 열고
　　　누가 이 세상에서 가장 높은 山 위의
　　　해뜨는 데를 찾아가서
　　　해한테 간절히 사정해 보기로 하고
　　　보낼 사람을 고르는 판이 되었는데,

　　　너도 나도 모다 자원해 나선 다음에
　　　한 젊고 건강한 여자가 나와서 말하기를
　　　「저는 아직 젊고
　　　또 뱃속에는 두 달 된 아이까지 가졌으니
　　　그 먼 데까지는
　　　저의 모자가 이어서 다녀오는 것이

제일 알맞겠습니다」하는지라
그 여자를 보내기로 合議가 되었지.

그래 그 여자는 그 山을 찾아 걸어가다가
여덟 달 뒤에 사내애를 낳자
이걸 또 둘쳐업고 걸었고
이 애가 조금 크자
그 손을 잡고 걸었고
그 다음에는 말동무가 되어 걸어가서

그 뒤 여러 십 년이 지나
그 여자가 그만 다 늙어빠져서
그 어디 소나무 밑에 묻히게 되자
뒤이어선 아들이 혼자
걷고 걷고 또 걸어서
이 에베레스트山 나를 찾아온 것은
그 母子가 길을 떠난 지
꼭 一百年째 되는 해의
어느 화창한 봄날이었네.

그래 나는 그를 충심으로 칭찬해 주고,
내 山의 해더러는
그 치완 족의 나라를 잘 비치게
빛을 좀더 내보내라고 했으며,
歸路에 든 그를 전송해 주었네만
모르지
어디까지나 가다가
또 한 개 길가의 무덤이 됐는지……

하여간에

이 中國人 母子를
나는 지금도
잊을래야 잊을 수가 없네.

　　　－「어느 흐린 날에 에베레스트 靈峰이 하신 이야기」전문

『산시』에는 '산'을 소재로 한 시도 있지만 '산'과 상관없는 시들도 많다. 이 시에서 화자는 '에베레스트 영봉'인 듯하지만 '어느 흐린 날에 에베레스트 영봉이 하신 이야기'라는 제목을 달아놓음으로써, 사실상 산의 말을 듣고 전하는 매개자로서의 시인이 화자임을 알수 있다. 『산시』에 수록된 많은 시들이 '산'의 '말씀, 밀어, 속삭임, 넋두리, 이야기, 예언, 잠언' 등의 제목을 달고 있는데10), 이는 시인이 산의 말을 듣는 청자이면서, 독자에게 그것을 전하는 화자를 설정하고 있음을 나타낸다. 물론 이 외에도 『산시』에는 산과 시인의 대화로 이루어진 시도 있고, 시인이 산을 보고 받은 느낌을 쓴 시도 있다. 그러나 대부분의 시에서 설정하고 있는 매개적 화자는, '산'을 감상이나 관찰의 대상으로 파악하지 않고, 우리들과 대화하고 영향을 주고받을 수 있는 살아 있는 존재로 파악하게 한다. 이는 총체성을 현실화하는 미적 장치이다.

　이 시는 에베레스트 영봉이 체험한 이야기를 들려주는 형식을 통해 중국의 치완이라는 민족의 설화를 내용으로 삼고 있다. 치완족은 중국에서 가장 낮은 곳에 살고 있는 민족인데 해가 잘 들지 않자, 회의를 통해 이 세상에서 가장 높은 산 위의 해 뜨는 데를 찾아가서 해에게 사정을 해보기로 한다. 그런데 세계에서 가장 높은 산을 올라 해와 이야기를 할 사람으로 뽑힌 것은 뱃속에 아이를 가진 젊고 건강

---

10) 47편이 이런 제목을 달고 있으며, 그 산에 사는 선녀나 넋이 하시는 말씀, 이야기 등의 제목을 달고 있는 것이 5편이다. 이외에 그런 제목은 아니지만 산이 화자가 되어 이야기를 하고 있는 시는 2편이 있다.

한 여자였다. 여자는 그 산을 찾아 걸어가다가 사내아이를 낳았고, 둘이 함께 그 길을 가다가 여자가 늙어서 죽자, 그 아들이 이어서 산을 찾아왔다는 것이다. '세상에서 가장 높은 산의 해 뜨는 데'는 '어려운 주소(「부활」)'이며, '억만리(「우리나라 백자 그릇」)'의 길이라고 할 수 있다. 그 길은 아무 강한 힘을 가진 사람일지라도 자기 '단생'으로는 갈 수 없는 길이다. 치완족은 그것을 알고 있었기에 힘센 남자 대신에 아이를 가진 여자를 산으로 보냈다고 할 수 있다.

뱃속에 아이를 가진 여자의 산행은 신라 시조모인 '사소'의 설화를 연상시킨다. 「꽃밭의 독백-사소 단장」에서 사소는 박혁거세를 잉태한 여인으로, 선도산으로 신선 수행을 가기 전 자신의 집 꽃밭에서 '門 열어라 꽃아'라고 거듭 외친다. 「사소 두 번째의 편지 단편」에서 사소는 우주와 합일하는 총체성에의 도달을 보여주는데, 거기서 그치지 않고 '먼 먼 즈믄해 뒤에 올 젊은 여인들에게로' '생금 광맥'을 뻗쳐 그것을 전하고자 한다. 다소 내용의 차이는 있지만 두 이야기는 모두 '불멸성'을 담고 있다. 에베레스트 영봉은 '이 중국인 모자를 나는 지금도 잊을래야 잊을 수가 없네'라고 이야기하는데, 이 '안 잊힘' 역시 '불멸성'의 핵심이다. 시인은 독자들에게 이 이야기를 전함으로써 그것이 '안 잊히'도록 하려는 의도를 가지고 있다.

「어느 맑은 날에 에베레스트山이 하신 이야기」에서도 에베레스트 산은 자신이 목격한 '석가모니'에 대해 이야기한다. '석가모니'는 제자들뿐만 아니라 자신에게 독버섯국을 먹인 자에게도 '영생사상'을 끝까지 가르치고 있던 사람으로 묘사된다. 석가모니는 자신의 총체성에의 합일에 만족하지 않고 그것을 전하고 가르치려고 했던 것이다. 대승불교에서는 깨달음을 얻는 것에 만족하지 않고 중생을 구도하는 보살(Bodhisattva)이 되어야 하는데, 석가모니로 대표되는 '보살'은 융

(Jung)의 '라피스(lapis)' 개념과 상통하는 면이 있다. 즉, 스스로 총체
성의 현실화(합생, 신비한 융합)을 통해 자기초월체(보살)가 된 존재는
다른 존재들을 불멸성으로 이끈다는 점에서 '철학자의 돌'이라고 할
수 있다.11) 그렇다면 불멸성을 이행하려는 시인 역시 철학자의 돌인
라피스가 되려는 것이라고 볼 수 있다.

<blockquote>

스웨덴의 主峰 케브네카이세에게

내가

「나는 자네들 나라의 創始者 오딘을 좋아하네.

好色的이고 변덕꾸러기이고 애꾸눈이긴 하지만

그 詩人다운 슬기를 좋아하네.

그가 매달려서 苦行하며

스웨덴 최초의 그 신비문자 <르네>를 만들어냈다는

그 天地의 生命나무-

그 큰 상수리 나무도 좋아하네」

하고 말을 걸어 봤더니,

「그 상수리 나무는 또

어디가 특별히 좋은가?」

하고 묻기에

「그건 그 세 개의 뿌리 중에서

그 한 개는 하늘에다 박고 있다는 게

독특하고 形而上學的이어서 그러네」

했다.

</blockquote>

---

11) 라피스는 연금술의 개념인데, 그것은 연금술사들이 오랫동안 찾아온 것으로, 연금술에서
신비한 결혼(융합)을 한 양성자(Hermaphroditus)이다. 라피스는 다른 금속을 금으로 변환
시키는 매개체가 되는 '철학자의 돌(Philosopher's stone)'이다. 즉, 불멸성(immortality)을
금으로, 합생과 이행(transition)을 연금술의 원리라고 한다면, 스스로 합생(신비한 융합)
을 통해 자기초월체가 된 주체는 후속존재들을 불멸성으로 이끄는 존재라는 점에서 '철
학자의 돌'이라고 할 수 있다.양성자(Hermaphroditus)는 헤르메스와 아프로디테의 융합
으로, 연금술의 그림에서 신체의 한 부분은 남성, 다른 부분은 여성으로 그려진다(C. G.
Jung, "Psychology of the Transference", *Jung on Death and Immortality*, p. 73.).

그러고는 내게 또 생각이 나서
「시베리아에 가면
집을 지을 때 그 기둥 하나는
하늘에다 박아 두어야만 한다고
지붕 위의 한쪽에다가
그걸 하나 더 세워 두었었다는데,
이것도 자네 先祖들하고
비슷한 느낌이고 생각이었던 것 같군.
그 어느 쪽이 먼저 이 생각을 했을까?」
하고 물었던,
케브네카이세는 한참 침묵한 뒤에
强度가 보통보다는 센
그 스웨덴 微笑로
깊은 주름살을 얼굴에 잘 드러내 보이며
「그야 아무려면 대순가」하고
한마디를 더 보탰다.

— 「스웨덴 主峰 <케브네카이세>와의 對話」 전문

시인은 「산하일지초」에서 산이 부르는 노래에 대해 이야기 한 바 있다. 산은 처음 그 자리에 놓인 시절을 잊지 않고, 그 시절에 본 꽃밭의 내음새와 그 뿌리까지를 불러일으키려는 듯한 나직하고도 깊은 음성으로 노래를 하였다는 것이다. 「산하일지초」에서 시적 주체는 산의 노랫소리를 들으면서도 그것에 영향을 받거나 영향을 미치는 존재로 참여하지 못한다. 자연과의 합일에 이르지 못하고 다만 '관찰자'의 입장에서 그것을 기록하는데 그치고 있는 것이다. 그러나 「스웨덴 主峰 <케브네카이세>와의 대화」에서 시적 주체는 산이 하는 말을 듣기만 하는 것이 아니라 산과 '대화'를 나누고 있다는 점이 다르다.

화자는 스웨덴의 주봉인 '케브네카이세'에게 '오딘'과 오딘이 신비 문자인 <르네>를 만들어냈다는 상수리나무가 좋다고 말을 건넨다. 케브네카이세는 상수리나무의 어디가 좋으냐고 묻는데, 화자는 그 나무의 세 개의 뿌리 중에서 한 개는 하늘에다 박고 있다는 것이 좋다고 대답한다. 하늘과 땅에 모두 뿌리를 박고 있는 우주목에 대한 스웨덴 설화가 형이상학적이어서 좋다는 것이다. 이는 우리 민족의 단군신화가 '하늘'의 자손임을 말하고 있다는 점과도 공유되는 부분이 있다. 시인은 이 우주목에서 이승의 삶을 살면서도 하늘처럼 한정 없는 삶을 살아가는 모습을 발견하고 있다.

하늘과 땅에 뿌리박은 우주목은 '하늘을 맑게 비추는 똥오줌 항아리(「상가수의 소리」)'와도 같은 것이다. 시인은 단군신화와 오딘신화에 공통적으로 나타나는 이런 보편성을 '시베리아의 집'에서도 발견한다. '시베리아에 가면 집을 지을 때 그 기둥 하나는 하늘에다 박아두어야만 한다고 지붕 위의 한쪽에다가 그걸 하나 더 세워' 두는 풍습이 그것이다. 신들과 교섭이 가능한 곳에 살고자 소망하는 인간은 집과 신체와 우주를 우주의 중심-소우주로 동일시하기도 한다.[12] 시베리아 사람들의 집은 신들과 교섭하는 우주의 중심이며, 그 우주에 기둥을 세움으로써 우주를 집으로 삼는 것이고, 그 안에서 생활하는 사람들은 우주와 교섭하는 삶을 살게 된다. 시인은 세계의 신화와 풍습에서 발견되는 보편성을 두고 '어느 쪽이 먼저 이 생각을 했을까?' 비교를 하려 하지만, 케브네카이세는 '그야 아무려면 대순가'라고 대답한다. 이는 시인이 민족의 사상으로 끌어올린 '풍류정신'도 세계적 보편성을 가지고 있음을 간접적으로 밝히는 것이다. 그리고 그런 보편성의 '선후'를 찾아 비교하는 것이 무의미하다고 주장한다.

---

12) 엘리아데, 「신체-집-우주」, 『성과 속』, 학민사, 2001, pp. 152-157.

오스트리아의 山들에는
永遠의 힘줄을 울린다는
큰 鐘소리의 鐘지기도 있고,

또한
無知한 野性의 頂上도 있고,

그러고는 그렇지 그렇지
날아가는 새들의 날개소리며
달아나는 사슴들의 울음소리며
牧童의 뿔피리 소리며
그런 音樂도 두루 다 있고

그러시고는 또
老子流로
姓名도 필요 없다는
無名氏까지 다 있어요.

— 「오스트리아의 山들에는」전문

이 시는 오스트리아의 산 풍경을 그리고 있다. 오스트리아 산에는 큰 종을 울리고 지키는 종지기가 아직도 있는데, 그 종지기가 울리는 종소리는 '영원의 힘줄을 울'린다. '소리'는 형체를 가지고 있지 않기 때문에 단절을 넘어설 수 있는 것으로 시인이 '초월적 삶'과 '지상적 삶'을 넘나드는 것으로 자주 사용하는 이미지이다(「무슨 꽃으로 문지르는 가슴이기에 나는 이리도 살고 싶은가」, 「상가수의 소리」 등). 오스트리아의 山들에는 큰 종소리를 울리는 종지기가 있다. 여기서 영원-우주는 '힘줄'이라는 신체 이미지로 나타난다. 이는 일차적으로 종지기가 종을 울리기 위해 힘껏 잡아당기는 줄에서 파생된 것이겠지만, 그보다는 오스트리아 산에서 우주를 울리는 힘이 발휘되어 큰 영향을 미치고 있음을 의미한다고 하겠다.

'무지한 야성의 정상'이란 중의적으로 해석될 수 있다. 산의 정상이 문명의 때가 묻지 않은 원시적 자연으로 남아있음을 의미하면서, 오스트리아 산의 원시적 자연과 야성이 세계의 다른 어느 산보다도 으뜸임을 의미하기도 하는 것이다. 그곳에는 날아가는 새들의 날개소리, 달아나는 사슴들의 울음소리, 목동의 뿔피리 소리 같은 음악이 있다. 날짐승과 길짐승 그리고 인간이 각자 내는 소리들이 어우러져 만들어 내는 '음악'은 우주적 '합창'이다.

오스트리아 산에는 '성명도 필요 없다는 무명씨까지' 있는데, 이는 이름 없이 산에 사는 사람을 지칭하는 것일 수도 있지만, 산 가운데 이름이 없는 산도 있다는 의미이기도 하다. 시인은 그런 '이름 없음'을 노자적 경향, '노자류'라고 부른다. 이는 시인이 총체성의 경지들을 세계의 풍경과 신화, 풍습, 역사에서 찾아내어 독자에게 전함으로써 보편적 차원의 불멸성을 추구하고 있음을 의미하는 것이다.

시인은 이런 보편적 차원의 불멸성을 추구하는 작업에 왜 '산'을 선택했을까. 「러시아의 까즈베크峯이 어느 날 하신 이야기」에서 까즈베크봉은 러시아의 코카사스의 봉우리이다. 이 봉우리는 프로메테우스부터 레닌에 이르는 과정을 지켜본 존재이다. 산은 '자 요즈막의 고르바초프 以後에는 또 무엇을 어떻게 하며 나타날 것인지 두구두구 잘 지켜봐야만 되겠'다고 말한다. 산은 신화시대로부터 현재에 이르는 인간사를 지켜본 존재이다. 그것은 오랜 세월 자리를 지키며 '모든 땅우의 더러운 싸움의 찌꺽이들을 맑힐대로 맑히여 날아올라서, 인제는 오직 한빛 玉色의 터전을 영원히 흐를뿐인' 하늘의 구름과

'몇십만년도 더 계속' 어루만져온 존재이기도 하다(「산하일지초」). 또
한 산은 상처입고 때문더라도 '눈부신 햇빛속에 갈매빛의 등성이를
드러내고 선' '타고난 살결 타고난 마음씨(「무등을 보며」)'를 상징하
며, 끝없이 생사소멸하면서도 유구함을 간직하고 있다. 그리고 산은
하늘과 땅을 잇는 신성한 공간으로 그 자체 신들과 교섭하는 '중심'
이다. 환웅이 땅에 내려올 때도 산으로 왔으며, 환웅의 아들인 단군
역시 이 신성스런 공간을 친하여, 지상을 다스리다가도 때때로 산으
로 수행을 가곤 하였다. 이런 면에서 시인은 보편적 불멸성을 추구하
는데 산을 선택한 것이라 하겠다.

2. 이행(transition)을 통한 개체적 불멸성

　시인은 『학이 울고 간 날들의 시』에서 우리 민족사를 '풍류정신사'
로 재해석하여 기술하였다. 풍류정신을 단군신화에서 비롯한 것으로 봄
으로써 그 역사적 기원을 고대로 끌어올리고, 그것을 우리 민족의 고유
사상이라고 해석함으로써 민족적 보편성의 차원에 올려놓고 있다. 단군
신화로부터 이어져온 풍류정신의 역사는 「白坡와 秋史와 石顚」으로
이어지며 서정주의 스승이었던 석전 박한영 스님에 대한 시 「石顚 스
님」으로 마무리되고 있다. 이는 풍류정신의 맥인 '생금의 광맥(「사소
두 번째의 편지 단편」)'을 시인 스스로에게 연결시키려는 의도를 담고
있다. 『학이 울고 간 날들의 시』(1982)에 수록된 시들은 《문학사상》
지에 1980년 2월부터 1981년 9월까지 연재된 것들인데, 시인이 이 연
재를 마친 직후인 1981년 11월부터 자신의 개인사를 소재로 한 자전적
인 시들을 연재하기 시작한 것은 이런 맥락에서 자연스러운 일이다.[13)

시인은 『안 잊히는 일들』(1983)의 <시인의 말>에서 '세월이 아무리 흘러도 영 잊혀지지 않는 일들을 스스로 시가 될 자격을 갖는다는 생각'으로 이 시집을 기획하였다고 쓰고 있다.[14] 그는 자신의 시론 「詩의 影像」에서 '무엇을 시로 선택할 것인가'라는 문제에 대한 답으로 릴케의 글을 인용한다. '그것은 아무리 잊으려 해도 영 잊혀지지 않고 거듭거듭 再生해 나오는 추억-현실의 한복판에 재생해 나와서 현실 그것 전부를 점유해 버리는 추억'이라는 릴케의 글은 서정주가 추구한 '불멸성 추구의 시'의 개념에 지대한 영향을 미친 것으로 보인다.[15] 그는 자신이 기억할 수 있는 최초의 장면부터 시작하여 이 연작을 집필하던 시기인 60대까지 자신의 개인사 가운데 잊혀지지 않는 일들을 소재로 시화하고 있다. 민족의 반만년 역사를 시로 쓴 것은, 풍류정신사로서의 역사를 후대에 전하여 그것이 잊혀지지 않도록, 그럼으로써 불멸하도록 하려는 의도였다. 그리고 이제 시인은 자신의 개인사를 시로 씀으로써 그것을 후대에 전하려는 것이다.

> 봄에서 가을까지 마당에서는
> 山에서 거둬들인 왼갖 나무 향내음.
> 떡갈나무 노가주에 산초서껀 섞어서
> 아버지가 해다 말리는 山엣나무 향내음.
>
> 해가 지면 이 마당에 멍석을 펴고
> 왼식구가 모여앉아 칼국수를 먹었네.
> 먹고선 거기 누워 하눌의 별 보았네.

---

13) <안 잊히는 일들>은 1981년 11월부터 1982년 11월까지 ≪현대문학≫에 총 13회에 걸쳐서 연재되었다. 이 시들은 이후 『안 잊히는 일들』(현대문학사, 1983)로 묶여 간행되었다.
14) 서정주, 「시인의 말」, 『안 잊히는 일들』, 현대문학사, 1983, p. 5.
15) 서정주, 「시의 영상」, 『서정주문학전집』2, p. 29.

희한한 하눌의 별 희한스레 보았네.

떡갈나무 노가주 산초 냄새에
어무니 아부지 마포 적삼 냄새에
어린 동생 사타구니 꼬치 냄새에
더 또렷한 하늘의 별 원몸으로 보았네.

＊ 이 詩 속의 <아버지가 해다 말리는 山엣나무 향내음>에는
내 아버지가 손수 딸나무를 한 것으로 되어 있으나 이건 사실이
아니고 다만 詩로 하자니 <머슴이 어쩌고……> 하는 건 詩맛
이 달아날 것만 같아 이리 해놓은 것뿐이다.

－ 「마당」 전문

이 시는 유년시절 가족들과의 추억을 그리고 있다. 직접적인 가족들
에 대한 묘사는 없지만 이 시는 안온한 존재의 보호처로서의 가정을
잘 묘사하고 있다. 가정(home)이란 집(house) 건물과 가족관계(family)를
모두 포함하는 개념으로, 존재론적인 안정감을 부여하는 근본적인 공
간을 의미한다. 이 시에서 가정은 '마당'이라는 특수한 이미지로 나타
난다. 마당은 집건물의 확장으로 울타리를 경계로 하는 외부와 구분되
는 집 내부이지만, 집건물을 경계로 볼 때 외부이기도한 경계적 공간
이다. 마당은 집의 일부이면서 외부인들이 쉽게 넘어볼 수 있고 들어
올 수 있는 곳이며, 자연에 그대로 노출된 개방적 공간이다.

이런 '마당'의 경계적 속성은 '산에서 거둬들인 왼갖 나무 향내음'
으로도 나타난다. 산에서 자라는 나무들은 목재나 약재로 다듬어져
사용되거나 땔감이 된 나무들과 비교할 때 살아있는 자연 그 자체의
이미지이다. 그 산에서 필요에 따라 거둬들여 마당에서 말리는 나무

들은 자연 그 자체는 아니지만, 아직 생생한 나무 내음을 풍긴다는 점에서 인간화된 것과 자연적인 것의 중간적 이미지이다. 마당은 이렇게 자연과 인간의 삶이 공유되고 겹쳐지는 공간이다. 시인이 회상하는 '가정'의 이미지가 '마당'으로 나타나는 것은 사람들과 자연과 우주와 자아의 삶이 소통하며 공유되는 공간으로서 그것을 추억하고 있기 때문이다. 이는 초기시 「자화상」에서 보여준 '가정'의 이미지가 '흙으로 바람벽한 호롱불'로 나타나는 것과 대조적이다.

「자화상」의 가정은 집건물 내부의 이미지로 나타나는데, 그것은 자아에게 안정감을 주는 튼튼한 집이 아니다. 흙으로 벽을 바른 집 내부는 가난과 어둠으로 가득 차 있으며, 그것을 밝히고 있는 호롱불은 안온함을 가져오지 못한다. 종살이를 간 아버지와 생계를 위해 바다에 나갔다가 돌아오지 않았다는 외할아버지의 부재는 이 가정을 불안하게 만드는 근본적인 원인이다. '가정'은 자아에게 최초의 정체성을 부여하며 그것을 보호하고 강화시켜주는 역할을 한다. 자아 정체성이 확고할 때 자아는 외부의 교섭을 침입으로 받아들이지 않고 그것과 소통할 수 있지만 충분히 정체성이 확립되지 않았을 경우 자아는 외부와의 교섭을 자아의 존재론적 근거를 훼손할 수 있는 침입으로 받아들이게 된다.

「자화상」에서 가정의 이미지가 불안정한 집의 이미지로 나타나는 것은 아버지와 외할아버지, 즉 '아버지'의 부재 때문이다. 시적 주체는 단군에서부터 시작되어 이어진 역사의 맥에 자신을 연결시켰는데 이를 통해 확고한 정체성을 획득하고 불안감을 해소했다고 볼 수 있다. 때문에 「마당」에서 가정의 이미지는 자아에게 안정감을 주는 안온한 공간이면서, 일상의 삶이 우주와 소통하는 개방적 공간으로 나타날 수 있는 것이다. 가족들은 해가 지면 마당에 멍석을 펴고 모여

앉아 칼국수를 먹고, 그 자리에 누워 하늘을 보았다고 한다. 가족들은
식사하고, 휴식하고, 잠드는 일을 모두 함께 하고 있으며 그것은 마당
이라는 공간에서 이루어진다. 그곳은, 인간과 자연과 우주가 불가분으
로 어울려 있는 곳이다. 유년시절의 기억은 냄새와 음식 등과 뒤얽힌
구체적인 감각을 통해 기억되고 있다. 이 시는 마당에서 이뤄진 구체
적 기억을 통해 '또렷한 하늘의 별'에 다가가고 있다. 별을 바라보던
유년의 우주적 감각은 추상적인 관념이 아닌, 음식과 냄새 등 몸에
기억된 구체적인 감각과 뒤섞인 구체적인 감각이다.

이 시는 시인이 겪었던 유년시절의 기억을 소재로 한 시이다. 그러
나 유년시절을 그대로 기록하고 있는 것이 아니라 그것을 소재로 취
하되 상상적으로 재구성하고 있는 작품이다. 오세영 은 『안 잊히는
일들』에 수록된 시들이 개인사의 여러 사건들을 서정적으로 묘사하고
있다는 점에서 일종의 개인사의 기록이라고 할 수 있겠지만, 이를 경
험적 세계로서보다는 상상적 세계의 진실이라는 편에서 이해해야 한
다고 지적한다. 그는 그 근거로 「마당」 등의 시에서 등장하는 인물들
이 시인의 실제 가족사와 다름을 지적하고, 시와 시인의 체험을 구분
하고 있다. 서정시에서 주체와 객체의 간격이 부재하기에, 서정시는
근본적으로 1인칭 고백체적 성격을 갖는데, 그것이 시와 시인을 혼동
하게 되는 원인이 된다. 특히 시인이 개인사를 소재로 취하고 있는
경우 더더욱 그런 혼동을 할 수 있지만, 이 시에서 작품 자체는 상상
력의 논리 위에 재구되었다는 것이다. 이런 맥락에서 시인이 스스로
각주를 달아 놓은 것은 경험적 진실과 시적 진실을 구분하려는 시인
의 의도로 해석하고 있다.16)

오세영이 논의한 바 있듯이 『안 잊히는 일들』에는 시인의 유년시

---

16) 오세영, 「상상력과 개인사의 시화」, ≪현대문학≫, 1982, 12, pp. 402-403.

절로부터 성인이 되어 육순에 이르기까지 겪은 일들을 소재로 상상적으로 재구성한 시들이 연대기순으로 수록되어 있다. 이는 다시 크게 두 종류로 나누어 볼 수 있는데, 하나는 '시적 구성'에 치중하여 쓴 시들이고, 다른 하나는 시인이 살아오면서 겪은 극적인 순간의 감정들을 솔직하고 담담하게 묘사한 시들이다.

어머니가 急病이 나서, 나는 三十里 밖에 가서 계시는 아버지한테 알리러 山峽길을 달려갔습니다. 아버지를 모시고 돌아올 때는 맑고 밝은 달빛에 서리가 오는 쓸쓸키만 한 밤이었는데, 어느새 새벽녘인지 먼 마을에선 울기 비롯는 교교한 수탉 울음 소리도 들려오고 있어, 나는 칩고 외로워서 아버지의 하얀 무명 두루매기 안으로 들어서서 그의 저고리 한쪽 끝을 단단히 움켜 잡으며 걸어가고 있었습니다. 그러다가는 또 뛰쳐나와서 땅과 하늘에서 일어나고 있는 일들을 두리번 거려 보고 듣고 있었습니다.

무성한 갈대밭 위로는 문득 몇십마린가 기러기 한떼가 끼르릉 끼르릉 하고 소리의 終聲인 <ㅇ> 소리를 여러 개의 鍾소리의 餘韻처럼 울리며 날아가고 있고, 또 내가 걷는 길 밑에 山峽 강물은 남실남실 차 있었는데, 아버지는 이걸 「참때로구나」 하셨습니다. 바다에 滿潮때가 되어서 그 潮流가 山峽의 江물을 떠밀며 몇 十里고 거슬러올라오고 있다는 뜻입니다.

그래 나는 어느새인지 치위도 외로움도 잊고, 이 모든 것의 構成은 아주 좋다는 느낌을 갖게 되어 있었습니다. <構成>이라는 그런 漢字 單語는 아직 몰랐으니까 그런 말을 써서 그런 건 아니지만요.

그래서, 이날 밤 내가 느낀 이 構成은 이 뒤에도 내가 사는데 한 중요한 標準이 되었습니다. 물론, 이만큼도 못한 것은 승겁다고요.

– 「서리 오는 달밤 길」전문

첫째 문단에는 어린 시절 느꼈던 두려움과 외로움 같은 복잡한 감정이 묘사되어 있다. 어린아이에게 부모의 부재란 공포스러운 일이다. 시인은 「어린 집지기」 등의 시에서도 부모의 부재로 인한 두려움과 무서움을 생생히 그리고 있다. 여기서 그것은 더욱 무서운 상황으로 제시되는데, 어머니는 급병이 나서서 앓아 누워있고, 아버지는 멀리 떨어져 있다는 것이 그 원인이다. 어린 화자에게 이런 상황은 감당하기 힘든 충격적인 경험이었을 것이다. 「첫 嫉妬」에는 소풍가서 발병이 난 예쁜 여선생님을 스무 살 늦깍이 학생인 복도꽁(朴東根)이 업고 걷는 것을 보고 '눈창이 뜨끈뜨끈 닳는' 통증과도 같은 질투를 느꼈던 경험이 담겨 있다. 이 때 화자가 느낀 감정은 질투의 감정과 뿐만 아니라 '내가 고 女先生을 업었으면 졸텐데 힘이 아직 모자라서'라는 자신의 무능력함에 대한 자책과 원망이다. 어린 화자가 자신의 무력함에 대해 느끼는 '통증'과도 같은 심정은, 이 시에서 더욱 극적인 상황으로 제시된다. 바로 어린 화자에게 가장 소중한 대상인 어머니의 급병이 그것이다. 그 상황과 자신의 심정에 대해서는 담담히 이야기 하고 있지만, 삼십리 밖에 계시는 아버지에게 알리러 밤새 산협길을 달려갔다는 상황으로 보아 화자가 느꼈을 두려움이나 절박함을 짐작할 수 있다. 그런데 이 시는 시인이 어린 시절 어머니가 아팠던 밤에 겪었던 일들과 감정을 묘사하고 있을 뿐만 아니라 그날 밤 시인이 목격한 자연의 경이로움에 대한 미적체험을 다루고 있다.

화자는 아버지와 함께 어머니에게로 돌아가는 심정을 '칩고 외로워서'라고 표현한다. 이는 자신이 느낀 감정이 무엇인지 정확히 표현할 말을 알지 못하는 아이의 심정을 묘사하기 위해 사용된 말일 수도 있다. 하지만, 셋째 문단에서 '<구성>이란 한자 단어를 몰랐으니까 그런 말을 써서 그런 건 아니지만'이라 덧붙이면서도 굳이 '구성은 아주 좋다는 느낌을 갖게'되었다고 쓰고 있는 것으로 보아 '칩고 외로워서' 라는 감정 표현이 어린 화자의 어휘력을 염두에 둔 것은 아니라는 점을 알 수 있다. 그보다는 추상적인 어휘가 아니라 어린 아이가 느낀 생생하고 구체적인 감각을 통해 복잡한 심정을 묘사한 것이라 볼 수 있다. '춥다'라는 것은 밤새 산협길을 걸었기에 실질적으로 추운 것일 수 있다. 하지만 그렇게 사전적 의미로만 해석한다면, '외롭다'는 감정은 이해하기 힘들다. 혼자 산길을 뛰어 갈 때는 '외롭다'고 할 수도 있겠으나, 아버지와 함께 집으로 돌아가는 길이 '외롭다'는 것은 어색하기 때문이다. 이는 어머니가 잘못될 수도 있다는 걱정, 즉 어머니로부터 분리될지도 모른다는 생각이 빚어낸 두려움 같은 감정이 '추위와 외로움'이라는 구체적 감각과 뒤섞인 감정으로 나타난 것이다.

그런데 화자는 가장 큰 두려움인 '어머니로부터의 분리'에 대한 상상으로 인한 추위와 외로움을 모두 잊게 만드는 경험을 하게 된다. 최초의 집인 어머니[17]로부터의 분리를 상상적으로 경험하고 있는 어린 화자에게 자연과 우주는 더 이상 '마당'에 누워 소통할 수 있는 대상이 아니라 자아를 침범할 수 있는 두려움의 대상이 된다. 그런 까닭에 어린 화자는 '아버지의 두루매기 안으로 들어서서' 그것도 안심이 되지 않아 '그의 저고리 한쪽 끝을 단단히 움켜 잡'고서야 '땅과 하늘에서 일어나고 있는 일들'을 내다 볼 수 있는 것이다. 그런데 그 순간 화자의 눈에 비친 우주는 평소와 다른 신비로운 광경을 펼치고 있다. 무성한 갈대밭 위로 몇십 마리의 기러기 떼가 '끼르릉' 울며 날아가고 있었는데 화자는 그것을 '소리의 종성인 'ㅇ' 소리를 여러 개의 종소리의 여운'처럼 느낀다. 자연에 퍼지는 수많은 종소리의 여운이 공중에 울리고 있을 때, 화자와 아버지가 걷는 길 밑에 산협 강

17) Yi-fu Tuan, 『공간, 장소와 어린이』, 『공간과 장소』, 태림문화사, 1999, p. 38.

물이 남실남실 차 있었다. 화자가 아버지를 부르러 갈 때는 얕았던 물이 차오른 것은 목격하는 것은 신비로운 경험이었을 것이다. 아버지는 그것이 바다가 만조가 되어 산협의 강물을 떠밀며 몇 십리고 거슬러 올라오고 있다는 뜻인 '참때'임을 가르쳐준다.

바다가 강물을 밀고 힘차게 몇 십리고 산협을 거슬러 오르는 경이로운 모습은 자아를 '두루매기 안'에 품고 산협을 거슬러 집으로 가고 있는 아버지와 유비된다. 그 순간 화자는 자연과 우주를 '자아'를 침범할 수 있는 대상, '치위와 외로움'을 불러일으키는 대상으로 생각하길 그치고 그것과 동질감을 느끼고 있다. 화자는 '어느새인지 치위도 외로움도 잊고, 이 모든 것의 구성은 아주 좋다는 느낌'을 갖게 된다. 그리고 어머니와의 상상적 분리로 인한 우주와의 분리 경험을 극복하고, 살아있는 우주를 자기 자신과 동일시하는 미적 체험을 했던 것이다. 이는 시인이 최초로 경험한 세계와의 분리였고, 세계와의 재합일이었다는 점에서 중요하다.

이 미적 체험이 어린 화자의 '추위와 외로움'을 제거하는 실질적인 '영향력' 즉 '힘'을 행사했음은 물론이다. 화자는 이 경험을 둘러싼 여러 상황들을 두루 가리켜 '構成'이라고 표현했다. 이 사건이 실질적인 경험이고, 그로 인해 화자가 한층 성숙해진 것도 실질적인 현실이지만, 그 사이에는 상황의 '구성'에 의한 '미적 체험'이 존재하고 있는 것이다. 「서리 오는 달밤」은 체험한 사건에서 느꼈던 극적인 감정과 '시적 구성' 두 가지를 모두 이야기 하고 있다.

「菊花와 산돌」에서 화자는 산에서 주워온 水晶 산돌을 어머니가 심어 피운 노란 국화꽃 밑에 놓아두고 아침마다 물을 주어 길렀다고 한다. 이 시는 '어머니와 나', '수정 산돌과 노란 국화꽃', 그리고 물을 주어 기르는 행위 등을 '정원을 배치'하여 가꾸듯이 '구성'하는데 치중하여 쓴 시이다. 자연과 우주와 인간 삶의 소통을 공간적으로 배치한 「마당」이나, 돌개울을 사이에 두고 부안댁네 풋감을 노려 다람쥐처럼 그 집을 드나들며 눈치를 보던 화자와 물동이를 이고 조심스레 다니며 화자에게 웃음을 주던 부안댁을 절묘히 배치하고 있는 「개울 건너 扶安宅 감나무」 등등의 시는 모두 '시적 구성'에 초점을 맞춘 시들이다. 개인사를 소재로 취하되, '시적 구성'에 초점을 맞춘 이런 시들은 대체로 '상상력'과 '미적 구성'을 통해 긴장을 유지하고 있다.

한편, 시인이 살아오면서 겪은 인생의 전환점이 되는 순간들과 그때 느꼈던 어떤 감정들은 아무리 세월이 흘러도 잊혀지지 않는데, 시인은 그런 자신의 경험을 일정한 거리를 유지한 채 담담히 고백한다. 그것은 광주학생사건 이차년도 主謀로 퇴학당하고 집에 돌아와 아버지 앞에 절을 했을 때, 아버지께서 드시던 숟가락을 떨어뜨리셨을 때 느꼈던 죄송함(「아버지의 밥숟갈」), 방황하던 자신을 거둬준 석전 스님 몰래 담배를 피우다가 들켜 스님이 마음 아파하셨을 때 느꼈던 송구스러움(「석전 박한영 대종사의 곁에서Ⅱ」) 같은 것이다. 또한 부끄러움과 수치심의 경험도 무척 많다. 광주 학생사건으로 끌려가서는 검사의 '너 어머니 보고 싶지?'라는 말에 울음을 터트리는 바람에 기소유예로 풀려났던 일(「광주학생사건에 Ⅲ」), 밑바닥 경험을 하고자 넝마주이가 되어 떠돌 때 이국 소녀가 자신을 얕잡아 쳐다보자 느꼈던 '부끄러움'(「넝마주이가 되어」)같은 것이 그렇다. 불전 시절 시계 도둑으로 의심받았던 일의 억울함, 또 그 혐의를 벗지 못한 것에 대한 미련(「성인선언」)이나 나이 마흔에 혼자 마음이 흔들렸던 소녀에 대한 감정(「불혹의 혹」)도 마찬가지이다. 이 외에 특별한 감정은 생략되어 있지만 신춘문예에 우연히 당선한 것(「시인당선」), 첫 시집의 출판(「화사집 출판본」), 결혼(「나의 결혼」), 장남을 낳던 날(「장남 승해의 이름에 붙여서」),

감옥체험(「기우는 피사塔 위에서」), 자살미수의 체험(「자살미수」), 상금 때문에 지원한 상에 목을 매다가 결국 다른 시인에게 상이 돌아간 이야기(「김칫국만 또 마셔보기」) 등등의 잊혀지지 않는 경험들을 시로 쓰고 있다.

왜 시인은 자신의 개인사를 소재로 이런 자서전적 작업을 시작했을까? 이 자서전적 작업의 내용은 대부분 자기 폭로적이고 고백적인 것들이 많다. 물론 시계도둑으로 의심을 받았던 경험과 같이 자신의 입장을 해명하거나, 일제시기 말인 1944년 옥살이를 했던 것을 이야기함으로써 암시적으로 스스로를 미화하려는 의도를 담고 있는 것들도 있지만, 시집의 전반적인 구성이나 시의 구체적인 내용으로 보아 이 시집이 스스로를 변명하거나 미화하기 위해 쓰여졌다고 보기 힘들다. 시계도둑으로 의심받았던 사건은 극도로 예민한 자의식과 결벽증적인 자기방어로 인해 겪었던 누명의 눈초리를 언급하고 있는데, 이 시 역시 혹시나 후대에 잘못 알려질까 하는 극도로 예민한 자의식에서 비롯된 것일 수도 있다. 하지만 그보다는 자꾸만 자신을 괴롭히는 기억을 제거하려고 하지 않고 오히려 기록함으로써 그것을 자신의 과거의 일부로 인정하고 긍정하는 것으로 판단된다. 또한 일제말의 옥살이를 소재로 한 시를 두고 후에 밝혀진 친일의 행적에 대한 자의식 때문에 쓴 것이라고 보는 논의도 있지만, 그 역시 오히려 감옥생활 중의 여러 점잖지 못했던 에피소드를 폭로함으로써 스스로 부끄러웠던 기억을 인정하고 긍정하고 있다고 보는 것이 타당하다.

시인은 자신의 생애에서 중요한 기억들과 행복했던 일들뿐만 아니라, 잊혀지지 않고 자아를 괴롭히는, 부끄럽고 수치스럽고 죄스럽고 괴로운 일들을 모두 시로 쓰고 있다. 이런 극적인 인생의 순간들은 그 순간만으로 보면 시련이고 파탄일 수 있지만, 결국 그 모두가 더

긴 과정으로서의 생애의 단면이며, 그것들이 축적되어 현재의 자신이 존재한다는 인식을 통해 과거를 모두 긍정할 수 있게 된다. 「외할머니네 뒤안 툇마루」에서도 과거는 소멸되거나 사라지지 않고 축적되는 것이라는 인식이 나타난다. 외할머니네 '먹오딧빛 툇마루 거울'은 삶이 더러운 때 같은 것에 의해 훼손되거나 오염되더라도 버려서는 안 된다는 인식을 비춰 보여준다. 그것은 한 때 훼손되고 오염되었음에도 때묻음과 때닦음의 오랜 세월이 축적되어 반짝이는 거울로 거듭나고 있다. 『안 잊히는 일들』에서 시인은 자신의 생애를 돌아보며 때묻음과 때닦음으로 축적된 과거를 담담히 기록하고 있는 것이다. 그리고 그런 자신의 생애는 다시 단군신화로부터 이어져온 것이고 앞으로도 이어질 것이라는 의미에서 또 하나의 거대한 과정에 때묻음과 때닦음으로 참여하고 있다.

시인은 석전 스님 문하에 공부하던 시절 금강산에 걸어서 간 경험을 <금강산으로 가는 길>연작으로 쓰고 있다. 석전스님더러 '금강산에 가 참선을 해보겠'다고 하니 스님은 '금강산 구경이겠지?'하고 보내주었다는 것인데, 그는 '目的보다야 가는 途中이 너무나 좋아서' 금강산으로 달려갔었다고 회상한다. '참선'이냐 '구경'이냐 하는 '목적'보다는 '도중'이 너무나 좋았다는 것은 이 시집의 의도를 적절히 응축하고 있는 구절이라 할 수 있다. 금강산행 도중에 겪은 모든 경험은 다양한 인생경험을 상징한다. 그의 시적 생애가 줄기차게 추구해온 '영원성'도 중요하지만 정말 좋은 것은 그 과정에서 맛본 여러 가지 달고 쓴 맛이라는 진술을 통해 시인은 자신의 생애 자체를 긍정하고 있다.

상술하였듯이 개인사를 소재로 취하되 시적 상상력의 논리 위에 재구된 것이라는 점에서 『안 잊히는 일들』에 수록된 시들은 개인사의 경험적 현실과 일치하는 것이 아니다. 그러나 연대기순으로 수록된 작품들은 뒤로 갈수록, 시속의 현실과 시인의 현실의 시간적 거리가 좁혀질수록 상상력의 개입이 현저히 떨어지고 있다. 그리고 하나의 사건에서 다른 사건을 떠올리는 시들이 등장한다. 「내 詩의 英譯者 데이빗 매켄과 경상도 안동」에서 시인의 시의 번역자인 데이빗 맥켄이 찾아와 대화를 나누던 도중 '안동의 농업고등학교에 영어 선생으로 부임'했었다는 말을 듣고 화자는 김원길 시인의 혼례 주례를 맡아 안동에 갔다 겪은 에피소드를 떠올리는 식이다. 이런 두 가지 특징은 『팔할이 바람』(1988)에서 계속된다.

서정주는 『안 잊히는 일들』(1983) 직후 『노래』(1984)를 간행하였는데, 이 시집은 앞장에서 다루었듯이 『질마재 신화』(1975)에 수록했던 것과 ≪현대문학≫지에 1983년 1월부터 12월까지 연재했던 시들을 수록하고 있다. <안 잊히는 일들> 연작을 같은 잡지에 1981년 11월부터 1982년 11월까지 연재했으니까, <안 잊히는 일들>의 연작이 끝나자마자 바로 <노래> 연작을 기획 연재 한 것이다. 이 시집은 노래로 작곡되어 불려지기를 기대하며 쓰여진 것인데, 그것은 노래를 통해 널리 퍼지고 후대에 전해지길 바라는 세시풍속과 풍류정신 등을 담고 있다. 이후 84년부터 87년 중반까지는 공백기라고 할 만큼 작품 발표가 드문데, 이 시기의 작품을 찾을 수 없는 것인지, 이 시기 서정주의 친일행적과 친정권적인 행적에 대한 비판이 대두되면서 작품 활동이 위축된 것인지 아직 확실치 않다.[18] 서정주는 1987년 7월 6

---

18) 그러나 『팔할이 바람』에 수록된 시들의 연재가 끝난 뒤부터 『산시』를 전후하여 창작한 작품 가운데 연작시에 끼이지 않는 것들을 모아 『늙은 떠돌이의 시』(1993)로 간행한 것을 보면, 1984-1986년의 작품들이 소실되었다기보다는 그 시기 창작이 위축되었던 것이라고 추측된다. 미당이 자신의 시적생애를 빠짐없이 완성하고 기록하는 데에 강한 애착을 가지고 주력하였음을 볼 때 그 부분만 누락되었다고 보기 힘들다고 판단되기 때문이다.

일부터 12월 28일까지 ≪일간 스포츠≫지에 자신의 생애를 '담시'의 형식으로 52회에 걸쳐 연재한다. 그리고 다음 해에 『팔할이 바람』(1988)이라는 제목으로 묶어 낸다.

『팔할이 바람』은 『안 잊히는 일들』처럼 시인의 개인사를 소재로 쓰여진 것이다. 그러므로 두 시집은 대체로 반복되는 내용을 담고 있다. 이런 반복을 하는 이유는 무엇일까. 그것은 일차적으로 가장 대중적인 일간지인 스포츠지에 연재함으로써 자신의 개인사를 널리 알리고 싶다는 개인적 욕망에서 비롯된 것이라고 볼 수 있다. 그리고 다른 이유로는 자신의 개인사를 빠짐없이 완성하려는 욕망을 들 수 있다. 그것은 『팔할이 바람』에 추가된 내용이 『안 잊히는 일들』 이후 떠났던 2차 세계여행에 대한 것과 당시 제기된 친일행적 비판에 대한 자신의 입장을 담은 것, 그리고 각 시기에 관련된 내용들을 조금씩 보충하고 있다는 점에서 알 수 있다.

시인은 『팔할이 바람』이 '자유시형의 담시의 문장형식'으로 시험적으로 쓴 것이며, '행동들의 조화의 패턴이라는 것'을 나름대로 시험적으로 추구하였다고 밝히고 있다. 자유시형의 담시의 문장형식 즉 발라드(Ballad)란 글을 읽을 수 없거나 중간정도 문맹인 사람들 사이에 구전으로 전해지는 짧은 내러티브를 가진 노래를 의미한다. 때문에 발라드는 민요, 대중, 전통 등의 개념과 밀접한 관련이 있으며 유럽에서 16세기 무렵 즉 후기 중세에 가장 널리 유행했다가 18세기 말 19세기에 걸쳐 민요에 관심을 가졌던 낭만주의자들에 의해 수집되고 부흥된 형식이다.[19] 서정주는 대중적인 일간지에 자신의 시를 연재하면서 대중적이면서 새로운 형식인 발라드를 시험하고 있다. 이는 『안

---

19) Alex Preminger, ed., "Ballad", *The New Princeton Encyclopedia of Poetry and Poetics*, Princeton University Press, pp. 116-118.

잊히는 일들』과 『노래』의 기획의도가 합쳐진 것이라 할 수 있다. 즉 『팔할이 바람』은 그 내용으로만 볼 때, 『안 잊히는 일들』이나 이후 쓰여진 <떠돌이의 시편들>과 별 차이가 없는 개인사를 소재로 하고 있는 것이지만 시의 형식이라는 시각에서 볼 때, 자신의 개인사를 대중들에게 짧은 내러티브가 있는 구전형식으로 전함으로써 그것이 널리 퍼지기를 후대에도 전해지기를 바라는 욕망에서 비롯된 실험적 시도라 할 수 있다.

무얼 너무나 못 자시어서
오이꽃같이 얼굴이 노란
洪明述 씨라는 유식한 한문 성명을 가진 선생님한테서
나는 일곱 살 때부터 千字를 배웠었는데,
하눌 千 따 地 ―에서 시작한
이 일천 개의 글자를 내가 다 술술 외고
그걸 먹글씨로 흰종이에 옮겨 쓰게 되자,
推句라는 딴 책으로 책갈이를 하게 되어
비로소 그 축하로다가 정말 신나는 것 하나를
덤으로 더 배우게 되었나니,
얼시구! 그걸랑은 다음을 읽어보소.

동백 기름을 먹여 매꼼하게 잘 빗은
번지르르 윤나는 머리 뒤쪽 낭자에는
꽂은 옥비녀도 기막히게 고으려니와
그 한가운데는 해당화빛 비단 쪼각까지
눈에 삼삼 뻐끔하게 내비친 새 각씨가
외씨버선 발로 여덟 팔자로 들어오시는데
두 손으로 공손히 바쳐든 술상에서는
어린아이들 코에는 너무나 카한 쐬주 내음새!

뒤에서 안 일이지만
이 각씨로 말하면 아랫마을 百冠玉 씨의 소실댁인데,
오늘 책을 새로 갈은 나를 축하해
내 아버지께서 특별히 부탁해 꾸어오신 거라나.
하이얗게 이뿐 가르마 밑 두 눈일랑
지긋이 지긋이 감으며 앉아
연옥빛 이빨을 드러내고 권주가를 부르는데
「이 술을 한 잔을 드시오면
만수무강하오리다.
이 술은 술이 아니라……」
어쩌고 저쩌고 하는 일등 명창이었네.

물론 그 술과 안주를 자신 것은
내 아버지와 홍명술 선생님과
그 남의 소실 색씨뿐이었지만서두,
내 나이 일흔세 살의 지금까지
이때 이 일을 나는 잊지 못하네.
천자 한 권 배운 것과
이때 이 각씨가 보이고 들려준 것들을
저울에 견주어 달아보자면
아무래도 이 각씨의 천자 뒤풀이 쪽이
그게 무게가 많이 더 나갈 것 같군.
묵직하게 무거운 무게가 아니라
쌍긋하게 향내나는 그 무게가 말이야.
*
그러나 천자 책갈이의 뒤풀이는
여기서 싹뚝 끊어져 버리는 게 아니라
무작정 또 이어져만 가느니,
얼씨구, 이번에는 무쇠 냄비라던지,
찹쌀가루에 밀가루에 메밀가루에
꽤소금 참기름, 쐬주 등

실한 머슴 지게에 한짐 잘 지우고
진달래꽃 만발한 산으로 올라가네.

물론 아까 꾸어왔던 그 남의 소실댁-
해당화 빛을 낭자에 묻힌
그 남의 각씨님도 딸아서 가네.

하여서
진달래 무진 피어나는 맑은 山精氣에
흡족히 저린 몸들이 적당한 땀을 흘리고
한쪽의 바다도 잘 보이는
산모롱에 올라서면
숨들을 한번 갈아 쉬고
사람들은
아이의 천자 배운 뒤풀이를 이어 하나니
산돌 고여 냄비를 걸고,
아이들은 진달래꽃 따오고,
여자들은 꽃전을 부치고,
사내 어룬들은
천지신명께 고스레를 하신 뒤에
뜨끈뜨끈한 그 꽃전 안주로
카아카아 연거푸 술잔을 비우나니,
하여서
한 아이가 배우는 책갈이의 축하는
드디어 산수자연과도 함께 하게 되고,
그리하여 이 마음은
하늘 끝 아스라한
영원에 닿았네.

— 「사내자식 길들이기 3」전문

꽤 길지만 『팔할이 바람』에 수록된 시의 형태인 자유시형 담시를 한 편 전문 인용하여 보았다. 우선 눈에 띄는 것은 이 시의 내용 중 일부가 『안 잊히는 일들』에 수록된 「꾸어온 남의 妾의 勸酒歌」와 비슷하다는 것이다. 비교를 위해 인용해 보면 다음과 같다.

> 모시밭에 모시가 다 자랄 무렵
> 일곱 살짜리 나는 「推句」 책을 띠었는디라우.
> 아버지는 우리 書堂 선생님보고 아조 잘 힛다고
> 동네술집 朴舜民氏네 小室宅을 꾸어다가
> 勸酒歌를 시켜 쐬酒로 대접하고 있뚱만이라우.
> 나는 고 옆에서 蜜燭토막인가를 만지작이고 있었는데,
> 고 勸酒歌 小室宅도 蜜기름으로 잰 머리를 했고,
> 銀비녀에,
> 붉은 헝겊을 삐시감이 드러낸 낭자에,
> 사랑니의 갓에만 묻힌 숲니에,
> 하눌 밑에선 이 女子 하나가 그만
> 아무래도 제일로 으뜸이겠뚱만이라우.
> 椎句도 아버지도 선생님도 영영 형편이 없겠뚱만이라우.

— 「꾸어온 남의 妾의 勸酒歌」 전문

두 시를 비교해보면 그 차이가 확연히 드러난다. 같은 체험을 소재로 삼고 있지만 「꾸어온 남의 첩의 권주가」는 '일곱 살짜리 나'가 화자로, 짧은 서정시의 형식을 취하고 있으며, 그 체험 자체나 그것의 의미보다는 당시 어린 화자의 눈에 비친 '소실댁'의 남다른 외모에 집중함으로써, 토막난 필름[20] 같은 잊혀지지 않는 장면을 묘사하고

---

20) 오세영은 『안 잊히는 일들』에 수록된 시들의 특성을 '토막난 필름'에 비유한 바 있다 (오세영, 「상상력과 개인사의 시화」).

있다. 반면 「사내자식 길들이기 3」에는 '일흔세 살의 나'가 화자이며, 이 화자는 탈춤의 연행자와 같은 이야기꾼이 되어 해학적인 어조로 자신의 체험을 생생히 전하고 있다. 화자는 '얼시구! 그걸랑은 다음을 읽어 보소'라는 말로 다음 장면으로 넘어가거나, '이 술을 한 잔을 드시오면 만수무강하오리다. 이 술은 술이 아니라……'와 같은 노래를 그대로 전하기도 한다. 화자는 나아가 이야기 중간에 끼어들어 '내 나이 일흔세 살의 지금까지 이때 이일을 나는 잊지 못하네'라며 '천자 한 권 배운 것과 이 때 이 각씨가 보이고 들려준 것들을 저울에 견주어 달아보자면 아무래도 이 각씨의 천자 뒤풀이 쪽이 그게 무게가 많이 더 나갈 것 같군'처럼 그 체험에 대한 평가와 의미화를 덧붙이기도 한다[21].

또한 이 시는 자유형 담시라는 실험적 형식을 취하고 있는데 그것은 연결되는 이야기들을 연결하고 배치하여 장형화되는 것을 의미한다. 즉, 「꾸어온 남의 첩의 권주가」가 '토막난 필름'이라면 「사내자식 길들이기 3」은 같은 주제를 담은 '단편영화들의 옴니버스'에 비유할 수 있다. 화자는 '천자 책갈이의 뒤풀이는 여기서 싹뚝 끊어져 버리는 게 아니라 무작정 이어져만 가느니, 얼씨구'라면서 흥겹게 다른 일화를 연결하여 말하고 있는 것이다. 이번에는 그것이 진달래 화전 놀이와 엮여져 있는데, 진달래 무진 피어나는 맑은 산정기가 가득하고 '바다도 잘 보이는 산모롱'에 사람들이 아이의 천자 배운 뒤풀이를 이어 한다는 것이다. 화전을 부쳐 천지신명께 고스레를 하고 이어지는 잔치는 '천자 배운 뒤풀이'라는 세속의 일을 산수자연과 함께하는 일로 거듭나게 하고 있다. 이런 담시의 형식을 통해 '천자 배운

---

21) 이 외에도 권주가를 부른 소실댁이 박순민씨네 소실댁인지, 백관옥 씨의 소실댁인지, 소실댁이 머리에 바른 것이 밀기름인지 동백기름인지, 머리에 꽂은 것이 은비녀인지 옥비녀인지 하는 등의 세부사항의 차이도 있다.

뒤풀이'라는 시인의 개인적 체험을 '하늘 끝 아스라한 영원에 닿는' 체험으로 의미화하고 있는 것이다.

또 한 가지 중요한 특징을 지적하자면, 이 시를 비롯한『팔할이 바람』에 수록된 시들은 상당한 장시형임에도 불구하고, 소리 내어 읽어 보면 시가 입에 붙는 율격이『노래』에 수록된 시 만큼이나 고려되어 있다는 점이다. 이는 시인이 구전을 목표로 하는 발라드의 형식을 자기화하여 한국적인 율격과 형식으로 소화하고 있기 때문이다.

「사내자식 길들이기 1」은 음력 오월 열여드레, 즉 실제 시인의 생일을 소재로 하고 있다. 자신의 출생을 소재로 성탄절날 수녀 같은 색시들이 아기인 자신을 둘러싸고 있는 모습을 묘사하며 '글 말씀과 그 눈 그 눈썹을 아조 잊어버릴 수는 영원히 없을 거야'라고 쓰고 있다. 자신의 출생의 순간을 기억하는 사람은 없을 것이다. 그 순간을 '예수'의 탄생과 비슷하게 묘사하며 잊을 수 없을 것이라고 쓰는 것은『팔할이 바람』역시『안 잊히는 일들』과 마찬가지로 개인사를 그대로 기록한 것이라기보다는 그것을 시인의 의도에 따라 사실과 상상에 근거하여 재구성하고 있음을 의미한다. 이 시에는『질마재 신화』에 수록된「내가 여름 학질에 여러 직 앓아 영 못쓰게 되면」,『안 잊히는 일들』에 수록된「어린 집지기」등에서 다루었던 유년의 체험들이 여러 개가 연결되며 장시형화 되고 있다. 시인은 담시들을 통해 시인 李箱과의 일화(「제주도에서」)나 절친했던 함형수와의 일화(「시인부락 일파 사이에서」), 이용악과의 일화(「사립초등학교 교사」) 등을 자세히 쓰기도 하고, 첫사랑에 실연했던 이야기(「해인사에서」), 자신의 시가 쓰여진 배경(「제주도에서」,「큰아들을 낳던 해」,「이조백자의 재발견」,「1950년 겨울-북괴와 중공 연합군 대거 침략의 때까지」등 등)을 밝히기도 한다.

『안 잊히는 일들』은 주로 잊혀지지 않는 기억이나 사건, 그리고 감정의 단상들을 기록함으로써, 그것을 자신의 일부로 인정하고 긍정하려는 의도와 파편화된 과거를 유기적으로 연결하고 재구성하려는 의도를 담고 있다. 이런 작업들이 충분히 이루어진 『팔할이 바람』에서 시인은 자신의 생애를 통합하여 강화된 자아의 모습을 보여준다. 이는 파편화된 과거가 그 당시의 순간에 상처받고 훼손된 자아로 남아 있었다면, 그 조각을 모으고 유기적으로 연결한 자아는, 시인 개인으로 볼 때 자신의 그림자(shadow)를 직면하고 그것과 통합을 이룬 개체화과정(individualization)과도 같다. 그는 '지상이 풍겨 올리는 온갖 美醜를 하늘이 <괜찮다>고 다 받아들이듯(「從天順日派?」)' 자신의 그림자를 통합한다. 그리하여 『팔할이 바람』에는 뉘우침, 부끄러움, 괴로움, 죄책감, 미련 등등의 감정은 나타나지 않는다. 그저 '그 때 그런 일이 있었다'는 진술만이 있다.

일제 말기의 친일행적이라고 비판을 받는 부분도 '비양심이나 무지조를 내가 느끼면서 그랬던 건 아니고 이게 내게도 불가피한 길이라고 판단되어 그랬을 뿐(「종천순일파?」)'이며, 독립운동 혐의로 옥살이를 했던 것(「다시 걸린 독립운동 혐의」)도 엉뚱한 오해에서 비롯된 것이라고 밝히고 있다. 서정주에게 중요한 것은 '어떻게라도 해서 더 오래 살아(「차남 潤 출생의 힘을 입어」)'서 삶에서 총체성을 현실화하고 또 자손을 남기고, 자신이 현실화한 총체성을 후대에 전하는 것뿐이다. 그에게 시시각각 변하는 이승의 삶의 변화는 중요하지 않다. 이런 태도는 「4.19 바람」에서도 분명히 드러난다. 그는 당시의 정치적 사태에 대해서는 무관심하며, 다만 그 즈음 학생들의 동향이 심상치 않아 마침 그 날 아침에 '데모대에 끼는 일이 있더라도 위험은 피해야 한다'고 신신당부를 해두었는데, '내 자식은' 아비의 당부가 생각나 '골목으로 새어서 살아왔다'는 사실에 큰 안도감을 표할 뿐이다.

　같은 시에서 자신이 백일장 심사에서 시로 입선시켰던 소년이 그 날 총에 맞아 숨진 것에 대해 슬픔과 분함을 느꼈다고 쓰고 있는데, 그 역시 '인제부터 앞으로 공부해 나가야 할 이 소년의 목숨이 이렇게 타력으로 끝나고 만 데'에 대한 것이다. 4.19의 정치적 현실과는 상관없는 '목숨의 현실'만이 시인의 안도감과 슬픔과 분노의 대상이 되고 있는데, 그에게는 '생명'을 이어가는 것만이 중요하기 때문이다. 같은 시에서 그는 그 해에 가장 재미있었던 일로 '한미성'이라는 이름의 미국인 여자 시인을 사귀게 된 것을 꼽는데, 그녀와 비원 숲속에 가 섰던 순간이 '신화로구나' 싶었다는 것이다. 시인에게 시시각각 변하는 이승의 현실은 견디며 끈질기게 살아가야하는 것인데, 그 이유는 그렇게 끈질기게 삶을 이어가면서 현실에서 '신화'와 같은 순간을 발견하기 때문이다.

　『안 잊히는 일들』의 시들은 연대기적 순서로 구성되어 있음에도 불구하고 거기에서 어떤 연관적인 내러티브를 발견하기 힘들다. 반면 『팔할이 바람』은 『안 잊히는 일들』에는 빠져있던 뒷이야기나 세부내용이 보충되어 있으며 각 시들은 하나의 주제로 묶인 옴니버스식 단편영화처럼 몇 개의 에피소드를 연결하여 구성되어 있다. 그리고 『안 잊히는 일들』과 달리 시집 전체가 같은 형식으로 이루어져 있어 마치 하나의 자서전처럼 읽히고 있다. 이 자서전의 제목을 '팔할이 바람'이라고 붙인 것은 의미심장하다. 이는 「자화상」의 한 구절로 이 시집이 자신의 삶의 '자화상'임을 드러내고 있다. 격동의 시기를 70년이 넘게 살아오며 겪은 극적인 순간들을 돌아보면서 제목으로 사용한 '팔할이 바람'은 그의 삶이 수많은 굴곡의 순간들과 방황과 떠돌이로 채워져 왔으며 그것들의 축적이라는 인식을 담고 있다. 이는 절실하고 죽음

까지도 생각하게 했던 사건과 파탄의 순간들이 있었음에도 결국 삶은
계속되는 것이고 계속 되어야 한다는 의미라고 볼 수 있다.

『팔할이 바람』 이후 시인은 세계의 신화·전설·민담·풍속·지리
·역사에 대한 방대한 공부를 통해 『산시』(1991)를 간행한다. 자신의
개인사를 기록하고 전하는 작업이 끝나자, 세계의 신화와 역사 속에
서 보편적인 영원성을 찾아 후대에 전하는 작업을 시작한 것이다.

이후에 이어진 『늙은 떠돌이의 시』(1993)와 과 『80소년 떠돌이의
시』(1997)에서 시인은 자신의 일상에서 총체성을 현실화하는 작업과
『팔할이 바람』이후의 자신의 개인사를 계속 보충하여 그 기록을 완성
해가려는 두 가지의 작업에 매달린다. 『늙은 떠돌이의 시』에는 이전
에 창작·발표되었으나 기획연작시에 속하지 않기에 시집에 수록되지
않았던 시들과 『산시』이후의 작품들이 수록되어 있다. 총 72편의 시
들이 <내 어렸을 적의 시간들>, <舊滿洲帝國 滯留詩>, <에짚트
의 시>, <1988~1989의 시들>, <老妻의 病床 옆에서>, <1990년
의 구공산권 기행시>, <해방된 러시아에서의 시>, <1991, 1992,
1993년의 기타 시들>의 8부로 나뉘어 있다. 이 시집 역시 시간적 연
대기순으로 구성되어 있으며, <내 어렸을 적의 시간들>과 <구만주
제국 체류시>는 『안 잊히는 일들』이나 『팔할이 바람』에서 소재로
다루었던 경험을 다시 소재로 하고 있는 것들이 있다.

<내 어렸을 적의 시간들>에서는 자신의 유년 시절을 영원성을 체
험했던 시절로 형상화해내고 있다. 「맑은 여름밤의 별하늘 밑을 아버
지의 등에 업히어서」에서는 아버지의 등에 업혀 집에 돌아가는 길에
어린 화자의 뺨에 '일가집 형들같이 반가운 하늘의 별들'이 뺨을 갖
다대는 것을 느꼈다면서 그 시절은 '추상이라곤 전혀 없는' '그뜩한
시간'이었다고 회상하고 있다. 이 추상이라곤 전혀 없는 그뜩한 시간

은 「한국성사략」에서 별들이 내려와 화랑의 길을 쓸던 때와 같은 총체성이 실효하던 시간이다. 「여름밤 소쩍새와 개구리가 만들던 시간」에서도 화자는 아버지의 품에 안겨서 잠이 들어갈 때 어렴풋이 들었던 '소쩍새들 소리에서 하늘의 타이름'을, '개울에서 우는 개구리 소리들에서 땅을 웅얼거림'을 나누어 비교하며 듣는 연습을 했다고 한다. 소쩍새 소리가 슬프다는 건 커서 배운 일이고, 그 때 들었던 소쩍새 소리 즉, 하늘의 소리는 '맑고 간절한 것이었고', '개구리 소리들은 가슴에 닿어 뭉클리었다'고 한다. 개구리 소리는 이승의 삶을, 소쩍새 소리는 초월적 삶을 상징한다. 이런 시들에서 어린 시절 화자가 실감하는 영원성이 모두 아버지의 등에 업히거나 품에 안겨서 느꼈던 것이라는 점은 주목할 만한 것이다. 이는 「자화상」에서 '부재중'이었던 아버지의 다른 면이기 때문이다. 시인은 '풍류정신사'로서의 '아버지' 회복을 통해 존재론적인 안정감과 자아정체성을 획득하고 있으며, 우주와의 행복한 합일인 영원성의 체험을 회복하고 있다.

<구만주국 체류시>는 만주체험을 전에 다루지 않았던 것들을 보충하여 완성하고 있다. 이 부분에는 「시인 함형수 小傳」도 포함되어 있다. 만주시편을 완성하면서 만주제국 도문소학교의 교사를 지냈던 절친했던 함형수의 이야기를 '소전'이라는 제목으로 끼어 넣고 있다. 자신의 개인사가 후대에 전해지기를 바라듯이 절친했던 시인 함형수도 잊혀지지 않기를 바라는 시인의 마음이 느껴진다. 이 두 부분의 시들을 통해 자신의 개인사의 앞부분을 보충하고 있으며, 이 시집에 수록된 다른 시들은 전에 기록되지 않은 이후의 경험들을 소재로 하고 있다.

<노처의 병상 옆에서> 연작은 시인의 아내인 방옥숙 여사가 부산 동래의 <우리들병원>에 입원했을 때 그 옆을 지키며 쓴 것이다.

「부산의 해물잡탕」에서 시인은 동래 시장에서 해물잡탕을 먹다가 바다 게들의 달아나는 긴 행렬과 고막조개를 잘 줍던 '옛부터의 고막女'들의 이어짐을 생각한다. 그리고 '먼먼 단군 쩍부터 하늘이 그 입술로 친히 부신다는 하늘의 그 고은 고동소리'를 듣고 있다. 시인은 이제 자신의 일상에서 총체성을 현실화하기 시작한다. 그것은 신라 때의 별, 단군 때의 하늘, 어린 시절 아버지의 등에 업히여 뺨을 부비던 별을 체내로 끌어오는 일이다. 이는 물론 시인의 마음의 차원에서 일어나는 일이지만 그것을 실감하고 실제 삶에 영향을 받는다는 점에서 상상의 차원에 머무는 것이 아니다. 이것은 전근대로 퇴행하지 않으면서 근대 이후 잃어버린 신성함과 신비를 되찾는 방법이다. 또한 시인은 불멸성 역시 추구하고 있는데, 「가을비 소리」에는 '저승에 계신 아버지를 생각하며 내가 듣고 있는 가을비 소리'가 곧 '아버지 귀신과 둘이서 듣는' 가을비 소리로 자연스럽게 이어진다. 이 두 진술 사이에 어떤 '구멍'도 존재하지 않는다. 또한 끈질긴 삶에의 의지 역시 때와 장소를 가리지 않고 발견하고 있는데, 러시아 여행 중 눈에 뜨인 가시투성이의 분홍 해당화가 러시아 말로 '쉬뽀브니끄'라고 하자 그것을 시인은 '쉬 뽑히지 말라'로 고쳐 들으며 생의 의지를 다진다.

이 세상에서 제일로 좋은 것은
낳아서 백일쯤 되는 어린 애기가
저의 할머니보고 빙그레 웃다가
반가워라 옹알옹알
아직 말도 안 되는 소리로
뭐라고 열심히 옹알대고 있는 것.
그리고는
하늘의 바람이 오고 가시며

창가의 나뭇잎을 건드려
알은 체하게 하고 있는 것.

— 「이 세상에서 제일로 좋은 것」전문

짧고 단순한, 평범한 일상의 한 조각과도 같은 이 시에서 시인은
자신의 전 시적 생애를 모두 바쳐 추구해 온 것을 말하고 있다. 그것
은 첫째, '애기'로 상징되는 생명이다. 둘째, 지상과 천상의 경계에서
양쪽을 모두 넘나드는 존재로서의 '낳아서 백일쯤 되는 어린 애기'이
다. 갓난아이는 아직 눈도 뜰 줄 모르고 잘 듣지도 못하며 말하지도
못한다는 점에서 소통이 불가능하다. 이 세상에 나왔으되 아직 이 세
상과는 동떨어진 존재인 것이다. 그러나 백일쯤 되는 어린 애기는 눈
을 맞추고 웃으며 아직은 말이 아닌 자신의 소리로 옹알이를 한다는
점에서 경계적인 존재이다. 그리고 셋째로 그 어린 애기가 저의 할머
니보고 빙그레 웃다가 반가워라 옹알옹알 열심히 옹알대는 것이다.
이는 할머니와 애기와의 정서적 교감과 소통을 의미한다. 할머니는
조상 혹은 역사, 단군 때부터 내려오는 영원사상(불멸성)을 의미하고,
애기는 그것과 소통하려고 노력하는 시인 자신을 의미한다. 또한 시
인 자신이 할머니이고 애기는 자신의 시와 개인사를 비롯한 조상·역
사, 불멸성의 사상과 교통하려는 후대를 의미하기도 한다. 넷째, 애기
는 할머니가 될 것이고 애기는 다시 태어날 것이라는 점에서 애기가
할머니를 보고 웃고 할머니에게 뭐라고 옹알이를 하는 것이 계속 이
어질 것이라는 점이다. 그리고 다섯째는 '하늘의 바람이 오고 가며
창가의 나뭇잎을 건드려 알은 체하게 하고 있는 것'이다. 이는 우주
와의 소통을 의미한다. 창가의 나뭇잎이 반짝이는 것은 바람이 그것
을 건드려 움직이게 했기 때문이고 바람은 하늘에서 오는 것이기에,

창가의 나뭇잎 반짝이는 것은 하늘이 나뭇잎으로 하여금 나에게 알은 체를 하게 하는 것이라는 말이다. 이는 현실에서 총체성을 현실화하는 것을 의미한다.

다시 말해, 시인이 볼 때 세상에서 제일 좋은 것은 생명이며, 육신의 삶과 초월적 삶(선대로부터 이어오는 불멸성의 삶)을 모두 살 수 있는 경계적 존재이고, 이행을 통해 불멸성을 추구하는 것이고, 그 혼교가 후대에도 계속 이어지는 것이며, 총체성을 현실화하는 것이다. 이 작업은 『80소년 떠돌이의 시』에서 살아있는 동안 자신의 삶에서 우주와 소통하는 총체성의 현실화와 이행을 통해 불멸성을 추구하는 작업으로 계속된다.

> 大邱의詩人 徐芝月이가
> "자셔보이소" 하며
> 저희집에서 딴 홍시들을 가져왔기에
> 보니 거기엔
> 山까치가
> 그 부리로 쪼아먹은
> 흔적이 있는것도 보여서
> 나는 그걸 골라 먹으며
> 이런 논아먹음이
> 너무나 좋아
> 웃어자치고 있었다.

— 「徐芝月이의 紅柿」 전문

신범순이 지상의 삶, 개인적 삶의 궤적 속에까지 들어온 영원성을 보여준다[22]고 지적하였듯이 이제 자아는 자신의 현실과 일상에서 자연이나 신화 역사 등을 아날로지[23]함으로써 실감하고 현실화한다. 시인은 서지월 시인이 가져다 준 홍시 가운데 산까치가 부리로 쪼아먹은 흔적이 있는 것을 골라 먹는다. 이는 산까치와 자신을 동등한 우주의 구성원으로 보는 태도이다. 그 쪼아먹은 흔적을 통해 산까치를 생각함으로써 이 '홍시먹기'는 '논아먹음'이 된다. 이 때 홍시에서 산까치를 아날로지 하는 것은 실질적으로 시인을 웃어자치게 만드는 힘으로 작용하고 있다.

「어느날의 까치」에서 시인은 집뜰의 후박나무 가지에 날아들어 깃털 사이의 이를 잡어먹고 있는 까치를 본다. 그는 까치에게서 유년시절 어느 겨울밤 친척의 어느 여인네가 옷속의 이를 잡아서 이빨로 씹고 있었던 모습을 떠올린다. 이 아날로지를 통해 시인은 지금은 단절된 친척여인을 불러내어 '바로 곁에 살아 있는 것'처럼 가깝게 느낄 뿐만 아니라, 그 까치도 친척처럼 가깝게 느끼고 있다. 까치에게서 친척여인을 아날로지할 수 있는 주체에 의해서 친척여인은 재생되고 까치는 친척여인의 윤회로 여겨지는 것이다. 이는 친척 여인이 쉬었던 숨이 공기에 흩어져 까치에게도 전해졌을 터이니 과학적으로 볼 때도 까치는 친척 여인의 이어짐이 될 수 있다.

유기체론적 사유를 통해 연결된 우주 안에서, 즉 인연(因緣)과 그것에 의해 생겨나는 연기(緣起)라는 거대한 순환의 우주 안에서 서로 연관되지 않은 것은 없다. 이런 잇달아 일어나는 인연과 연기의 세계로서의 유기체론적 우주관은 「논 가의 가을」에 잘 나타나 있다. 가을

---

22) 신범순, 「질기고 부드럽게 걸러진 '영원'」, 『한국 현대시의 퇴폐와 작은 주체』, pp. 209-216.

23) 아날로지는 사물들을 서로의 차별성과 대립성을 제거하지 않으면서 서로 화해시킨다. 아날로지는 이것과 저것의 거리를 없애버리지 않고 양자를 중재한다. 그것은 개별성이 총체성을 꿈꾸고, 차별성이 통일성을 지향하는 은유이다(옥타비오 파스, 「아날로지와 아이러니」, 『흙의 자식들』, 솔, 1999, pp. 88-97참조.).

의 논에 벼들이 '좀 무겁다'고 고개를 숙이면 그것을 본 메뚜기들이 '좋지 뭘그러세요?'하고 툭툭 튕기며 날고, 그 튀어나는 힘의 등쌀에 논 고랑의 새끼붕어들은 헤엄쳐다니게 된다'. '그게 좋아서 논 바닥의 참게들이 논둑길까지 기어나가면, 농군 아저씨들이 '지화자자 좋다!' 며 열두발의 상무를 마구잡이로 하늘에 내젓고 있다는 것이다. 벼-메 뚜기-새끼붕어-참게-농군으로 연결되는 사건들은 가을 농촌에서 일어 나는 현상인데, 시인은 이를 낱낱의 사건으로 파악하지 않고 서로가 영향을 주어 잇달아 일어나는 것으로 해석한다. 시는 서로 다른 사건 들이 서로 영향을 주며 가을 풍경이라는 우주의 모습을 이루고 있음 을 역동적으로 그리고 있다. 이 시는 동시적 분위기로 감싸여 있지만 사실 이 '잇달아 일어남'은 카오스 이론을 연상시키는 부분이 있다.

나는
날이날마다 아침이면
이 세계의 산(山) 1628개의 이름을
소리내어 불러서 왼다.
이것은
늙어가는 내 기억력의 침체를 막기위해서지만,
다 불러서 외고 나면
<킬리만자로>산(山)밑의 사자떼들,
미국 서부산맥의 깜정 호랑이떼들,
<히말라야>산맥의 흰 표범의 무리들도
내게 웃으며 달려와서 아양을 떨고,
또 저 <트리니다드>의 하늘의 홍학(紅鶴)의 무리들도
수만마리씩
그들의 수풀에 자욱히 날아앉어
꽃밭이 되며 꽃밭이 되며
나를 찬양한다.

해와 달도 반갑게는 더 밝어지고,
이래서 나는 다시 살아나는 것이다.

－「나는 아침마다 이 세계의 산(山)
1628개의 이름들을 불러서 왼다」전문

시인은 기억력의 건강을 지키기 위해 아침마다 세계의 산 1628개의 이름들을 불러서 외운다. 그런데 이는 노인의 기억력 향상을 위한 아침 일상의 차원을 넘어서는 일이 된다. 시인은 아침마다의 일상을 마치 신이 아침을 맞는 방법처럼 그린다. 그는 그 산 이름 하나하나를 외울 때마다 그 산에 살고 있는 맹수들을 떠올린다. 강인한 야생의 삶을 포효하며 살고 있을 <킬리만자로>의 사자떼, 미국 서부산맥의 깜정 호랑이떼, <히말라야> 산맥의 흰 표범의 무리들이 그것이다. 시인은 이미 『산시』에서 산이 신화시대부터 현재까지 인간의 삶을 목격한 존재이며, 지상에 있으면서도 하늘에 가장 가까운 존재로 그려낸 바 있다. 시인에 따르면 산은 단군시대부터 '영원살이'를 위해 '신선 수행'을 가는 공간이다. 그런데 이 시에서 시인은 신선 수행을 위해 산으로 가는 대신 산을 '부른다'. 시인이 산 이름을 부르면 맹수들은 그에게 달려와 아양을 떤다. 이는 물론 시인이 그 산 이름을 부르는 순간 떠올린 풍경이 생생히 되살아나는 것을 의미하는 것이지만, 이를 통해 스스로에게 신적인 이미지를 부여하고 있다. 이 신적인 이미지는 총체성을 현실화시킨 자기초월체를 의미한다.

또한 <트리니다드>의 하늘의 홍학의 무리들도 수풀에 자욱히 날아 앉어 꽃밭이 된다고 하였는데, 이는 시인의 시선이 하늘에서 그것을 내려다보는 위치에 있음을 암시한다. 시인은 처음 유기체론적 자연관을 탐구했었던 『서정주 시선』의 시기, 「학」에서 '누이의 繡틀속의 꽃밭을 보듯 세상을 보자'면서 '학'의 시선을 열망한 적이 있다. 그러나 유기체론적 자연관을 통해 총체성에의 합일을 추구했던 현대적 주체는 낭만적 아이러니라는 '천애(天涯)'에 부딪쳐 버렸었다. 누이의 수틀 속의 꽃밭을 보듯 세상을 학의 시선에서 보는 것-조감하는 것은 현실적으로 불가능하기 때문이다. 그러나 시인은 '산'의 이름을 부름으로써 홍학의 무리들이 수풀에 내려 앉아 꽃밭처럼 보이는 것, 즉 세상을 조감하는 위치에서 보는 모습을 보여준다.

이 홍학들은 꽃밭이 되며 시인을 찬양한다고 한 데에서도 신적인 이미지가 나타난다. 그러나 시 속에서 시인-신은 그 자체로 완벽한 것이 아니다. 그는 아날로지를 통한 산들과 맹수와 홍학과 해와 달과의 파지를 통해 그 힘으로 '다시 살아나는 것'이라고 했다. 다른 존재들을 파지하는 것이 자아를 갱신하는 에너지가 되고 있다. 그는 이런 자신의 생애를 기록하여 전함으로써 다시 후대의 사람들에게 영향을 줄 수 있는 파지의 자료가 되고자 하는 것이다. 서정주의 후기시 작업들은 현실에서 재생해낸 신라정신을 후대에 이행함으로써 불멸성의 시학을 완성하고 있다.

V. 결론

　본고의 논의는 기존 연구사에 대해 네 가지 문제를 제기하며 출발하였다. 그것은 첫째, 서정주의 시가 완료된 지금, 그의 시 전체를 대상으로 하는 본격적인 연구가 필요하며, 전체를 조감하는 시선에서 시기구분을 재정립할 필요가 있다는 것이다. 둘째, 서정주 시의 다양한 특성들을 나열하는 것이 아니라 전체를 꿰뚫어 낼 시각이 필요하다. 셋째, 서정주의 시가 추구한 '영원주의'의 개념을 분명히 밝히고 그 특성과 변모양상의 내적 원리를 구명할 필요가 있다. 넷째, 서정주 시의 특성으로 지칭되는 '반근대주의'의 개념을 명확히 규정할 필요가 있다.

　이런 문제의식 아래 본고는 서정주가 '영원주의'라고 명명한 용어를 서정주 시의 넓이와 깊이를 두루 꿰뚫을 수 있는 핵심적 개념으로 파악하고, 이를 통해 그의 시세계의 특성과 변모과정을 살펴보았다. 먼저 영원성이 내포하는 다양한 개념들과 유기체론의 여러 개념들을 고찰함으로써 서정주의 '영원주의'의 특수성을 조명할 개념들을 추출하였다. 총체성에의 합일, 총체성을 현실로 이끌어 오기 위한 과정화로서의 존재, 파지, 합생, 그리고 불멸성의 추구를 위한 이행 등의 개념이 그것이다. 본고는 서정주 시의 현대적 주체가 부정적 근대성에 짓눌린 자아의 한계를 극복하기 위해 줄기차게 영원성을 추구해갔으며 시적 주체가 추구하는 영원성이 시기별로 변모하고 있음을 밝혔다. 그리고 그 과정에서 시적 주체가 현대적 주체에서 과정화로서의 존재로, 그리고 다시 자기초월체로 변모하고 있음을 살펴보았다.

Ⅱ장에서는 논의에 앞서 서정주 시의 특성으로 주목되어온 '반근대주의'의 개념을 다시 고찰하였다. 이 작업은 '근대주의'에 반대한다는 상대적인 개념인 '반근대주의'가 초래할 혼란을 차단하기 위해 이루어졌다. 본고는 19세기 이후 계몽적 이성의 도구화에 의해 초래된 부정적 근대성을 내면화한 주체가 그것에 대해 대타의식을 발현한 '반근대주의'를 현대성과 탈현대성의 문제로 지칭함으로써 혼란을 피하고자 하였다. 이 장에서는 부정적 근대성을 내면화한 현대적 주체의 자기초월 의지가 총체성에의 합일을 추구함을 살펴보았다.

Ⅱ장 1절에서는 서정주시의 출발점이 동시대 시인들과 만나고 갈라지는 부분을 비교·고찰함으로써 보편성과 특수성을 추적하였다. 부정적 근대성을 내면화한 시적 주체는 분열감과 구속감으로부터 탈출하기 위해 에로티시즘을 추구하고 있다. 에로티시즘을 통해 '벽'을 돌파하려는 시도는 그 '벽'이 자아의 삶과 사유에 불가분으로 융합되어 있다는 점에서 문제가 됨을 주목하였다. 그것은 '육벽'의 이미지로 나타나는데 그것을 돌파하려는 시도는 결국 자기비하와 서러움을 초래하였다.

Ⅱ장 2절에서는 이를 회복하기 위해 시적 주체가 자아를 확장시키

고 있음을 살펴보았다. 자아의 확장은 니체의 초인사상의 영향이 보이는 인신(人神)적 육체성의 추구로 나타나는데, 그것은 탈출의 '문'이 되지 못하고 광막한 유폐감을 느끼게 하고 있다. 이를 극복하기 위해 시인은 설화를 시에 수용하는데, 이를 통해 자신의 상황과 미적 거리를 확보하고 그것을 자유롭게 변형할 수 있게 된다. 설화 수용은 李箱이 자신을 대상화하기 위해 선택한 '거울'과 같은 것인데, 서정주는 설화와 함께 전통주의적 불교적 상상력을 도입하게 됨을 주목하였다. 이를 통해 한계를 극복하려는 의지는 존재론적 철학적 문제로 전이되는 양상을 보인다. 그는 설화 수용과 불교적 상상력을 통해 인간적 한계와 운명을 인정하면서도 그것을 넘어서려는 니체적 초인을 추구한다. 그것은 한 마디로 '사랑'으로 표현되는데, 이는 신비적 합일의 경지까지 육체를 가지고 가려는 김소월적 '사랑'의 영향을 받은 것이다. 니체적 초인의식과 불교적 상상력, 그리고 설화 수용이 뒤섞인 서정주의 '사랑'은 '그네(「추천사」)'라는 상징으로 압축된다.

Ⅱ장 3절에서는 시적 주체의 개체성 초월에의 의지가 전쟁체험 이후, 자연에 대한 탐구로 이어짐을 살펴보았다. 끊임없이 생사소멸하면서도 유구한 자연에서 유기체론적 세계관을 발견하는데, 시적 주체는 이를 통해 '총체성'에의 합일을 추구한다. 그러나 계몽적 이성에 의해 세계와 분리를 경험한, 탈마법화된 현대적 주체의 총체성 추구는 그것을 상상적으로만 획득할 수 있다는 한계를 안고 있다. 이는 '꽃밭(「상리과원」)'의 관찰자에 머물러 있는 시적 자아로 형상화 되고 있다.

Ⅲ장에서는 시적 주체가 초기시에서 상상적으로 획득한 '총체성'과의 합일에 만족하지 않고, 그것을 경험적 현실로 이끌어오기 위해 다양한 모색을 하고 있음을 살펴보았다. 이 작업은 고정불변의 실체(substance)로 인식되는 주체의 개념에서 벗어나, 다른 존재들과 영향

을 주고받으며 변화하는 과정적 유기체론의 과정화로서의 존재를 발견함으로써 이루어짐을 주목하였다.

Ⅲ장 1절에서는 시적 주체가 초기시의 한계로 인해 허무감을 느끼고 그 타개책으로 '신라'를 탐구해 들어가는 과정을 살펴보았다. 시적 주체는 '총체성'을 현실로 가져오려는 절대적 '의지(「어느 늦가을날」)'를 가지고 있는데 이 의지는 '총체성'이 현실에 실재했던 예를 탐색하여 '신라'를 찾아낸다. 유기체론적 세계관에서 현재는 낱낱의 단절된 현상이 아니라 축적된 과거이다. 시적 주체는 막힌 현실을 타개하기 위해 현실의 저변에 축적된 과거에서 총체성-원시적 감수성의 세계가 실재했던 '신라'를 발견하고 탐구하고 있다.

그 탐구를 통해 Ⅲ장 2절에서 시적 주체는 영혼을 실감하고 자신의 현실에 수용·반영함으로써 현실화되는 '영통'을 찾아내고 그것을 시적으로 추구한다. 영통은 사후 지속하는 영혼을 주체가 현실에 영향력 있게 받아들임으로써 되살려내는 불멸성의 개념이다. 그는 불멸성의 개념인 '영통'을 통해 '신라'로 상징되는 원시적 감수성의 세계를 자신의 현실에서 되살려내려 한다. 이는 현실적으로 교감(correspondance)을 통해 추구되는데, '잠든 님'이나 '빈 순금반지의 구멍' 등의 이미지는 이런 작업에 장애가 있음을 드러내고 있다. 천 년 전의 이야기속의 신라와 시인의 현실은 '교감'할 수는 있어도, 그것을 시적 주체의 경험적 현실에 연결하는 것이 쉽지 않기 때문이다. 교감과 현실화의 어려움은 「동천」에서 '님의 눈썹'과 그것을 위협하는 '매서운 새'로 선명히 형상화된다. 그러나 시적 주체는 그 어려움을 '비끼어가는' 방법을 모색하고 있다.

이런 어려움과 장애를 줄이기 위해 시인이 유년 시절 고향 마을인 '질마재'라는 매개체를 사용하고 있음을 Ⅲ장 3절에서 살펴보았다. 시적 주체는 원시적 감수성의 세계인 신라를 질마재에 결합시킴으로써 그것을 자신의 경험 속으로 진입시키는 데 성공하고 있다. 이는 대상을 붙잡아 자신의 것으로 만드는 과정화로서의 존재의 파지활동에 의해 가능한 것이다. 그러나 신라를 가깝게 당겨온 시적 주체는 신라를 현실화하는 작업을 실행하면 '허전(「시론」)'할 것이라면서 그것을 더 이상 추구하지 않겠다고 선언한다. 그는 「우중유제」에서 몰입과 갑작스런 관심사의 전환을 보여주는데 그 새로운 관심사란 '떠돌이'에 대한 욕망이다. 그러나 시인은 떠돌이와 함께 신라를 현실화하는 시를 계속 씀으로써 뒷 세대에게 그것을 '예행연습(「격포우중」)'시켜줘야 한다는 다짐을 통해 '이행'에의 의지를 보인다.

Ⅳ장에서는 떠돌이의 과정에서 원시적 감수성의 세계를 현실화(합생)한 시적 주체가, 사람들에게 그것을 가르치고 전하려는 '이행'을 추구하고 있음을 살펴보았다. 과정화로서의 존재는 선행존재를 파지하고 그것을 현실화(합생)함으로써 목적을 달성하고 '자기초월체'가 된다. 자기초월체는 또 후속존재들에게 스스로를 파지의 대상으로 내어준다. 이를 '이행'이라고 하는데, 이행은 다른 존재들을 자기초월체로 이끈다는 점에서 연금술의 개념과 비슷하다. 자기초월체에 도달한 자는 '철학자의 돌'이 되어 다른 존재들을 '생금의 광맥(「사소 두 번째 편지 단편」)'으로 상징되는 '불멸성'으로 이끌기 때문이다. 서정주 시에서 불멸성의 핵심은 '되살아나는 영혼'의 문제가 아니며 '되살려내는 주체'의 문제임에 주목하였다. 후기시 대부분은 기획연재된 것들인데, 본고는 이런 기획들이 '이행'이라는 특별한 목적을 가지고 있다고 평가하였다.

Ⅳ장 1절에서는 신라의 현실화를 이루고 그것을 시로 남겨 후대에 전해야 한다는 '詩줄(「격포우중」)'에의 욕망과 떠돌이 욕망이 실현되

는 양상을 살펴보았다. 세계를 떠돌며 낯선 타국의 풍물 속에서 '총체성의 세계를 현실화(합생)'해낸 시인은 그것이 특정한 시·공간에 존재하는 것이 아니라, 그것을 현실화할 수 있는 '주체의 능력'에 있음을 절실히 느낀다. 그는 이 '능력을 가진 주체'를 키워 낼 필요성에서, 나름의 '역사'를 기술한다.『학이 울고 간 날들의 시』는 '신라의 현실화와 이행'으로 정의되는 '영원주의'의 기원을 '단군신화'로 끌어올리고 거기서부터 반만년의 한국사를 재해석하여 기술하고 있다. 이 책은 '학생들'을 대상으로 하는 다분히 교육적 목적을 가지고 있음에 주목하였다.

Ⅳ장 2절에서는 '이행'이 보편적 차원에서 이루어지고 있음을 살펴보았다.『노래』에는 '영원주의'를 주제로 한 시들이 수록되어 있는데, 시인은 이 시들을 실제 작곡되어 불려질 것을 염두에 두고 썼다. 그는 '클래식뿐 아니라 유행가 작곡가'들의 동조를 요청하고 있다. 이는 널리, 그리고 대를 이어 전해지는 '노래'의 힘이 '영원주의'의 '이행'에 적합하기 때문이다.『노래』가 '영원주의'를 민족적 보편성의 차원에서 노래하고 있다면,『산시』는 '영원주의'를 세계적 보편성의 차원에서 이야기하고 있다. 세계의 신화·역사·풍속·자연에 대해 체험하고 공부한 방대한 자료를 소재로 '영원주의'를 발견해내고 있는 것이다. 이 시들은 세계 각국의 '산'이 하는 말을 시인이 듣고 전하는 형식을 취하고 있다. 매개적 화자는 총체성의 현실화(합생)와 이행이라는 '불멸성'을 형식의 차원에서 추구하는 미적 장치임에 주목하였다.

Ⅳ장 3절에서는 '이행'이 개인적 차원에서 이루어지고 있음을 살펴보았다.『안 잊히는 일들』에는 시인의 개인사를 소재로 한 시를 연대기순으로 수록하고 있다. 이는 '외할머니네 뒤안 툇마루 거울'처럼 때묻음과 때닦음의 순간들을 켜켜이 축적함으로써 그것을 긍정하고, 또

한 후대에 전하려는 불멸성에의 욕망을 담고 있다. 『팔할이 바람』에서 시인은 개인사를 소재로 한 '발라드' 형식의 시를 반복하고 있다. 이 시들은 『노래』에서와 마찬가지로 대중적 '이행'을 목표로 하고 있다. 그것은 구전되는 노래인 발라드 형식을 취하고 있다는 점과 대중적 일간지에 연재했다는 것에서도 뒷받침되고 있다. 『늙은 떠돌이의 시』와 『80소년 떠돌이의 시』 역시 『팔할이 바람』 이후의 개인사를 연대기순으로 계속 보충하여 그것을 완성해가려는 작업과 일상에서 총체성을 현실화하는 작업을 담고 있다.

□ 참고문헌

1. 기본자료

『歸蜀道』, 선문사, 1948.
『徐廷柱 詩選』, 정음사, 1956.
『新羅抄』, 정음사, 1961.
『冬天』, 민중서관, 1968.
『질마재 神話』, 일지사, 1975.
『떠돌이의 詩』, 민음사, 1976.
『80소년 떠돌이의 詩』, 시와시학사, 2000.
『서정주 문학전집』1~5, 일지사, 1972
『미당 시전집』1~3, 민음사, 2003.
『미당 자서전』1~2, 민음사, 1994.
『미당 수상록』, 민음사, 1976.
『미당 산문』, 민음사, 1993.
『三國遺事』, 을유문화사, 2003.

2. 국내논저

강우식,『한국상징주의시연구』, 문화생활사, 1987.
고석규,『여백의 존재성』, 지평, 1990.
고 은,「서정주 시대의 報告」, 조연현 외,『서정주 연구』, 동화출판공사,
   1975.

______, 「미당 담론-자화상과 함께」, ≪창작과비평≫, 2001, 여름호.

구모룡, 『한국문학과 열린체계의 비평담론』, 열음사, 1992.

______, 「포위된 시적 혁명 : 시적 근대성 비판」, 최승호 편, 『21세기 문학의 유기론적인 대안』, 새미, 2000.

구중서, 「서정주와 현실도피 : 역사시의 본령과 서씨의 경우」, ≪청맥≫, 1965. 6.

권희철, 「서정주 시의 에로티시즘 연구」, 서울대학교 석사학위논문, 2004.

김범부, 『花郞外史』, 범부선생유고간행회, 삼화인쇄주식회사, 1967.

김상일, 『화이트헤드와 동양철학』, 서광사, 1993.

김선영, 「서정주 시 연구」, 성신여대 박사학위논문, 1998.

김수이, 「서정주 시의 변천과정 연구-욕망의 변화양상을 중심으로」, 경희대 박사학위논문, 1997.

김시태, 「서정주의 역설적 의미」, ≪현대문학≫, 1975, 4.

김열규, 「속신과 신화의 서정주론」, ≪서강어문≫, 1982.

김옥성, 「한국 현대시의 불교적 시학 연구」, 서울대 박사학위논문, 2005.

______, 『한국 현대시의 전통과 불교적 시학』, 새미, 2006.

김용직, 「초인의 역정, 또는 마그마 시학」, ≪시와시학≫, 1996. 가을.

김우창, 「한국시와 형이상」, 조연현 외, 『미당 연구』, 민음사, 1994.

______, 「구부러짐의 형이상-서정주, 『떠돌이의 시』」, 박철희 편, 『서정주』, 서강대출판부 , 1995.

김윤식, 「역사의 예술화-신라정신이라는 괴물을 폭로한다」, ≪현대문학≫, 1963. 10.

______, 『한국근대문예비평사연구』, 일지사, 1973.

______, 「무(無) 속에서 전개되는 변증법-≪시인부락≫의 어떤 생리와 논리」, ≪시와시학≫, 1996. 가을.

______, 『미당의 어법과 김동리의 문법』, 서울대출판부, 2003.

김재홍, 「하늘과 땅의 변증법」, ≪월간문학≫, 1971. 5.

______, 「대지적 상상력과 우주적 조응」, ≪현대문학≫, 1975. 5.

김정신, 『서정주 시정신』, 국학자료원, 2002.

김종길, 「실험과 재능 : 우리시의 현황과 그 문제점」, ≪문학춘추≫, 1964. 6.

______, 「시와 이성 : 서정주 詞伯의 「내 시정신의 현황」을 읽고」, ≪문학춘추≫, 1964. 8.

______, 「의미와 음악 : 분석적 시론-「추천사」의 형태」, ≪사상계≫, 1966. 3.

______, 『시론』, 탐구당, 1976,

김종호, 『서정주 시와 영원지향성』, 보고사, 2002.

김주현, 「1990년대 이상 연구의 현황 및 전망」, ≪이상리뷰≫창간호, 2001. 9.

김준오, 「원시주의와 자학」, 박철희 편, 『서정주』, 서강대출판부, 1995.

______, 『시론』, 삼지원, 2004.

김춘수, 『한국 현대시 형태론』, 해동문화사, 1958.

______, 「『귀촉도』기타」, 조연현 외, 『서정주 연구』, 동화출판사, 1975.

김학동, 「서정주 시에 미친 보들레르의 영향」, 박철희 편, 『서정주』, 서강대출판부, 1995.

김학동 외, 『서정주 연구』, 새문사, 2005.

김화영, 『서정주 시에 대하여』, 민음사, 1984.

______, 「한국인의 미의식-서정주의 시의 공간」, 조연현 외, 『미당 연구』, 민음사, 1994.

김현·김윤식, 『한국문학사』, 민음사, 1973.

김현자, 『한국시의 감각과 미적 거리』, 문학과지성사, 1996.

나희덕, 「서정주의 『질마재 신화』연구-서술시적 특성을 중심으로」, 연세대 석사학위논문, 1999.

남기혁, 「1950년대 시의 전통지향성 연구」, 서울대 박사학위논문, 1998.

문창옥, 『화이트헤드 과정철학의 이해』, 통나무, 2002.

박순희, 「미당 서정주 시 연구」, 성신여대 박사학위논문, 2005.

박철희,「질마재 신화 考」,《현대문학》, 1972, 4.

_____,「서정주와 민간전승」, 박철희 편,『서정주』, 서강대출판부, 1995.

박현수,「이상 시의 수사학적 연구」, 서울대 박사학위논문, 2002.

_____,『현대시와 전통주의의 수사학』, 서울대학교출판부, 2004.

손진은,「서정주 시의 시간성 연구」, 경북대 박사학위논문, 1995.

_____,『서정주 시의 시간과 미학』, 새미, 2003.

송기한,『한국 전후시와 시간의식』, 태학사, 1996.

송욱,「서정주론」,《문예》18호, 1953. 11.

심재휘,「1930년대 후반기 시 연구 : 백석·이용악·유치환·서정주 시의
    시간의식을 중심으로」, 고려대 박사학위논문, 1997.

신범순,『한국 현대시사의 매듭과 혼』, 민지사, 1992.

_____,『한국현대시의 퇴폐와 작은주체』, 신구문화사, 1998.

_____,「용의 바다와 짜라투스트라의 바다」,《애지》, 2001, 여름.

_____,「반근대주의적 혼의 시학에 대한 고찰」,《한국시학연구》4,
    2001. 5.

_____,「샤머니즘의 근대적 계승과 시학적 양상」,《시안》, 2002, 겨울.

신형철,「이상 시에 나타난 시선의 정치학과 거울의 주체론」,『이상 문학
    연구의 새로운 지평』, 역락, 2006.

양금섭,「미당 서정주 시 연구」, 고려대 박사학위논문, 1996.

엄경희,「서정주 시의 자아와 공간·시간 연구」, 이화여대 박사학위논문,
    1999.

연은순,「서정주 시 연구」, 청주대 박사학위논문, 2000.

오세영,「상상력과 개인사의 시화」,《현대문학》, 1982, 12.

_____,『20세기한국시연구』, 새문사, 1998.

_____,「설화의 시적 변용」,『미당 연구』, 민음사, 1994.

_____,『한국 현대시 분석적 읽기』, 고려대출판부, 1998.

_____,『한국현대시인연구』, 월인, 2003.

_____, 『문학과 그 이해』, 국학자료원, 2003.

오영환, 『화이트헤드와 인간의 시간경험』, 통나무, 1999.

유종호, 「산문지향과 운문지향:미당 시의 일면」, ≪작가세계≫, 1994, 봄호.

유지현, 「서정주 시의 공간 상상력 연구」, 고려대 박사학위논문, 1998.

유혜숙, 『서정주 시의 이미지 연구』, 시문학사, 1996.

육근웅, 「서정주시연구」, 한양대 박사학위논문, 1990.

윤자정, 「A. N. Whitehead의 유기체철학 내에서의 미적 경험에 대한 연구」, 서울대 박사학위논문, 1996.

윤재웅, 「서정주 시 연구」, 동국대 박사학위논문, 1995.

_____, 「미당 연구사 개관」, ≪시와시학≫, 1996. 가을.

이광호, 「영원의 시간, 봉인된 시간 : 서정주 중기시의 '영원성' 문제」, ≪작가세계≫, 1994, 봄.

이남호, 「겨레의 말, 겨레의 마음」, 조연현 외, 『미당 연구』, 민음사, 1994.

이도흠, 「역사담론에서 은유의 기능과 진실성에 관한 연구」, ≪한국기호학회≫, 2005.

이미순, 「1920년대 한국 낭만적 자연시 연구」, 서울대학교 박사학위논문, 1995.

_____, 『한국현대시와 언어의 수사성』, 국학자료원, 1997.

이부영, 『분석심리학』, 일조각, 1993.

이선영 편, 『문예사조사』, 민음사, 1992.

이성우, 「서정주 시의 영원성과 현실성 연구」, 고려대 석사학위논문, 2000.

이수정, 「정지용 시에서 '시계'의 의미와 '감각'」, ≪현대문학연구≫12, 2002.

_____, 「가족, 존재를 비추는 거울」, ≪21세기문학≫, 2005, 가을.

_____, 「지느러미와 날개의 변증법」, 『이상 문학연구의 새로운 지평』, 역

　　　락, 2006.

이승훈, 「서정주의 초기시에 나타난 미적 특성」, 조연현 외, 『미당 연구』,
　　　민음사, 1994.

이재선, 『한국문학의 원근법』, 민음사, 1996.

임우기, 「오늘, 미당의 시는 무엇인가?」, ≪문예중앙≫, 1994. 여름호.

＿＿＿, 『그늘에 대하여』, 강, 1996.

장창영, 「서정주 시 연구」, 전북대 박사학위논문, 2002.

전미정, 「한국 현대시의 에로티시즘 연구-서정주, 오장환, 송욱, 전봉건의
　　　시를 중심으로」, 서강대 박사학위논문, 1998.

정유화, 「서정주 시의 기호론적 연구」, 중앙대 박사학위논문, 1997.

정형근, 「서정주 시 연구」, 서강대 박사학위논문, 2005.

조병무, 「영원성과 현실성」, ≪현대문학≫, 1975, 5.

조연현, 「원죄와 형벌」, ≪문학과사상≫, 세계문화사, 1949. 12.

차미령, 「「단발」에 나타난 '연애'의 문제」, 『이상 문학연구의 새로운 지평』,
　　　역락, 2006.

천이두, 「지옥과 열반-서정주론」, ≪시문학≫, 1972. 6~9.

최동호, 『한국현대시의 의식현상학적 연구』, 고려대 민족문화연구소, 1989.

최두석, 「서정주론」, ≪선청어문≫, 서울대 사범대학, 1992. 9.

최승호, 「제유적 세계인식과 서정적 대응방식」, 『서정시의 이데올로기와
　　　수사학』, 국학자료원, 2002.

＿＿＿, 「박용래론:근원의식과 제유의 수사학」, 『서정시의 이데올로기와 수
　　　사학』, 국학자료원, 2002.

최정숙, 「한국 현대시의 민속 수용양상 연구」, 경희대 박사학위논문, 2003.

최현식, 「서정주 초기시의 미적 특성 연구」, 연세대 석사학위논문, 1995.

＿＿＿, 「서정주와 영원성의 시학」, 연세대 박사학위논문, 2003.

＿＿＿, 『서정주 시의 근대와 반근대』, 소명출판, 2003.

하재봉, 「서정주 시에 나타난 물질적 상상력 연구」, 중앙대 석사학위논문,

1981.

한국종교학회, 『죽음이란 무엇인가-여러 종교에서 본 죽음의 문제』, 창, 2001.

한계전 외, 『한국 현대시론사 연구』, 문학과지성사, 1998.

황동규, 「탈의 완성과 해체」, ≪현대문학≫, 1981, 9.

황종연, 「신들린 시, 떠도는 삶」, 『미당 연구』, 민음사, 1994.

황현산, 「서정주, 농경 사회의 모더니즘」, 『미당 연구』, 민음사, 1994.

______, 「시적 허용과 정치적 허용」, ≪포에지≫, 2000, 가을.

허윤회, 「서정주 시 연구-후기시를 중심으로」, 성균관대 박사학위논문, 2000.

3. 국외논저

Bachelard, G., *La Psychanalyse du Feu*, 민희식 역, 『불의 정신분석/초의 불꽃 외』, 삼성출판사, 1997.

______, *La Terre et les Rêveries du Repos*, 정영란 역, 『대지 그리고 휴식의 몽상』, 문학동네, 2002.

Bataille, G., *L'erotisme*, 『에로티즘』, 민음사, 1999.

Bell, M., *Primitivism*, 김성곤 역, 『원시주의』, 서울대학교출판부, 1985.

Benjamin, W., 차봉희 편역, 『현대사회와 예술』, 문학과지성사, 1989.

______, 반성완 편역, 『발터 벤야민의 문예이론』, 민음사, 1996.

Berman, M., *All that is Solid Melts into Air : The Experience of Modernity by Marshall Berman*, 윤호병·이만식 역, 『현대성의 경험』, 현대미학사, 2004.

Cairns, G. E., *Philosophies of History : Meeting of East and West in Cycle-Pattern Theories of History*, 이성기 역, 『역사철학』, 대원사, 1994.

Capra, F., *The Tao of Physics*, 이성범 외역, 『현대 물리학과 동양사상』, 범 양사출판부, 1993.

______, *The Web of Life*, 『생명의 그물』, 범양사출판부, 2004.

Conze, E., etc., 김종욱 편역, 『불교사상과 서양철학』, 민족사, 1994.

Eliade, M., *Cosmos and History*, 정진홍 역, 『우주와 역사』, 현대사상사, 1995.

______, *Patterns in Comparative Religion*, 이은봉 역, 『종교형태론』, 한길 사, 1997.

______, *Myth and Reality*, 이은봉 역, 『신화와 현실』, 성균관대학교출판 부, 1998.

______, *The Sacred and the Profane-The Nature of Religion*, 이동하 역, 『성 과 속』, 학민사, 2001.

______, *Symbolism, the Sacred, and the Arts*, ed., Apostolos -Cappadona, D., 박규태 옮김, 『상징, 신성, 예술』, 서광사, 2001.

Eliot, T. S., 최창호 역, 『엘리어트 문학론』, 서문당, 1984.

Eaglton, T., 『문학이론입문』, 김명환 외 역, 창작과비평사, 1968.

______, 『비평과 이데올로기』, 윤희기 역, 열린책들, 1987.

Fischer, E., *Von der Notwendigkeit der Kunst*, 김성기 역, 『예술이란 무엇인 가』, 돌베개, 1984.

Frankfort, H. and H. A., Wilson, J. A., and Jacobsen, T., *The Intellectual Adventure of Ancient Man*, 이성기 역, 『고대 인간의 지적 모험』, 대원사, 2002.

Frazer, J. G., *The Golden Bough*, 김상일 역, 『황금가지』, 을유문화사, 1983.

Griffin, D. R., *Reenchantment without Supernaturalism : A Process Philosophy of Religion*, 『화이트헤드 철학과 자연주의적 종교론』, 동과서, 2004.

Giddens, A., *Modernity and Self-Identity*, 권기돈 역, 『현대성과 자아정체성』,

새물결, 1997.

______, *Transformation of Intimacy-Sexuality, Love and Eroticism in Modern Societies*, 배은경·황정미 역,『현대사회의 성·사랑·에로티시즘』, 새물결, 2000.

Hidegger, M., *Erlauterungen zu Hölderlins Dichtung*, 소광희 역,『시와 철학』, 박영사, 1975.

______, *Nietzsche : Der europäische Nihilismus*, 박찬국 역,『니체와 니힐리즘』, 철학과현실사, 2000.

Horkheimer, M., & Adorno, T. W., *Dialektik der Aufklärung -Philosophische Fragmente*, 김유동 외역,『계몽의 변증법』, 문예출판사, 1996.

Jung, C. G., *Persönlichkeit und Übertragung*, 한국융연구원 C. G. 융 저작 번역위원회 역,『인격과 전이』, 솔, 2004.

______, *Mensch und Kultur*, 한국융연구원 C. G. 융 저작 번역위원회 역, 『인간과 문화』, 솔, 2004.

Lakoff, G. & Johnson, M., *Metephors We Live by*, 노양진·나익주 역,『삶으로서의 은유』, 서광사, 2004.

Loewe, M., *Chines Ideas of Life and Death ; Faith, Myth, and Reason, in the Han Period*, 이성규 역,『고대중국인의 생사관』, 지식산업사, 1989.

Lukacs, G., Die *Theorie des Roman*, 반성완 역,『루카치 소설의 이론』, 심설당, 1995.

Malinowski, B. K, *Myth in Primitive Psychology*, 서영대 역,『말리노우스키의 원시신화론』, 민속원, 2001.

Mercuse, H., *Eros and Civilization*, 김인환 역,『에로스와 문명』, 나남출판, 1999.

Meyerhoff, H., *Time in Literature*, 이종철 역,『문학과 시간의 만남』, 자유사상사, 1994.

Morin, E., *L'homme et la mort*, 김명숙 역,『인간과 죽음』, 동문선, 2000.

Needham, J., *Science and Civilization in China*, 김영식·김제란 역,『중국의 과학과 문명 : 사상적 배경』1·2, 까치, 2003.

Nietzsche, F. W., 사순옥 역,『짜라투스트라는 이렇게 말했다』, 홍신문화사, 1995.

Otto, R., *Das Heilige*, 길희성 역,『성스러움의 의미』, 분도출판사, 1999.

Paz, O., *Los Hijos del Limo/La otra voz*, 김은중 역,『흙의 자식들 외』, 솔, 1999.

파드마삼바바, *The Tibetan Book of the Dead*, 류시화 역,『티벳 사자의 서』, 정신세계사, 2005.

________, *The Tibetan Book of the Great Liberation*, 유기천 역,『티벳 해탈의 서』, 정신세계사, 2005.

Stace, W. T., *The Teaching of the Mystics*, 강건기·정륜 역,『신비사상』, 동쪽나라, 1995.

Tuan, Yi-fu, *Space and Place*, 정영철 역,『공간과 장소』, 태림문화사, 1999.

Wellek, R., etc., 최상규 편역,『낭만주의 문학의 재조명』, 예림기획, 1998.

Wheelwright, P. E., *Metaphor and Reality*, 김태옥 역,『은유와 실재』, 한국문화사, 2000.

Whitehead, A. N., *Adventures of Ideas*, 오영환 역,『관념의 모험』, 한길사, 2002.

________, *Process and Reality*, 오영환 역,『과정과 실재』, 민음사, 2003.

________, *Modes of Thought*, 오영환·문창옥 역,『사고의 양태』, 다산글방, 2003.

________, *Science and Modern World*, 오영환 역,『과학과 근대세계』, 서광사, 2003.

Jung, C. G., *The Archetype and Collective Unconsciousness-The Collective Works of*

C. G. Jung, vol. 9, Part1, trans. R. F. C. Hull, Princeton University Press, 1980.

__________, *Jung on Death and Immortality*, selected and introduced by Jenny Yates, Princeton University Press, 1999.

Hartog, J., Audy, J. R. & Cohen, Y. A., *The Anatomy of Loneliness*, New York : International University Press, 1981.

Ziolkowski, T., *Dimensions of the novel*, Princeton University Press, 1969.

The Encyclopedia of Philosophy, vol. three, Ed. Paul Edward, et al, N. Y. : The Macmillan Company & The Press, 1972.

The Encyclopedia of Philosophy, vol. five, Ed. Paul Edward, et al, N. Y. : The Macmillan Company & The Press, 1972.

The New Princeton Encyclopedia of Poetry and Poetics, Ed. Alex Preminger, Princeton: Princeton University Press, 1993.

今村仁司, 『近代性の構造』, 이수정 역, 『근대성의 구조』, 민음사, 1999.

이 · 수 · 정

시인. 문학박사.
1974년 서울 출생.
한양대학교 영어영문학과 졸업.
서울대학교 대학원 국어국문학과 석·박사 졸업.
2001년 ≪현대시학≫ 신인상 당선.
현재 한양대학교에 출강하면서, 고려대학교에서 BK연구전임강사로 연구하
고 있다.
한양여자대학, 세종대학교, 서울대학교 강사 역임.
대표 논문으로 「정지용 시에서 '시계'의 의미와 감각」, 「박목월 시의 공
간의식 연구」 등이 있으며, 공저로 『20세기 한국시의 사적 조명』, 『이상
문학 연구의 새로운 지평』 등이 있다.

미당시의 현대성과 불멸성 시학

인쇄일 초판1쇄 2007년 5월 21일 / **발행일** 초판1쇄 2007년 5월 30일
지은이 이수정 / **발행처** **국학자료원** / **등록일** 2005. 3. 15 제17-423호
편집 이초희, 박지혜, 김나경 / **총무** 한선희, 손화영
물류 박홍주, 김종효, 박지연 / **영업** 정구형

서울시 강동구 암사동 463-25 2층 / Tel : 442-4623~4 / Fax : 442-4625
www.kookhak.co.kr / E-mail : kookhak2001@hanmail.net
ISBN 978-89-6137-249-7 *93080 / **가 격** 18,000원